La Fabrique de la langue

Lise Gauvin

La Fabrique de la langue

De François Rabelais à Réjean Ducharme

Éditions du Seuil

CET OUVRAGE EST PUBLIÉ DANS LA COLLECTION
POINTS ESSAIS SÉRIE « LETTRES »
DIRIGÉE PAR JACQUES DUBOIS

ISBN : 978-2-02-038718-7

INTRODUCTION

La langue et ses fictions

> « Nul ne peut, sans apprêts, insérer sa liberté d'écrivain dans l'opacité de la langue, parce qu'à travers elle, c'est l'Histoire entière qui se tient, complète et unie à la manière d'une nature. »
>
> Roland Barthes, *Le Degré zéro de l'écriture*

Dans une conférence qu'il prononçait en 1955, Marcel Arland déclarait : « Sans une langue, il n'y aurait pas de littérature. » Et on aurait pu s'attendre à ce qu'il ajoute aussitôt : « Sans une littérature, il n'y aurait pas de langue (au moins de langue de civilisation)[1]. » Mais le conférencier préféra s'en tenir à des considérations « plus concrètes et mieux circonstanciées »[2] concernant le sens de l'interdépendance ainsi nommée à certains moments de l'Histoire. Car la question des interactions entre langue et littérature, si elle paraît au départ affectée d'un caractère d'évidence, se complique dès qu'on y regarde de plus près. Des deux ensembles évoqués, celui de la langue et celui de la littérature, aucun n'est facile à identifier, la notion même de littérature étant une invention relativement récente, alors que celle de langue est aussi fluctuante que la réalité qu'elle recouvre. Aussi avons-nous

1. Ces citations sont tirées de l'article de Gérald Antoine « Où va notre langue littéraire ? », *Annales de l'université de Paris*, octobre-décembre 1956, p. 469-485.
2. *Id., ibid.*

opté, comme Marcel Arland, pour des considérations « plus concrètes et mieux circonstanciées » visant à repérer, au cours des époques, la perception de la langue exprimée par les écrivains à la manière de variations sur un thème commun.

Que représente, pour celui qui fait profession d'écrire, l'objet « langue » ? Dans quelle mesure l'écrivain est-il ou non tributaire d'un système institué, d'un code préétabli ? Dans quelle mesure conçoit-il lui-même ce code comme un outil ou un obstacle, un réservoir de possibles ou une série de contraintes auxquelles il doit se soumettre sous peine d'être exclu de la république des lettres ? Quel(s) rôle(s) joue(nt) les œuvres littéraires dans l'établissement de ce code ? Comment analyser les rapports qu'entretient l'usage littéraire avec ce « corps de prescriptions et d'habitudes » partagé par les locuteurs d'une communauté que Barthes définit sous le nom de langue ? Chacune de ces questions mériterait à elle seule qu'on s'y attarde longuement. Sans vouloir les éluder, nous adopterons, pour les examiner, une attitude pragmatique qui consiste à interroger les mises en scène de la langue telles qu'elles apparaissent dans l'espace même du discours littéraire : mises en scène de type réflexif fournies par les préfaces, correspondances ou manifestes divers ; mises en scène textualisées qu'offrent les œuvres elles-mêmes et les dispositifs langagiers sur lesquels elles s'appuient[3].

Cette autoréflexivité de la littérature a pris des formes différentes selon les fonctions que se sont attribuées les écrivains au cours des siècles. Si, d'après Marcel Proust, « la seule manière de défendre la langue, c'est de l'attaquer »[4], la question ne se posait pas dans les mêmes

3. Notre approche s'apparente à ce que Dominique Maingeneau, dans son ouvrage intitulé *Le Contexte de l'œuvre littéraire* (Paris, Dunod, 1993), désigne sous le nom de « scénographie » en se référant à la situation d'énonciation de l'œuvre.

4. Marcel Proust, Correspondance avec madame Straus, lettre 47.

termes au moment de la Pléiade, alors que la langue française était en pleine gestation. On conviendra toutefois, avec le même Marcel Proust, que « chaque écrivain est obligé de se faire sa langue »[5], et que sa tâche est de créer sa propre langue dans la langue, d'en déplacer les frontières et de les pousser au-delà des limites convenues. L'écrivain, de quelque courant qu'il provienne, a le mandat d'inventer la langue, c'est-à-dire de la recréer, de la transformer, d'y tracer « une sorte de langue étrangère, qui n'est pas une autre langue, ni un patois retrouvé, mais un devenir-autre de la langue »[6] et par là, de la faire bouger, voire de l'ébranler dans ses fondements. La fonction première de l'écriture serait, selon Italo Calvino, de « maintenir en exercice la langue » : « La langue va où elle veut, mais elle est sensible aux suggestions de la littérature. Sans Dante, il n'y aurait pas eu un italien unifié[7]. » D'une manière moins spectaculaire parce que plus diffuse, les auteurs français ont été amenés à jouer un rôle de premier plan dans l'établissement d'une *koiné* (norme) linguistique et ont contribué ainsi à légitimer les usages de leur temps tout en revendiquant le droit à l'expérimentation langagière et à « l'extension des propriétés du langage »[8].

L'objectif du présent ouvrage est de proposer les grandes étapes de cette évolution, voire de cette *évaluation*, au sens de valeur contestée ou simplement attestée, de la langue française par les écrivains eux-mêmes. C'est précisément cette double dimension, évolutive et évalua-

---

Cité par Jean-Michel Adam, *Le Style dans la langue*, Lausanne/ Paris, Delachaux & Niestlé, 1997.

5. *Ibid.*

6. Gilles Deleuze, *Critique et Clinique*, Paris, Éd. de Minuit, 1993, p. 15.

7. Italo Calvino, « Sur quelques fonctions de la littérature », *Magazine littéraire*, nº 392, novembre 2000, p. 58.

8. Paul Valéry, « Essai sur Stéphane Mallarmé » (vers 1899), *Cahiers*, t. II, *1894-1914*, Paris, Gallimard, 1988.

tive, du rapport entre langue et littérature que nous aborderons, sachant qu'entre la langue d'un auteur classique, une langue « du grand monde » qui est aussi la langue d'un « tout petit monde » et celle d'un Queneau iconoclaste, il y a la distance d'une Révolution et d'une prise en charge, par l'État français, de l'enseignement généralisé de la langue écrite.

Parler des écrivains comme créateurs de langue n'implique pas le recours aux langues imaginaires inventées par certains d'entre eux dans une visée utopique. Ces langues sont des systèmes indépendants et logiques, qui n'ont que peu à voir avec l'établissement des langues vernaculaires. Mais le système sur lequel s'appuie la langue d'une communauté correspond lui aussi à une forme d'imaginaire, variable selon les contextes, et c'est cet imaginaire de la langue que la littérature donne à voir dans les œuvres qui en sont l'expression implicite ou manifeste. Il sera donc peu question dans cet ouvrage des modifications lexicales et syntaxiques du français que l'on peut observer à travers les textes, étude déjà menée par un Ferdinand Brunot dans le cadre de sa monumentale *Histoire de la langue française*. Prenant appui sur les œuvres, Brunot aborde les langues d'auteurs comme autant de corpus-témoins de l'évolution de l'idiome. « Qui tentera le Lexique de la langue poétique de notre temps ? », se demande-t-il. « Et ce ne serait rien encore, poursuit-il, auprès du Pan-lexique qui devra se faire, dans lequel il faudra faire entrer bien autre chose que les mots de production littéraire[9]. » Il ne s'agira pas non plus de reprendre le travail d'un Charles Bruneau qui s'intéresse aux textes en stylisticien et propose une série de monographies succinctes destinées à rendre compte du fonc-

9. Cité par Gérald Antoine, Préface de la nouvelle édition, *Histoire de la langue française, des origines à nos jours*, Paris, Armand Colin, 1966, p. B.

tionnement de la langue littéraire [10]. L'une et l'autre de ces vastes enquêtes, bien que menées dans une optique différente de la nôtre, seront ici utilisées à titre de références et de compléments à nos propres analyses. La stylistique mise à l'honneur par un Charles Bally ou un Leo Spitzer s'éloigne également de notre propos dans la mesure où nous nous intéressons moins au degré d'écart de la langue d'auteur par rapport à une norme commune qu'au discours sur la langue produit par l'œuvre elle-même et au protocole de lecture dès lors établi. Nous nous rapprochons ainsi davantage des travaux des stylisticiens modernes, d'inspiration phénoménologique, pour qui le style est conçu comme « parole originaire », c'est-à-dire comme « relance dans la parole d'une activité interne de la langue » ou, plus clairement encore, comme une « dialectique de la langue et de la parole » [11]. Ce dispositif du discours et sa mise en contexte dans l'économie globale de l'œuvre – et du genre auquel il se rattache [12] – constituent ce que nous désignons sous le nom de « poétiques de la langue ».

Depuis les *Serments de Strasbourg* jusqu'aux avancées d'un Queneau, d'un Ducharme ou d'un Chamoiseau, en passant par les poètes de la Pléiade et l'écriture dite clas-

10. Charles Bruneau, *Petite Histoire de la langue française*, Paris, Armand Colin, 1958.

11. Laurent Jenny, « L'objet singulier de la linguistique », *Littérature*, 1993, nº 89, p. 113-124. Dominique Combe, *La Pensée et le Style*, Paris, Éditions universitaires, 1991 ; *Poétique des genres littéraires*, Paris, Hachette, 1992. Sur cette question, on consultera également Jean-Marie Klinkenberg, *Le Sens rhétorique. Essais de sémantique littéraire*, Toronto/Bruxelles, Éd. du Gref/Les Éperonniers, 1990, et plus particulièrement le chap. « De stylistique en poétique », p. 11-39 ; et Jean-Michel Adam, *Le Style dans la langue. Une reconception de la stylistique*, Lausanne/Paris, Delachaux & Niestlé, 1997.

12. Pour Mikhaïl Bakhtine, toute « stylistique de la langue doit se baser sur l'étude préalable des genres dans leur diversité » (*Esthétique de la création verbale*, Paris, Gallimard, 1984, p. 269-270).

sique, la langue française n'a cessé d'être prise à partie par les œuvres qui la fondent et la modifient. Nous nous proposons de répertorier les moments de rupture, de changement, voire de bouleversement dans l'imaginaire de la langue traduit par les écrivains, mais aussi de rendre compte du « sentiment de la langue » qui accompagne cet imaginaire, sentiment auquel Richard Millet a consacré de belles pages et qui oblige chaque écrivain, de quelque endroit qu'il provienne, à créer son propre lieu de parole. Nous tâcherons également de percevoir, dans les œuvres narratives notamment, comment le texte *parle la langue*, soit à la façon d'une isotopie distincte, soit par une série de procédés qui vont d'une représentation plus ou moins mimétique, stylisée ou fantasmée des langages sociaux à l'intégration festive des langages. À la question de savoir s'il existe un langage littéraire et au souci d'en déterminer les propriétés, nous substituons les aperçus langagiers énoncés par les textes eux-mêmes.

Le lecteur pourra suivre ainsi, au fil des chapitres, le métadiscours qui a servi à l'élaboration de l'écriture classique puis en a signalé l'éclatement au moment où, comme l'a montré Roland Barthes, avec Flaubert et vers la deuxième moitié du XIXe siècle, la littérature entière

13. Roland Barthes, *Le Degré zéro de l'écriture* (1953), Paris, Éditions Gonthier, 1965, « Médiations », p. 10. Dans un ouvrage intitulé *Sujet, verbe, complément. Le Moment grammatical de la littérature française* (Paris, Gallimard, 2002), Gilles Philippe montre que cette problématique, au cours des années 1920, se cristallise autour d'une interrogation sur la grammaire. Amorcée dès la fin du XIXe siècle, la grammaticalisation progressive des interrogations sur la littérature donne à la syntaxe préséance sur le lexique dans la définition de la langue littéraire. Cette « définition formaliste de la littérature comme pratique de la langue » s'observe aussi bien dans le discours des écrivains que dans celui des grammairiens. Elle se manifeste tout particulièrement à l'occasion de la querelle suscitée, en 1920, par les prétendues « fautes » de Flaubert et dans les remarques de Proust à propos du style de l'auteur de *Madame Bovary* (voir notre chapitre VI).

tend à devenir « une problématique du langage »[13]. Mais n'était-ce pas déjà en partie le cas avec les énoncés vertigineux de l'auteur de *Gargantua* ? Une attention particulière sera dès lors accordée à quelques œuvres, celles notamment de Rabelais ou de Céline, qui, par leurs stratégies langagières, ont créé en leur temps de nouveaux pactes de lecture et sont devenues de ce fait emblématiques d'un travail sur et avec l'idiome commun. Il nous a paru nécessaire également de faire une large place aux littératures francophones, ces littératures qui, depuis peu, ont bénéficié d'une écoute nouvelle de la part de la critique mais aussi du public, et sont marquées par un discours soutenu portant sur les faits de langue et de langage.

L'ouvrage qu'on va lire ne sera donc ni une histoire de la langue ni une histoire de la langue littéraire, mais plutôt une manière exploratoire d'aborder la littérature par l'analyse des positions des écrivains devant la langue et des propositions langagières que forment leurs textes. Nous souhaitons contribuer ainsi à une réflexion sur *la langue et ses fictions*, réflexion portant aussi bien sur l'objet langue, sur sa *fabrique* dans le huis clos de l'écriture, que sur l'objet littérature et sur les rapports qui s'établissent de l'un à l'autre, rapports toujours ouverts et dont la mouvance même est garante de la fécondité.

*

REPÈRES BIBLIOGRAPHIQUES

ANTOINE Gérald, « Où va notre langue littéraire ? », *Annales de l'université de Paris*, octobre-décembre 1956, p. 469-485.

ANTOINE Jean-Michel, *Le Style dans la langue*, Lausannne/Paris, Delachaux & Niestlé, 1997.

BAKHTINE Mikhaïl, *Esthétique de la création verbale*, Paris, Gallimard, 1984.

BALLY Charles, *Traité de stylistique française*, 2 vol., Georg éditeur/Klincksieck, 1951.

BARTHES Roland, *Le Degré zéro de l'écriture*, Paris (1953), Éd. Gonthier, 1965.

—, *Leçon*, Paris, Éd. du Seuil, 1978.

BERNABÉ Jean, « Contribution à une approche glottocritique de l'espace antillais », *La linguistique*, XVIII, 1, 1982, p. 85-109.

BRUNEAU Charles, *Petite Histoire de la langue française*, 2 vol., Paris, Armand Colin, 1958.

BRUNOT Ferdinand, *Histoire de la langue française, des origines à nos jours*, 12 t., Paris, Armand Colin, 1966.

CHAURAND Jacques, *Histoire de la langue française*, Paris, PUF, coll. « Que sais-je ? », 1969.

COHEN Marcel, *Histoire d'une langue : le français*, Paris, Éditions sociales, 1973.

COMBE Dominique, *La Pensée et le Style*, Paris, Éditions universitaires, 1991.

—, *Poétique des genres littéraires*, Paris, Hachette, 1992.

DELEUZE Gilles, *Critique et Clinique*, Paris, Éd. de Minuit, 1993.

JENNY Laurent, « L'objet singulier de la linguistique », *Littérature*, 1993, n° 89, p. 113-124.

KLINKENBERG Jean-Marie, *Le Sens rhétorique. Essais de sémantique littéraire*, Toronto/Bruxelles, Éd. du Gref/ Les Éperonniers, 1990.

MAINGUENEAU Dominique, *Le Contexte de l'œuvre littéraire*, Paris, Dunod, 1993.

MOLINIÉ Georges, *La Stylistique*, Paris, PUF, coll. « Que sais-je ? », 1989.

—, *Le Français moderne*, Paris, PUF, coll. « Que sais-je ? », 1991.

PHILIPPE Gilles, *Sujet, verbe, complément. Le moment grammatical de la littérature française (1890-1949)*, Paris, Gallimard, 2002.

SPITZER Leo, *Études de style*, Paris, Gallimard, coll. « Tel », 1970, nouvelle éd. 1999.

YAGUELLO Marina (dir.), *Le Grand Livre de la langue française*, Paris, Éd. du Seuil, 2003.

Langue française, Paris, « La stylistique entre rhétorique et linguistique », n° 135, septembre 2002.

CHAPITRE I

Un territoire revendiqué : *Deffence et illustration de la langue françoyse*

« Donques les langues ne sont nées d'elles mesmes en façon d'herbes, racines et arbres [...] mais toute leur vertu est née au monde du vouloir et arbitre des mortelz. »

Joachim du Bellay,
Deffence et illustration de la langue françoyse

Du point de vue que nous avons choisi de privilégier, celui des interventions des écrivains dans le champ de la langue, la *Deffence et illustration de la langue françoyse*, rédigée par du Bellay à titre de porte-parole des poètes de la Pléiade, constitue un texte de première importance. Publiée en 1549, quelque cent ans après l'invention de l'imprimerie et dix ans à peine après l'ordonnance de Villers-Cotterêts instituant le français comme langue de l'administration, la *Deffence* est le premier exemple d'une revendication collective, par des poètes, de la légitimité d'une action sur le terrain même de la langue. En devenant le porte-parole de son groupe, du Bellay s'engage dans une démarche qui le pose à la fois comme témoin et comme théoricien du français, comme utilisateur mais aussi comme inventeur de langue, position qui sera, au cours des siècles suivants, largement imitée. Aussi est-ce moins dans l'ensemble de son programme que la *Deffence* nous paraît mériter une attention particulière que dans le statut qu'elle donne à son rédacteur. Cette dimension symbolique, associée au caractère collectif de l'entreprise, explique le fait que nous nous y arrêtions en ouverture de cet ouvrage, quitte à accepter, pour cela, un léger décalage chronologique. Nous examinerons donc dans un deuxième chapitre les innovations formelles et la virtuosité langagière de Rabelais, dont l'œuvre colossale n'a cessé d'inspirer également nos contemporains. Mais tout d'abord quelques repères historiques.

Les commencements

« La littérature française est née un matin d'hiver à Strasbourg le 14 février 842 », écrit Renée Balibar, qui explique : « Ce jour-là un Serment d'alliance entre deux rois, proclamé en deux langues représentatives des parlers tudesque et roman, contenait en germe l'organisation des littératures nationales en Europe[1]. » Ces deux rois sont les petits-fils de Charlemagne, Louis (« le Germanique ») et Charles (« le Chauve »), qui, pour se protéger de l'ambition de leur frère aîné Lothaire, décident d'échanger deux langages, le tudesque et le roman, pour se faire comprendre de leurs sujets respectifs. Les discours royaux rédigés par des clercs officialisent les parlers en question et instituent une forme de colinguisme à l'échelle de l'Europe. Ainsi les commencements de la langue française coïncident-ils avec ceux de la littérature, ou, si l'on préfère, d'une *scripta* due au travail des lettrés : « Le français national, notre français, ne provient pas d'un terroir, mais de la littérature. De cette *scripta* essentiellement poétique, quasi nationale dans les *Serments* (qui doi-

1. Renée Balibar, *Histoire de la littérature française*, Paris, PUF, coll. « Que sais-je ? », 1991, p. 3.

vent annoncer un État), interrégionale d'oïl dans les textes littéraires qui suivent, et qu'élaborent les clercs, d'expérience en expérience, jusqu'à ce qu'elle se fige en ancien français commun[2]. » Cette littérature enregistre les langues vulgaires et les transcrit sous l'autorité de la langue latine. Les *Serments de Strasbourg* sont donc considérés, avec une cantilène sur le martyre de sainte Eulalie (881), comme les premiers monuments écrits en français. Alors que les *Serments* ont une portée politique, la *Séquence de sainte Eulalie* constitue une œuvre littéraire et poétique.

Par la suite, langue et littérature se développeront de concert avec, comme figures de proue, l'épopée que constitue la *Chanson de Roland* (vers 1100) et, au cours des XIIe et XIIIe siècles, les récits de la Table ronde, de la quête du Graal et les aventures de Tristan, les uns inspirés des légendes gaéliques, les autres célébrant l'amour courtois. Avec *Aucassin et Nicolette* paraît un texte original mélangeant vers et prose, épopée et roman courtois, et racontant en français (la langue d'oïl parlée dans le Nord) une histoire qui se vit en langue d'oc (parlée dans le Sud). Il s'agit là, toujours selon Renée Balibar, d'un premier exemple d'hétérogénéité formelle et langagière, soit « la faculté de construire dans la langue un discours forgé qui symbolise la complexité des réalités vécues »[3].

L'évolution du français est un processus que Bernard Cerquiglini associe à celui de la créolisation, soit « la formation d'une langue maternelle par fusion d'éléments issus de plusieurs idiomes » : « Le proto-français du Xe siècle, qui va devenir l'ancien français de la littérature du Moyen Âge, résulte de la créolisation du latin parlé, au

2. Maurice Delbouille, cité par Bernard Cerquiglini, *La Naissance du français*, Paris, PUF, coll. « Que sais-je ? », 1991, p. 117.

3. Renée Balibar, *Histoire de la littérature française*, *op. cit.*, p. 23.

contact du gaulois d'abord, de la langue germanique franque ensuite, et surtout[4]. » L'influence franque, qui se fait sentir au nord de la Loire, dans la langue d'oïl, a comme conséquence que celle-ci s'éloigne davantage du latin que la langue d'oc ou les autres langues de même origine, comme l'italien. Ce qu'on appelle l'ancien français correspondrait donc à un idiome résultant en grande partie de l'évolution d'une langue d'oïl soumise très tôt à l'influence unifiante de Paris. Ce français ne serait dérivé ni des dialectes franco-normand ou franco-picard, ni même du francien, un dialecte dont l'existence est aujourd'hui mise en doute par les linguistes : « Le français, écrit Jacques Chaurand, ne provient en droite ligne ni du parler paysan ni de ceux qui étaient en usage dans les milieux incultes. Ce qui correspond à la prise de conscience médiévale, c'est le constat d'existence d'une langue qu'on appelle alors le françois, pour nous l'ancien français commun. Les dames de la Cour du roi Artus nous sont présentées par le poète champenois du XIIe siècle, Chrétien de Troyes, comme "bien parlant en langue françoise"[5]. » Cette langue regroupe « les participants de la communication littéraire, laquelle échappe à la société de cour, comme elle transcende l'émiettement infini de la société médiévale »[6]. Si elle s'élabore principalement à Paris[7], elle sert aussi aux échanges entre les lettrés des diverses régions couvertes par la langue d'oïl. Elle sert

4. Bernard Cerquiglini, « Le français : un créole qui a réussi », dans Bernard Cerquiglini *et al.*, *« Tu parles ! ? » Le français dans tous ses états*, Paris, Flammarion, 2000, p. 114.

5. Jacques Chaurand, *Histoire de la langue française*, Paris, PUF, coll. « Que sais-je ? », 1969, p. 30.

6. Bernard Cerquiglini, « Le français : un créole qui a réussi », art. cit., p 120.

7. Il ne faudrait pas négliger pour autant la cour d'Henri II Plantagenêt, en Angleterre, où sont apparues les premières « translations » de textes latins en dialecte anglo-normand (entre 1150 et 1165 tout particulièrement).

enfin de matériau aux œuvres de la littérature médiévale, bien que celles-ci admettent, « plus largement qu'aux époques suivantes, des divergences dialectales »[8]. La supériorité du français parisien est attestée au XIIIe siècle par un Jean de Meung qui écrit dans sa traduction de Boèce : « Si m'escuse de mon langage / Rude, malostru et sauvage / Car nés ne sui pas de Paris[9]. »

La langue de la *Chanson de Roland* est une langue composite et dans une certaine mesure « fictive », qui, selon Renée Balibar, « présente principalement une personnalité *normande* illuminée de l'intérieur par la présence de la langue *latine* »[10]. Ainsi le premier vers de l'épopée, « Carles li reis, nostre emperere magnes », utilise-t-il le latin *magnus* pour désigner l'empereur, tout en le francisant en *magnes*, alors que l'adjectif *grant* existait déjà dans la langue vulgaire. Pour l'historien de la langue Ferdinand Brunot, « c'est du XIIe au XIIIe siècle que l'ancien français atteint son apogée et arrive à une beauté linguistique dont il n'a fait depuis que déchoir. Il est, déjà à cette époque, malgré le monopole du latin, dans une

8. Jacques Chaurand, *Histoire de la langue française*, *op. cit.*, p. 31.

9. Cité par Jacqueline Picoche et Christiane Marcello-Nizia, *Histoire de la langue française*, Paris, Nathan, 1991, p. 25. François Villon, quant à lui, revendique sa naissance parisienne : « Je suis François [...]. Né de Paris emprès Pontoise. » (« Quatrain », *Poésies*, éd. Jean Dufournet, Paris, Garnier-Flammarion, 1992, p. 350.) C'est ce même Villon à qui l'on attribue six ballades en jargon. Voici le début de la première : « A Parouart la grant mathegaudie / Où accolez sont duppez et norciz / Et par les anges suivans la paillardie / Sont greffiz et prins cinq ou six / Là sont bleffeurs au plus hault bout assis / Pour le evaige et bien hault mis au vent. » Traduction : « À Paname, la grande ville de joie, où les naïfs sont pris au cou et noircis, aggripés et saisis à cinq ou six par les sergents, de sacrés paillards, là les bluffeurs sont placés à l'étage supérieur pour être lessivés et bien éventés. »

10. Renée Balibar, *Histoire de la littérature française*, *op. cit.*, p. 30. L'exemple qui suit lui est emprunté.

certaine mesure, une langue internationale »[11]. Le français continuera à se dégager de l'influence latine et évoluera vers le moyen français avant de devenir, au XIIe siècle, un état de langue qu'on désigne comme le français classique.

Entre ces deux moments et au cours des XIVe, XVe et XVIe siècles, « de puissants esprits commencent à concevoir et à publier leur dessein de ravir au latin d'être le privilège de la langue de ceux qui pensent, ils veulent doter leur "vulgaire" d'une littérature »[12]. Parmi ces esprits se trouvent ceux-là mêmes qui, réunis autour de Du Bellay, s'engagent dans une *Deffence et illustration de la langue françoyse*, texte qui se donne à lire comme une polémique, une poétique et une politique de la langue.

Une polémique

Comme tout manifeste[13], celui-ci s'inscrit dans un contexte culturel auquel il apporte une réponse ponctuelle. Le XVIe siècle, on l'a rappelé plus haut, voit apparaître le français comme langue d'État. L'édit de Villers-Cotterêts stipule que les actes publiés au nom du roi doivent l'être « en langaige maternel françois et non autrement » ; le roi précise : « Afin qu'il n'y ait cause de douter sur l'intelligence desdits arrêts, nous voulons et

11. Ferdinand Brunot, *Histoire de la langue française*..., t. I, Paris, Armand Colin, 1966, p. XII.

12. *Id., ibid.*, p. XIII.

13. Sur la question des manifestes comme genre littéraire, on consultera Jeanne Demers, « Entre l'art poétique et le poème : le manifeste poétique ou la mort du père », *Études françaises*, « Le manifeste poétique/politique », vol. XVIII, nº 3-4, octobre 1980. Jeanne Demers et Line McMurray, *L'Enjeu du manifeste/Le Manifeste en jeu*, Montréal, Le Préambule, 1986. Également le dossier de *Littérature* intitulé « Les manifestes », nº 39, octobre 1980.

ordonnons qu'il soient faits et escrits si clairement, qu'il ne puisse avoir aucune ambiguïté ou incertitude ne lieu à demander interprétation. » C'est donc au nom de la clarté que l'on ordonne d'utiliser le français, une clarté qui « devient ainsi une affaire d'État, dont secrétaires royaux et chanceliers du royaume, toujours choisis parmi les grands lettrés, font une de leurs préoccupations majeures »[14]. Car il s'agit de faire de cette langue du roi et de la communauté cultivée « le latin des modernes ». Le latin n'en reste pas moins en usage, et la plupart des écrivains, dont du Bellay lui-même, publieront une partie de leurs textes dans cette langue. Seul Ronsard n'écrira qu'en français. La langue française du XVIe siècle doit donc gagner ses lettres de noblesse non seulement devant la dignité du latin, mais aussi à cause de la situation de concurrence interne (les langues régionales) et externe (les autres langues vulgaires, notamment l'italien) dans laquelle elle se trouve[15].

Le groupe de jeunes gens qui reçoivent l'enseignement de l'helléniste Jean Dorat, au collège de Coqueret, participent au débat entourant la question des modèles antiques qui a cours durant toute la Renaissance. Dans le domaine de la rhétorique, ce débat avait donné lieu à une polémique concernant la possibilité ou non de dépasser l'idéal cicéronien. Faut-il imiter Cicéron ou plutôt l'idéal qu'il représente ? Érasme, dans son *Ciceroniamus* (1528), critique l'idolâtrie qu'on lui voue et conseille plutôt de « chercher à retrouver le sens des choses et la vérité sous les mots »[16]. À une conception cyclique de l'Histoire

14. Marc Fumaroli, « Le génie de la langue française », dans Pierre Nora (dir.), *Les Lieux de mémoire*, t. III, vol. III, *Les France, De l'archive à l'emblème*, Paris, Gallimard, 1992, p. 924.

15. Marie-Madeleine Fragonard et Éliane Kotler, *Introduction à la langue du XVIe siècle*, Paris, Nathan université, 1994, p. 8 et suiv.

16. Josiane Rieu, *L'Esthétique de Du Bellay*, Paris, Sedes, coll. « Esthétique », 1995, p. 8.

s'oppose une conception plus progressiste, qui se double d'une interrogation sur les rapports entre la pensée et les mots. Des discussions naissent au sujet de la traduction des textes sacrés, renvoyant au conflit représenté dans le *Cratyle*[17] de Platon. Pour Jean Dorat et ses élèves, parmi lesquels se trouvent Baïf, Ronsard et du Bellay, les œuvres gréco-latines doivent servir de références mais surtout de tremplin pour créer une nouvelle littérature. Le but de Du Bellay, en devenant le porte-parole du groupe, dont le nom était la Brigade avant de devenir la Pléiade, est de prendre parti au nom d'une génération qui en est encore à ses premiers essais littéraires. D'où l'aspect prospectif de la *Deffence*, qui annonce un programme tout en affichant sa rupture avec les générations qui l'ont précédée.

17. Cet ouvrage de Platon est centré sur la question suivante : « Tout nom implique-t-il forcément une réalité correspondante ? » ; il met en scène, sous forme de dialogues, Socrate et ses disciples Herménogène et Cratyle. « Herménogène professe que la justesse de la dénomination n'est qu'accord et convention, usage et coutume. Mais Socrate, répondant à Herménogène, montre par une série d'explications étymologiques, qu'il peut y avoir conformité entre le caractère de la chose ou de la personne et son nom. En revanche, à Cratyle qui prétend fournir aux noms, à grand renfort de chimères, une origine « naturelle » et prouver leur adéquation à la réalité désignée, Socrate répond que les noms peuvent tromper ; qu'ils ne correspondent pas tous à des choses ; que ce sont les sophistes qui prennent les mots pour guides et qu'il vaut mieux, tout compte fait, se fier aux choses. Ces deux attitudes de Socrate, mutuellement exclusives et donc apparemment contradictoires, correspondent en fait à deux « moments » de son être et à deux moments du dialogue. Le Socrate inspiré, en proie à la fureur poétique, est prêt à embrasser la position de Cratyle ; ses créations verbales, ses hypothèses hardies sur la genèse des lettres et des noms, participent d'un véritable délire bachique. L'onomaturge devient démiurge. Le Socrate raisonnable, en revanche, s'oppose à Cratyle en reconnaissant le fossé ontologique qui sépare le signe de la chose signifiée ; il se range du côté d'Herménogène et conclut sagement qu'on ne saurait prendre la paille des mots pour le grain des choses. » (François Rigolot, « Cratylisme et pantagruélisme : Rabelais et le statut du signe », *Études rabelaisiennes*, t. XIII, 1976, p. 128.)

Le manifeste constitue une réponse à l'*Art poétique* publié en 1548 et attribué à Thomas Sébillet. Dans une visée d'abord encyclopédique, Sébillet énumère les préceptes à suivre et dresse le répertoire des formes poétiques en donnant de nombreux exemples empruntés aux poètes qu'il admire. Sa conception de la littérature est celle d'une évolution sans heurts, à partir des textes latins et du corpus français qu'il faut conserver et enrichir : « Qu'est-ce que Sébillet entendait par poésie ? Une pratique qu'on enregistre et décrit, une réalité dont les modèles sont clairs et intelligibles. Il suffit de se référer aux recueils des poètes contemporains pour en trouver des exemples et de les recenser pour les générations futures. La poésie française lui apparaît dans son progrès comme un mouvement ordonné et continu qu'il s'agit de conserver et de prolonger – elle est dans le poète et non pas dans la langue[18]. » Le corpus poétique français est donc suffisamment riche, selon Sébillet, pour inspirer les œuvres à venir, idée qui sera battue en brèche par les écrivains de la Pléiade : « Sébillet est conservateur, gardien et promoteur des valeurs acquises, tandis que du Bellay est iconoclaste, explorateur audacieux de l'inconnu. La poésie pour lui est une quête, la recherche d'un moyen de transformer la langue, d'en accélérer le développement naturel[19]. » C'est dans cette différence radicale concernant l'importance accordée à la tradition poétique française, la conception de la langue et le rôle du poète que se situe l'originalité de la *Deffence*. En demandant d'abandonner le passé de la langue, du Bellay transforme la perspective évolutive de Sébillet en perspective révolutionnaire.

D'autres avant lui avaient insisté sur les potentialités du français. Jacques Peletier du Mans, dans une préface

18. Floyd Gray, *La Poétique de Du Bellay*, Paris, Nizet, 1978, p. 19.
19. *Id., ibid.*

accompagnant sa traduction de l'*Art poétique* d'Horace, en 1541, déplorait que l'on continuât à composer en latin plutôt qu'en français. Pierre Fabri, dans *Le Grand et vray art de Pleine rhétorique* (1534), veut faire du français une langue apte à exprimer les réalités scientifiques. En 1531 paraît le dictionnaire de Robert Estienne, qui sera suivi, en 1606, par celui de Jean Nicot. En 1549, la même année que le manifeste, Louis Meigret publie une grammaire. Déjà en 1529, Geoffroy Tory, au second livre de son *Champfleury*, avait proclamé la langue française l'égale des autres langues, car elle est « aussi belle et bonne que une autre, quand elle est bien couchée par escript »[20]. Ces rhétoriqueurs avaient émis des opinions sur l'état du français, mais aucun avant du Bellay « n'avait parlé avec tant d'enthousiasme et d'empressement de la nécessité d'une réforme aussi radicale, ni proposé de la poésie une conception essentiellement linguistique »[21]. Il le fait en s'appuyant en grande partie sur un ouvrage paru en italien de Sperone Speroni intitulé *Le Dialogue des langues*[22], ouvrage consacré à promouvoir la dignité de la langue vulgaire toscane par rapport au latin. Les arguments que du Bellay emprunte à son prédécesseur deviennent ainsi l'illustration de sa propre théorie du dialogue intertextuel dont il s'est fait le champion.

Le titre même du manifeste de Du Bellay en indique clairement l'orientation linguistique ainsi que la double polarisation : texte militant, celui-ci se déploie en un ensemble de considérations sur l'origine des langues et sur la façon de « rendre illustre » la langue française en la

20. Cité dans *Deffence et illustration de la langue françoyse*, éd. critique d'Henri Chamard, Paris, Didier, 1948, p. 29, note 2.
21. *Ibid.*, p. 18.
22. Sperone Speroni, *Dialogue des langues*, éd. bilingue, trad. de Gérard Genot et Paul Larivaille, Introduction et notes de Mario Pozzi, Paris, Les Belles Lettres, 2001, p. 67.

renouvelant. À la différence du traité de Sébillet, les exemples, dans la deuxième partie, sont peu nombreux : du Bellay se contente d'énoncer des principes qu'il appartiendra ensuite aux auteurs d'illustrer. Divisé en deux livres de douze chapitres chacun, le manifeste s'interroge donc, dans une première partie, sur le phénomène des langues dans le but de faire l'apologie du français. À cet aspect polémique succède une deuxième partie correspondant à la poétique qu'il conviendrait de développer.

L'argumentation de Du Bellay repose sur une conception relativiste de la langue : « Donques les Langues ne sont nées d'elles mesmes en façon d'herbes, racines et arbres : les unes infirmes et debiles en leurs espèces : les autres saines et robustes, et plus aptes à porter le faiz des conceptions humaines : mais toute leur vertu est née au monde du vouloir et arbitre des mortelz. Cela (ce me semble) est une grande rayson pourquoi on ne doit ainsi louer une Langue et blâmer l'autre : veu qu'elles viennent toutes d'une mesme source et origine : c'est la fantasie des hommes : et ont été formées d'un mesme jugement à une mesme fin : c'est pour signifier entre nous les conceptions et intelligences de l'esprit. » (Livre I, chap. I[23].) Du Bellay insiste sur le caractère conventionnel des langues et sur leur fonction sociale. Il adopte par là une position nominaliste et récuse celle de Cratyle qui suppose un lien fondamental entre les choses et les mots qui les désignent. En corollaire, il laisse entendre que la diversité des langues n'est pas fondée sur une hiérarchie, mais que si certaines d'entre elles sont « plus riches que les autres », cela ne « se doit pas attribuer à la félicité desdites Langues », mais « au seul artifice et industrie des hommes » (I, I). Ces idées sur l'origine humaine du langage sont en grande

23. Joachim du Bellay, *Deffence et illustration de la langue françoyse*, *op. cit.*, p. 12. Les références à cette édition seront indiquées dans le corps du texte.

partie traduites du *Dialogue des langues* de Speroni. À partir de ces prémisses, du Bellay conclut qu'il n'y a aucune raison de mépriser le français, ni de croire que cette langue serait « incapable de toutes lettres et érudition ». C'est ce qu'il s'applique à démontrer.

Selon l'auteur de la *Deffence*, la langue française n'est pas encore aussi riche que la grecque ou la latine, ce n'est pas parce qu'elle est plus « barbare » ; cela est dû plutôt à l'ignorance des ancêtres, « notz majeurs » qui « nous ont laissé notre Langue si pauvre et nue, qu'elle a besoing des ornements et (s'il faut ainsi parler) des plumes d'autruy ». La langue française est une plante qui « n'a encore fleuri ». Pour qu'elle s'épanouisse, il n'y a qu'à suivre l'exemple des Romains, « moins négligens », qui, « en guise de bons agriculteurs, l'ont premièrement transmuée d'un lieu sauvaige en un domestique : puis [...] magistralement tirez de la Langue Greque » (I, III). Les Romains ont été « plus diligens à la culture de leur Langue que nous à celle de la nôtre », car la langue, comme la terre, ne produit fleurs et fruits « non tant de sa propre nature que par artifice ». La métaphore végétale, que du Bellay doit également à Speroni, en associant culture de l'esprit et travail des paysans, lui permet d'énumérer ensuite les conditions pour améliorer le français, une langue qui, malgré tout, « n'est si pauvre que beaucoup l'estiment ». (I, IV). Afin qu'elle arrive à un point d'excellence tel que « toutes Sciences se peuvent fidèlement et copieusement traicter en icelle », il faut la cultiver et l'enrichir en prenant exemple sur les Anciens. Comme Speroni, du Bellay croit qu'une langue qui met un certain temps à se perfectionner pourra bénéficier d'une durée plus longue (I, IX). À la suite de l'Italien, il affirme que les langues sont perfectibles, et, dès lors, connaissent une évolution constante ; si tel n'était pas le cas, il n'y aurait qu'une seule et unique langue. Le rôle des écrivains est d'infléchir la langue, de la cultiver, de la « poétiser », voire de l'inventer.

Une poétique

La poétique de Du Bellay s'appuie sur le principe de l'imitation définie comme une captation et un transfert d'énergie, comme une manière d'égaler les Anciens par l'esprit et non pas par la lettre. Les traductions sont nécessaires mais non suffisantes pour donner à la langue « ceste perfection, et, comme font les peintres à leurs tableaux cette dernière main que nous désirons ». Sur ce point, l'enseignement des Romains est capital, qui ont su enrichir leur langue en « immitant les meilleurs aucteurs grecs, se transformant en eux, les devorant, et apres les avoir bien digerez, les convertissant en sang et nourriture, se proposant, chacun selon son naturel et l'argument qu'il voulait elire, le meilleur aucteur, dont ils observaient diligemment toutes les plus rares et exquises vertus, et icelles comme greffes » (I, VII). Il s'agit de s'approprier les qualités des bons écrivains, de s'en inspirer, de les « dévorer », un peu à la manière des Brésiliens modernes pratiquant l'anthropophagie culturelle, de façon à s'en nourrir sans les copier. Il ne s'agit donc pas d'« imiter à pied levé », comme le propose Sébillet, ni de prétendre égaler les Anciens en leurs langues, mais de pratiquer une forme « d'innutrition » dont les effets doivent rejaillir sur la langue vulgaire. L'imitation n'a plus rien à voir avec une admiration idolâtre.

Le second livre de la *Deffence* reprend de façon plus explicite cette théorie déjà exposée dans le premier. Le jugement que du Bellay porte sur la poésie française est sévère : « J'ay tousjours estimé notre poësie Françoyse estre capable de quelque plus hault et meilleur style que celuy dont nous sommes si longuement contentez. » (II, I.) Aussi est-ce moins l'histoire de cette poésie qui l'intéresse que les moyens à prendre pour anoblir la langue. Parmi ces moyens, le travail est aussi important que le talent pour ces jardiniers de la langue que sont les poètes. En effet, « le naturel n'est suffisant à celui qui en Poësie veult faire œuvre digne de l'immortalité ». Comme la langue, la poésie a besoin de l'imitation et de l'étude des Anciens pour se développer. Après avoir énuméré les genres à favoriser et valorisé particulièrement l'épopée, du Bellay se lance dans des considérations plus spécifiquement linguistiques. Il préconise les inventions lexicales, toujours sur le modèle des Anciens : « Je veux bien avertir celuy qui entreprendra un grand œuvre, qu'il ne craigne point d'inventer, adopter et composer à l'immitation des Grecs quelques motz Francoys, comme Ciceron se vante d'avoir fait en sa Langue. Mais si les Grecz et Latins eussent esté superstitieux en cet endroit qu'auroient-ilz ores de quoy magnifier si haultement cete copie qui est en leurs Langues ? » (II, VI.) Le poète a donc toute liberté de créer des mots afin d'enrichir sa langue. Du Bellay lui conseille, notamment, d'utiliser l'infinitif pour le nom, comme « l'aller, le chanter, le vivre, le mourir ». Également de substantiver l'adjectif, comme le « liquide des eaux », d'utiliser des adjectifs pour des adverbes, d'éviter l'omission des articles et des adjectifs. Il lui recommande aussi d'emprunter aux langages des métiers et de retrouver les vieux mots français et de les rajeunir – comme « ajourner » pour « faire jour » (II, VI). De même, d'un point de vue stylistique, le poète pourra se servir de la figure de l'antonomase, qui permet de varier les tournures. Mais ces éléments ne sont donnés qu'à titre indicatif, car, pour du Bellay, le désir d'illustrer la langue doit pouvoir donner libre cours à des expériences diverses.

La *Deffence* part du principe qu'il n'y a pas de hiérarchie entre les langues, que « toutes langues sont d'une mesme valeur, et des mortelz à une mesme fin d'un mesme jugement formées » (I, X). On l'a vu, si certaines langues sont plus riches que d'autres, c'est à cause du travail et de l'industrie des hommes. Cette affirmation est aussitôt suivie de quelques conseils pour « l'ornement et l'amplification » de la langue française, et se termine par une « exhortation aux Français d'écrire en leur Langue : avecques les louanges de la France » (II, XII). Ce dernier chapitre renvoie à la dimension politique du manifeste.

Une politique

L'exhortation finale confirme l'ambition patriotique de la *Deffence* et en explicite la portée. Dans la dédicace au cardinal Jean du Bellay, il était déjà question de servir la patrie : « C'est en effet la Deffence et Illustration de nostre Langue Françoyse, à l'entreprise de laquelle rien ne m'a induyt, que l'affection naturelle envers ma Patrie, et à te la dédier, que la grandeur de ton nom. » Un passage traduit de Speroni est aussi révélateur par la modification que l'auteur fait subir au texte. Là où Speroni écrit : « Un temps viendra peut-être où la langue vulgaire sera douée d'une égale excellence », du Bellay transcrit : « Le tens viendra (peut estre), et je l'espère moyennant la bonne destinée Françoyse que ce noble et puyssant Royaume obtiendra, à son tour les resnes de la monarchie, et que nostre Langue [...] qui commence encore à jeter ses racines, sortira de terre, et s'élèvera en telle hauteur et grosseur, qu'elle se pourra égaler aux mesmes Grecz et Romains, produisant comme eux des Homères, Démosthènes, Virgiles et Cicérons, aussi bien que la France a quelquesfois produit des Pericles, Nicies, Alciviades, Themistocles, Cesars et Scipions. » (I, III.) L'excellence à laquelle du Bellay fait allusion est celle d'un « royaume » capable d'engendrer dans un même mouvement la maturité d'une langue et de grandes œuvres.

Dans son dernier chapitre également, l'auteur amorce un éloge de la France et cite comme exemplaire le travail de Guillaume Budé et de Lazare de Baïf, deux conseillers de François Ier, dont l'un est l'auteur en français de *L'Institution du prince* (1547). Aussi n'est-ce pas étonnant de voir apparaître, en fin de parcours, l'image de l'Hercule gaulois entrant dans l'ancienne Marseille et « tirant les peuples apres luy par leurs oreilles avecques une chesne attachée à sa langue ». Ce mythe, très populaire au XVIe siècle, avait tout pour conforter l'orgueil national qui s'était développé à la faveur du gallicanisme : « La préoccupation de Du Bellay s'inscrit directement dans ce grand espoir idéologique et culturel qui semble poindre à ce moment de l'histoire, avec la solution d'une alternative gallicane pour la sauvegarde d'une civilisation[24]. » Selon le principe de la *translatio studii*, à savoir la mutation des cultures hégémoniques vers l'ouest, l'assimilation du savoir antique doit permettre son dépassement. Les humanistes de la Renaissance ont conscience de leur mission, qui consiste notamment en une récupération du patrimoine universel. Il s'agit véritablement de faire accéder la langue et la « littérature nationale à l'âge adulte des civilisations rayonnantes »[25]. Cette entreprise se situe en continuité avec ce que les Italiens ont eux-mêmes accompli, ce qui justifie le recours au texte et aux arguments de Speroni. Cela explique aussi la théorie de l'imitation comme déplacement d'une langue dans une autre.

D'autres textes prolongeront et compléteront le manifeste. Peletier du Mans, dans son *Art poétique*, insiste sur « la nécessité d'écrire en français » et, pour cela, de puiser dans les différents dialectes qui « sont de la Couronne : tout est Français, puisqu'ils sont du pays

24. Josiane Rieu, *L'Esthétique de Du Bellay*, *op. cit.*, p. 25.
25. *Id.*, *ibid.*, p. 26.

du Roi »[26]. Ronsard, dans un *Art poétique* publié une quinzaine d'années après la *Deffence* et dédié à Alphonse Delbène, précise que le poète ne doit pas hésiter à utiliser les vieux mots et les termes de métier, mais aussi à s'« approprier les mots les plus significatifs des dialectes » de France (picard, wallon, gascon, poitevin, normand), « pourvu qu'ils soient bons et que proprement ils signifient ce que tu veux dire, sans affecter par trop le parler de la cour, lequel est quelquefois très mauvais pour être le langage de damoiselles et jeunes gentilshommes qui font plus de profession de bien combattre que de bien parler »[27]. Dans sa deuxième préface à *La Franciade*, il incite à créer des mots composés à l'exemple du latin et du grec (comme aigre-doux), mais aussi des mots formés par « provignement » (qui vient de « provigner », reprendre racine), donc des mots inventés par dérivation. Il suggère de créer des mots d'origine latine ou grecque là où c'est nécessaire, « pourvu qu'ils soient gracieux et plaisants à l'oreille ». Comme du Bellay, il renonce à l'imitation des contemporains : « L'imitation des nostres m'est tant odieuse (d'autant que la langue est encores en son enfance) que pour cette raison je me suis éloingné d'eux, prenant stile apart, sens apart, euvre apart, ne desirant avoir rien de commun avec qu'une si monstrueuse erreur[28]. » Pour les poètes de la Pléiade, l'enrichissement de la langue passe par le recours à l'Antiquité. L'enseignement des Anciens doit servir à nourrir la langue française, dont le prestige rejaillit aussi bien sur les écrivains que sur les hommes politiques : « Pour ce que notre France n'obéit qu'à un seul Roi, nous sommes

26. Jacques Peletier, *Art poétique* (1555) dans *Traités de poétique*.
27. Pierre de Ronsard, *Abrégé de l'art poétique français* (1565), dans *Traités de poétique et de rhétorique de la Renaissance*, *op. cit.*, p. 434.
28. *Id.*, « Au lecteur », *Odes*, dans *Œuvres complètes*, t. I, Paris, Didier, 1973, p. 45.

contraints si nous voulons parvenir à quelque honneur, de parler son langage, autrement notre labeur, tant fût-il honorable et parfait, serait estimé peu de chose, ou (peut-être) totalement méprisé[29]. »

L'originalité de la *Deffence* tient dans cette mise en œuvre d'une « utopie linguistique »[30] qui consiste à considérer le développement d'une nation par celui de sa langue et à concevoir l'écriture comme « infiniment perfectible, déterminée par la seule activation de la langue »[31].

Ce texte a suscité en son temps de vives réactions. Barthélemy Aneau, dans son *Quintil horatien*, le discute et le commente point par point, en relève le caractère disparate (« diverses pièces assemblées ») et lui fait grief de son titre comme de sa signature. À du Bellay qui se réfère aux « ambitieux admirateurs des Langues Greque et Latine », il réplique : « Tu es de ceux-là, car tu ne fais autre chose par tout l'œuvre, mesme au second livre, que nous induire à gréciser et latiniser en Françoys, vitupérant tousjours notre forme de poësie, comme vile et populaire[32]. » Il en conclut que la *Deffence* aurait dû s'appeler une « offence et denigration » de la langue française. Mais ces attaques prouvent l'impact du manifeste, impact qui se mesure moins à l'aune de chacune des idées avancées que dans le fait de créer pour la poésie aussi bien que pour la langue commune un espace d'invention et de liberté.

En établissant la langue comme objet de la littérature et la littérature comme une quête du langage, quête qui se fait sur le mode esthétique mais également politique, du Bellay accorde à l'écrivain un rôle de premier plan dans l'évolution de l'idiome. Il s'acquitte lui-même de cette

29. *Id.*, *ibid.*, p. 435.
30. Floyd Gray, *La Poétique de Du Bellay*, *op. cit.*, p. 20.
31. *Id.*, *ibid.*
32. Barthélemy Aneau, *Quintil horatien* (1550), dans *Traités de poétique et de rhétorique de la Renaissance*, *op. cit.*, p. 187.

responsabilité dans un texte qui est une preuve vivante de la dignité du français ainsi que des possibilités de renouvellement qu'il offre. Ce double rôle de créateur et de linguiste, Rabelais se l'était déjà approprié quelques années auparavant dans des fictions laissant une large place aux questions langagières.

*

REPÈRES BIBLIOGRAPHIQUES

BALIBAR Renée, *Histoire de la littérature française*, Paris, PUF, coll. « Que sais-je ? », 1991.

CERQUIGLINI Bernard, *La Naissance du français*, Paris, PUF, coll. « Que sais-je ? », 1991.

CERQUIGLINI Bernard *et al.*, *« Tu parles ! ? » Le français dans tous ses états*, Paris, Flammarion, 2000.

CHAURAND Jacques, *Histoire de la langue française*, Paris, PUF, coll. « Que sais-je ? », 1969.

DEMERS Jeanne, « Entre l'art poétique et le poème : le manifeste poétique ou la mort du père », *Études françaises*, vol. XVI, n° 3-4, octobre 1980.

DEMERS Jeanne et MCMURRAY Line, *L'Enjeu du manifeste/Le Manifeste en jeu*, Montréal, Le Préambule, 1986.

DU BELLAY Joachim, *Deffence et illustration de la langue francoyse*, édition critique d'Henri Chamard, Paris, Didier, 1948.

FRAGONARD Marie-Madeleine et KOTLER Éliane, *Introduction à la langue du XVIe siècle*, Paris, Nathan université, 1994.

FUMAROLI Marc, « Le génie de la langue française », dans Pierre Nora (dir.), *Les Lieux de mémoire*, t. III, vol. III, *Les France*, « De l'archive à l'emblème », Paris, Gallimard, 1992, p. 912-973.

GRAY Floyd, *La Poétique de Du Bellay*, Paris, Nizet, 1978.

PICOCHE Jacqueline et MARCHELLO-NIZIA Christiana, *Histoire de la langue française*, Paris, Nathan, 1991.

RIEU Josiane, *L'Esthétique de Du Bellay*, Paris, Sedes, coll. « Esthétique », 1995.

SPERONI Sperone, *Dialogue des langues*, éd. bilingue, trad. de Gérard Genot et Paul Larivaille, Introduction et notes de Mario Pozzi, Paris, Les Belles Lettres, 2001.

Littérature, Paris, Larousse, « Les manifestes », n° 39, octobre 1980.

Traités de poétique et de rhétorique de la Renaissance, Introduction, notices et notes de Francis Goyet, Paris, Le Livre de poche, coll. « Classiques de poche », 1990. Textes de Sébillet, Aneau, Peletier, Fouquelin, Ronsard.

CHAPITRE II

L'usage de la parole, de Rabelais à Montaigne

« À cette heure, parles-tu naturellement. »

François Rabelais, *Pantagruel*

« Je parle au papier comme je parle au premier que je rencontre. »

Michel de Montaigne, *Essais*, III, I

L'œuvre de Rabelais s'inscrit dans le mouvement de valorisation du français qui caractérise la Renaissance. Le moine médecin qui signe *Pantagruel* en 1532 du nom d'Alcofribas Nasier est un érudit rompu aux divers savoirs de son époque. Fidèle à la tradition humaniste, cet admirateur d'Érasme se montre soucieux de traiter des sujets susceptibles d'intéresser ses contemporains. Contre toute attente, son œuvre s'édifie à partir de modèles inspirés de la tradition populaire et entreprend de faire revivre un monde de géants et de personnages légendaires qui n'ont plus du héros que la stature ou le comportement ironiquement ritualisé. Dans son ouvrage devenu classique, Bakhtine a bien montré ce que cette œuvre devait au carnavalesque, à son ambivalence fondamentale, à son réalisme grotesque fait d'attention au corporel et au matériel, porté par une atmosphère de profanation et de rire festif. « Cette perception, écrit Bakhtine, hostile à tout ce qui est tout prêt et achevé, à toutes les prétentions à l'immuable et à l'éternel, nécessitait pour s'exprimer des formes d'expression dynamiques, changeantes (protéennes), fluctuantes et mouvantes. C'est pourquoi toutes les formes et tous les symboles de la langue carnavalesque sont imprégnés du lyrisme de l'alternance et du renouveau, de la conscience de la joyeuse relativité des vérités et autorités au pouvoir[1]. » La langue de Rabelais est une langue essentiellement parodique, marquée par la logique des « choses à l'envers », une langue familière inspirée de la place publique et qui n'hésite pas à employer blasphèmes et jurons, mais aussi une langue qui mélange les registres et va jusqu'à créer des mots lorsque le besoin s'en fait sentir. Dans chacun de ses récits, Rabelais problématise le langage, le donne à voir dans sa matérialité comique ou licencieuse, en dénonce les boursouflures tout en pratiquant lui-même excès et délires verbaux. C'est cette représentation de la langue, sa mise en texte, voire sa mise en scène que nous nous proposons de repérer à travers les épisodes les plus significatifs de son œuvre. Examinons d'abord ce que nous disent les prologues.

Le premier prologue, celui de *Pantagruel*, débute par une adresse au public qui rappelle le style des bonimenteurs de foire : « Très illustres et très chevaleureux champions, gentilz hommes et aultres, qui voluntiers vous adonnez à toutes gentillesses et honnestetez, vous avez n'a gueres veu, leu et sceu, les *Grandes et Inestimables Chronicques de l'énorme géant Gargantua* et comme vrays fideles, les avez crues[2]… »

Sous l'abondance des louanges perce l'ironie publicitaire de celui qui veut convaincre en exagérant aussi bien

1. Mikhaïl Bakhtine, *L'Œuvre de François Rabelais et la culture populaire au Moyen Âge et sous la Renaissance*, Paris, Gallimard, coll. « Tel », 1970, p. 19.

2. Rabelais, *Pantagruel*, Paris, Gallimard, coll. « Folio classique » (éd. de 1964), p. 35. Les références ultérieures renvoient à cette édition.

la qualité des auditeurs que celle du livre à venir. Il s'agit là, selon Bakhtine, d'un usage du superlatif qui situe d'emblée l'œuvre dans le registre du grotesque : « C'est la face envers (ou mieux endroit) des grossièretés[3]. » Le prologue n'hésite pas à affirmer que les *Chroniques* sont les meilleurs remèdes aux maux de dents, comme aux douleurs de la vérole et de la goutte. Il se termine par une suite d'imprécations tout aussi exagérées que les louanges précédentes contre ceux qui oseront douter de la véracité de ce qui vient d'être dit : « Le feu sainct Antoine vous arde, mau de terre vous ire, le lancy, le maulubec vous trousse, le caquesangue vous viengne [...] en cas que vous ne croyez fermement en tout ce que je vous racompteray en ceste présente *Chronicque*[4] ! » Dans un cas comme dans l'autre, les énoncés parodiques annoncent une épopée à rebours, celle qui mettra aux prises Pantagruel – dont le nom est déjà un renversement, puisqu'il viendrait d'un personnage de mystère médiéval qui signifie « petit démon » – avec des héros pour le moins étonnants. Imprécations, excès, arguments fallacieux sont autant de signes d'une parole en délire au service d'un imaginaire tout aussi débridé.

Le prologue de *Gargantua* (1534) commence également par une adresse hyperbolique aux « beuveurs tres illustres » ainsi qu'aux « verolez tres precieux » et se poursuit sous le mode d'une conversation familière. Après avoir évoqué la figure de Socrate, « tousjours riant, tousjours beuvant d'autant à un chascun, tousjours se guabelant, tousjours dissimulant son divin sçavoir »[5],

3. Mikhaïl Bakhtine, *L'Œuvre de François Rabelais ..., op. cit.*, p. 163.

4. Rabelais, *Pantagruel*, *op. cit.*, p. 41. Mal de terre : épilepsie ; lancy : jet de foudre ; maulubec vous trousse : que l'ulcère aux jambes vous fasse boiteux ; caquesangue : dysenterie.

5. *Id.*, *Gargantua*, Paris, Gallimard, coll. « Folio classique » (éd. de 1965), p. 55. Les références ultérieures renvoient à cette édition. Se guabelant : se moquant.

l'auteur invite ses lecteurs à boire et à lire la suite. Cette invitation se double d'une mise en garde afin de ne pas s'en tenir aux « mocqueries, folateries et menteries joyeuses » qui sont dans les œuvres de son invention, mais qu'il faut plutôt « ouvrir le livre et soigneusement peser ce que y est deduict » (p. 57). Comme « l'habit ne faict poinct le moyne », le « sens literal » d'un texte en cache un autre, plus profond, qu'il est opportun de méditer. À ce prix seulement se révélera la « substantifique moelle » d'une œuvre, une denrée qui toutefois n'a rien à voir avec les gloses prétentieuses de ceux qui ont voulu allégoriser faussement certains textes. Après cette incursion dans le monde de la lecture, Rabelais termine en insistant encore sur les vertus inégalables du rire : « Or esbaudissez vous, mes amours, et guayement lisez le reste, tout à l'aise du corps et au profit des reins ! » (P. 61.) Les derniers mots rejoignent l'incipit et illustrent clairement la double orientation de ce prologue, qui accumule les signes d'oralité pour mieux convaincre de la pertinence de l'écrit, et de l'indispensable dialogue auteur-lecteur comme voie d'achèvement d'un texte.

Dans *Le Tiers Livre* (1546), Rabelais, tout en interpellant à nouveau les buveurs, convoque la figure de Diogène pour rouler sous les yeux du lecteur ébahi des listes de mots sans fin, comme si un vocable en engendrait un autre dans une circularité inépuisable. Tel Diogène « le philosophe cynic » ayant élu domicile dans un tonneau et « en grande véhémence d'esprit desployant ses bras le tournoit, viroit, brouilloit, barbouilloit, hersoit, versoit, renversoit, natoit. grattoit, flattoit, barattoit, bastoit, boutoit, butoit, tabustoit, cellevutoit, trepoit, trempoit, tapoit, timpoit, estouppoit, destouppoit, detraquoit, triquotoit, tripotoit [...], comme Sisyphus faict sa pierre »[6], l'auteur

6. *Id.*, *Le Tiers Livre*, Paris, Gallimard, coll. « Folio classique », 1996, p. 67. Les références ultérieures renvoient à cette édition.

se livre à un exercice prodigieux de lexicographie. En tout soixante-trois verbes servent à désigner l'activité de Diogène. « C'est le grand festival du verbe, écrit François Rigolot. Lesté de son support objectif, il devient un absolu. Il n'obéit plus qu'aux lois des rapprochements de sons et de sens, sans autre logique que celle de l'expressivité rythmique et tonale. [...] Une composante fixe, la désinence de l'imparfait ("oit"), établit un rituel sonore : sa récurrence quasi litanique semble entretenir la rotation du tonneau. Les multiples radicaux, en revanche, sont autant d'onomatopées primitives qui défient les lois de l'inertie[7]. » Pareil exercice annonce l'importance que prendra la thématisation de la langue dans le récit. Le prologue se termine par des invectives contre les « cerveaux à bourlet », « graveleurs de corrections » et « caphards » (hypocrites) de toutes sortes.

Dans l'épître liminaire du *Quart Livre* (1548), les attaques sont dirigées plus particulièrement contre « la calumnie de certains "Canibales, misantropes, agelastes"[8] » qui ont osé dénoncer le pantagruélisme de Rabelais, défini cette fois au début du prologue comme « une certaine gayeté d'esprit conficte en mespris des choses fortuites ». Cette précision, sur laquelle nous aurons l'occasion de revenir, énonce le double statut qui appartient au langage dans le texte rabelaisien et rappelle sa fonction expressive tout en inscrivant le rire comme voie d'accès à la vérité et comme figure de l'ambivalence carnavalesque.

Chacun de ces prologues accumule interjections, interpellations et exclamations qui constituent des signes évi-

7. François Rigolot, *Les Langages de Rabelais* (1972), Genève, Droz, 1996, p. 101. Les commentaires qui suivent s'inspirent de cet ouvrage fondamental.

8. Rabelais, *Quart Livre*, Paris, Gallimard, coll. « Folio classique », 1984, p. 33. Les références ultérieures renvoient à cette édition.

dents d'oralité. En utilisant le vocabulaire de la place publique, ses exagérations et ses obscénités, sa surenchère rhétorique, Rabelais reprend un procédé déjà en cours dans la littérature des XVe et XVIe siècles, notamment dans certains mystères, mais il le systématise, l'amplifie, en fait la matière même de son œuvre. Le chroniqueur emprunte aussi au conte et à toutes les autres formes de la tradition populaire. « La tradition "gigantale" appartient au grand courant oral qui a traversé le Moyen Âge et qui remonte peut-être au-delà. Il est devenu banal de le dire et pourtant il faut le répéter : le roman de Rabelais garde par bien des côtés les caractéristiques orales de la tradition dont il est issu. À tout moment, on devine derrière la page écrite la voix chaleureuse, nuancée, malicieuse du conteur qui connaît son auditoire et ménage ses effets[9]. » Dans ce « conte élargi », « le parti pris d'oralité » se retrouve à tous les niveaux. La bouche, par exemple, y occupe une place de choix, ne serait-ce que par l'importance que prennent dans chacune des chroniques la nourriture et le vin. Le narrateur lui-même, Alcofribas, se dit grand amateur de « motz de gueule » et entreprend au premier livre de visiter l'univers buccal de Pantagruel. À un moment donné, la langue du géant se transforme en parapluie pour abriter les troupes d'Utopie. Plaisante fonctionnalité de l'organe, qui traduit une image enveloppante de la parole. Dans *Gargantua*, à partir du cri initial « À boyre, à boyre, à boyre », se développe une véritable mythologie du boire, « avec, comme corollaire, la soif de dire »[10]. Il n'en reste pas moins que cette présence obsédante de la parole est rendue possible par le truchement de l'écrit, à savoir par une série de procédés qui miment le discours oral et en reproduisent les

9. François Rigolot, *Les Langages de Rabelais* , *op. cit.*, p. 27.
10. *Id.*, *ibid.*, p. 32.

marques. « Effets d'oralité »[11] qui sont autant de mises en scène de la parole et qui, au cours des divers récits, prennent l'aspect de dialogues d'allure théâtrale.

Les mises en scène de la parole

Le premier de ces dialogues apparaît au chapitre VI de *Pantagruel*. Il relate la rencontre du géant avec l'écolier limousin. Ce dernier, s'exprimant dans un jargon pédant, utilise le français latinisé des étudiants de la Sorbonne. Phénomène qu'un de ses compagnons explique ainsi : « Seigneur, sans doubte, ce gallant veult contrefaire la langue des Parisians ; mais il ne faict que escorcher le latin et cuide ainsi pindariser, et luy semble bien qu'il est quelque grand orateur en françois, parce qu'il dédaigne l'usance commun de parler. » (p. 99.) Le géant, tout en offrant de lui apprendre cet usage commun, lui demande d'où il vient. L'écolier, sous le coup de l'émotion, change aussitôt de registre et se met à discourir en patois limousin. Ce qui appelle, de la part du narrateur, un commentaire à l'effet qu'il « convient parler selon le langaige usité ; et, comme disoit Octavian August, qu'il fault éviter les motz espaves en pareille diligence que les patrons des navires évitent les rochiers de mer » (p. 105). Le langage du géant sert ici de norme, voire de « bon usage » devant les excès pseudo-savants ou pittoresques que représente le discours de l'écolier limousin. Dans un premier temps, Rabelais semble prendre parti pour une communication dépourvue de toute ambiguïté. Ne fallait-il pas dès le début établir une « langue de référence »[12]

11. Daniel Ménager, *Rabelais en toutes lettres*, Paris, Bordas, 1989, p. 126.

12. Voir à ce sujet François Rigolot, *Les Langages de Rabelais*, *op. cit.*, p. 35.

de façon à permettre au lecteur de percevoir le contraste entre celle-ci et les fantaisies que pratiqueront ensuite les divers personnages du récit, au premier rang desquels se trouvent Panurge et le narrateur lui-même ? Car, quoi qu'on ait dit sur les dangers de la contrefaçon et les bienfaits de « l'usance commun de parler », Rabelais-Alcofribas s'en donnera à cœur joie dans la fabulation langagière la plus extravagante. Cette première halte, qui oppose une parole affectée et pédante à une parole reconnue comme efficace, est déterminante dans la mesure où elle signale une interrogation sur le langage qui traverse l'ensemble de l'œuvre. Cependant, « le langage usité » que le géant qualifie de « naturel » – « À cette heure parles-tu naturellement » – est, il faut le rappeler, un patois. Rabelais signifie par là que le plaidoyer en faveur du français n'exclut en aucune façon les variétés dialectales. Ce faisant, il reproduit l'attitude de plusieurs écrivains de son temps, qui trouvent dans la diversité des registres et dans les parlures locales une richesse à exploiter. À cette époque en effet, « personne ne songe à définir un usage qui s'imposerait du dehors à tous les utilisateurs de la langue »[13]. Le choc des idiomes aura bien lieu pourtant, quelques chapitres plus loin, lors de la rencontre du géant avec Panurge.

Deuxième halte significative, cette rencontre, qui se produit au chapitre IX, est de nouveau une mise à l'épreuve de « l'usance commun de parler ». Pantagruel, pris de pitié devant le spectacle d'un homme « beau de stature et élégant en tous linéaments du corps, mais pitoyablement navré en divers lieux, et tant mal en ordre qu'il sembloit estre eschappé ès chiens », demande à l'inconnu : « Qui estes-vous ? Dont venez-vous ? Où allez ? Que quérez-vous ? Et quel est vostre nom ? » (p. 143.)

13. Daniel Ménager, *Rabelais en toutes lettres*, *op. cit.*, p. 160.

Pour toute réponse, Panurge se lance dans un discours en allemand. Ce qui lui vaut une remarque de Pantagruel qui, n'entendant pas ce « baragouin », lui demande de parler « aultre langaige ». Nouvelle réponse de Panurge, cette fois dans une langue imaginaire que ses interlocuteurs reconnaissent comme la langue des Antipodes. Et le dialogue de sourds de se poursuivre ainsi durant plusieurs répliques, Panurge s'évertuant à étaler ses connaissances polyglottes (il utilise tour à tour dix langues connues) aussi bien que sa capacité d'invention (la langue des Antipodes, le pathelinois ou lanternois, l'utopien). Pareille érudition provoque l'étonnement du géant : « Dea, mon amy, dist Pantagruel, ne sçavez-vous parler Francoys ? » La réplique ne se fait pas attendre : « Si fasct très bien, Seigneur, respondit le compaignon, Dieu mercy. C'est ma langue naturelle et maternelle, car je suis né et ay esté nourry jeune au jardin de France : C'est Touraine. » (p. 151.) Suivent alors les réponses aux questions formulées par Pantagruel au début de l'entretien concernant l'identité de Panurge, sa provenance et sa « nécessité bien urgente de repaistre ».

On n'a pas fini de s'interroger sur le ou les sens à donner à cette scène. Quelle est la fonction de ce discours polyglotte ? Pourquoi Panurge s'amuse-t-il à différer à ce point ses réponses alors que la faim et la soif le tenaillent ? Quelle conception du langage en déduire ? Il apparaît évident que les répliques multilingues de Panurge n'ont d'autre but que de maintenir en éveil la curiosité de ses interlocuteurs afin de pouvoir garder le contact avec eux. Il y réussit si bien qu'il gagne ainsi la sympathie sinon déjà l'amitié de Pantagruel. Situation paradoxale dans laquelle le blocage de la communication verbale entraîne en contrepartie l'adhésion des destinataires. Pour reprendre la terminologie de Roman Jakobson, on dira que les fonctions phatiques et émotives sont ici privilégiées aux dépens de la fonction cognitive du langage.

Quant à la fonction métalinguistique, elle est présente dans les commentaires étonnés des auditeurs et dans l'affirmation de Panurge selon laquelle le français est sa langue « naturelle et maternelle ». La reprise, en plusieurs langues, du même discours monologué de Panurge est ainsi à rapprocher de la liste des livres de la bibliothèque de Saint-Victor, liste inépuisable et sans véritable portée diégétique. Ce que le lecteur découvre dans ce passage, c'est l'attirance de Rabelais pour la matérialité des signifiants et la force jubilatoire de la parole : attirance que l'on peut traduire par la place primordiale accordée à la fonction poétique du langage. Le décodage de cette fonction sera rendu encore plus explicite par un lecteur polyglotte qui s'apercevra que Rabelais a réussi à représenter les langues dans leurs caractéristiques propres : « Le travail rhétorique et linguistique effectué par Rabelais est digne des *Exercices de style* de Queneau, car il s'agit de donner à chaque langue un style, qui est en même temps un contenu et la définition de la langue elle-même : tout ce passage illustre parfaitement non pas la ressemblance des langues, mais leurs différences en tant que discours portés par des peuples plus ou moins bavards, obséquieux, rudes, charitables, etc.[14]. » Ces variations sur le thème de la soif et de la faim prennent dès lors valeur de répertoire ou d'atlas linguistique.

Faut-il voir en revanche dans ce dialogue une parodie du « parler en langues » dont parle saint Paul dans son Évangile ? Cette hypothèse est difficile à retenir, dans la mesure où les glossolalies supposent une communion dans une « non-Langue » alors que, pour les compagnons de Panurge, les langues entendues appartiennent à une frontière difficile à établir entre langues réelles et langues

14. Marie-Luce Demonet, *Les Voix du signe. Nature et origine du langage à la Renaissance*, Paris/Genève, Champion/Slatkine, 1992, p. 179.

imaginaires, puisque même les langues inventées sont identifiées et nommées. Selon Marie-Luce Demonet, il s'agirait plutôt du phénomène opposé : « Dans le "parler en langues", on ne comprend pas les mots émis dans une langue de nul lieu, mais on communie par le sens : or ici, c'est seulement le son qui est reconnu, la prononciation, le pur signifiant ; pour le reste, personne n'y "mord"[15]. » La conclusion de cet échange constamment différé affirme une fois de plus la nécessité d'un langage commun puisque le français de Panurge, langue maternelle et naturelle, permet à celui-ci de faire connaître, en dehors du langage gestuel, l'acuité de ses besoins vitaux. Ainsi le spectre de Babel et de la confusion des langues est-il écarté, du moins provisoirement. Panurge finit par se soumettre à l'injonction de « parler christian » et accepte de renoncer à ces langues que, au dire d'Épistémon, même le diable ne pourrait comprendre. La langue française sort victorieuse de ce monologue multilingue. On retiendra cependant que l'amitié naissante entre Pantagruel et Panurge s'appuie sur une joute verbale dont l'apparente superficialité n'est que plus efficace. Chez Rabelais, le plaisir du signifiant l'emporte souvent sur celui du signifié.

La troisième halte ou troisième épreuve langagière est celle qui met aux prises, aux chapitres X, XI et XII, les seigneurs de Baisecul et de Humesvesne dans le cadre d'un procès incompréhensible et loufoque. Les plaidoiries s'appuient sur un discours qui se contente d'aligner les mots selon une syntaxe à peu près cohérente mais sans qu'aucune logique n'aide à leur décryptage. Il y est question d'une sédition entre les Balivernes et les Barragouyns et, dans le chapitre X comme dans les suivants, l'auteur ne se prive pas d'accumuler proverbes,

15. *Id.*, *ibid.*, p. 180.

calembours et jeux verbaux. Cependant, la communication se trouve totalement brouillée par les propos absurdes des deux seigneurs. Empruntant aux fatrasies médiévales, Rabelais montre que le respect de l'ordre syntaxique n'est pas suffisant pour garantir « l'usance commun de parler ». Il critique ainsi le dérèglement de la parole, c'est-à-dire une certaine machine à dire qui ne sert qu'à masquer « le vide de son propre fonctionnement ». Alors que Panurge revenait à sa langue maternelle après un détour par les langues étrangères, les seigneurs de Baisecul et de Humevesne s'expriment dans un français incompréhensible parce que déréglé d'un point de vue sémantique. « En termes de rhétorique, écrit François Rigolot, on pourrait dire que les plaideurs sont rompus à l'art de la *dispositio* et de l'*elocutio,* mais qu'ils ne se soucient pas de les relier à un tiers terme, pourtant essentiel, l'*inventio*, le choix des arguments. [...] Or ici l'*inventio* reste livrée à elle-même, ayant perdu le contact avec ses alliées naturelles ; elle se meut dans une liberté anarchique, donnant naissance à des monstres verbaux d'une étrangeté parfois terrifiante : tropiques... six blans... zenith... maille... mons Rhiphées... sterilité de happelourdes... sedition de Ballivernes... [16] » Une telle explosion est à rapprocher du charabia latinisant de l'écolier limousin : par un effet caricatural manifeste, Rabelais la condamne au même titre que les « motz espaves » d'un chapitre précédent. Bien qu'il accorde une « place de choix à l'anormalité des faits de langage, aux situations de blocage ou de perturbation de la communication » [17], le créateur de *Pantagruel* assigne à la parole les limites de l'échange social.

16. François Rigolot, *Les Langages de Rabelais*, *op. cit.*, p. 45.
17. Pierre Mari, *François Rabelais :* Pantagruel, Gargantua, Paris, PUF, coll ; « Études littéraires », p. 79.

Les situations que nous venons d'évoquer montrent bien l'intérêt de l'auteur pour ses personnages « défricheurs d'espaces verbaux[18] », mais aussi la complexité de la représentation du langage dans une œuvre où celui-ci « semble au fond mener un double jeu – tantôt acquis aux règles de transparence de la communication, tantôt livré à d'obscures forces jubilatoires qui l'affranchissent de toute contrainte figurative ou pragmatique. [...] Le discours des personnages semble osciller entre l'économie fluide des signifiés et les concrétions allégrement opaques du signifiant »[19]. Cette dualité a des antécédents philosophiques connus. Avant d'y venir, voyons encore quelques exemples de la manière rabelaisienne d'utiliser la langue, de la pousser jusque dans ses limites, voire de l'inventer.

Le langage comme laboratoire

À plus d'un titre, les chroniques rabelaisiennes peuvent être considérées comme un laboratoire de langages, comme une exploration des possibles qui s'offrent alors à un écrivain. La langue de Rabelais frappe d'emblée par son côté encyclopédique et par l'étendue des connaissances qu'elle met en cause. L'érudition de l'auteur couvre tous les champs du savoir, aussi bien ceux des domaines techniques comme l'architecture ou la navigation que ceux des proverbes, dictons, usages et coutumes de l'époque. L'ouvrage magistral de Lazare Sainéan sur *La Langue de Rabelais*[20] montre bien à quel point l'écri-

18. *Id.*, *ibid.*, p. 87.
19. *Id.*, *ibid.*, p. 79.
20. Lazare Sainéan, *La Langue de Rabelais*, Paris, De Boccard, 1922-1923.

vain était soucieux de l'exactitude scientifique ou étymologique des mots. Certains vocables qu'on pourrait considérer de son invention sont ainsi rapportés à une origine plus ancienne ou se retrouvent dans des textes médiévaux peu connus. Rabelais ne se contente pas de les employer avec précision, il les accumule, les entasse et les met en évidence par une pratique systématique de la liste. Divers principes le guident dans l'établissement de ces répertoires. Ainsi les jeux du jeune Gargantua – ils sont au nombre de deux cent dix-sept – sont-ils énumérés en vrac, dans un chaos joyeux. Les livres de la librairie de Saint-Victor sont également nommés sans ordre, avec l'intention parodique de « ridiculiser la culture médiévale à laquelle on prête des œuvres aux noms burlesques presque tous inventés »[21]. En d'autres endroits, comme dans l'énumération des types de serpents du *Quart Livre*, les noms seront désignés dans l'ordre alphabétique, ce qui évite de poser le problème de leur hiérarchie. Il y a dans cette pratique de nature encyclopédique la tentative d'épuiser le réel en le dénombrant, de faire l'inventaire des connaissances d'une époque. Mais le projet de Rabelais est complexe : s'il tend à reconstruire le monde par la parole, il cherche tout autant à en montrer les déraillements, les vertiges, les excès. Aussi l'aventure du langage dans laquelle il s'engage est-elle d'abord et avant tout une aventure ludique.

Il y a chez l'écrivain un goût marqué pour les dérives verbales, pour les jeux de langage et les fantaisies qui tournent parfois à la fatrasie. Il emprunte aux grands rhétoriqueurs de son siècle, comme Jean Bouchet, Jean Lemaire de Belges ou Jean Molinet, des effets de rythmes et d'assonances qu'il multiplie à loisir[22]. Il emprunte

21. Daniel Ménager, *Rabelais en toutes lettres*, *op. cit.*, p. 148.
22. Voir à ce sujet Raymond Lebègue, « Rabelais et les grands rhétoriqueurs », *Les Lettres romanes*, XII, 1958, p. 5-18.

également aux farces et soties du Moyen Âge le sens du burlesque et de l'exagération grotesque. Citons, à titre d'exemple, un extrait du « Banquet des Bien Yvres », au chapitre v de *Gargantua* :

> « Nous aultres innocens ne beuvons que trop sans soif.
> – Non moy, pecheur, sans soif, et, si non pesente, pour le moins future, la prevenent comme entendez. Je boy pour la soif advenir. Je boy eternellement. Ce m'est eternité de beuverye, et beuverye de eternité.
> – Chantons, beuvons, un motet entonnons !
> – Où est mon entonnoir ? » (P. 89.)

On chercherait en vain une logique à cet échange autre que celle de la virtuosité langagière – ivresse verbale ? – provoquée par la faconde des buveurs et les libres associations de mots que, plusieurs siècles plus tard, redécouvriront surréalistes et oulipiens. Il s'agit bien chez Rabelais d'une « langue en délire » : « À partir de tournures savantes empruntées à différents jargons professionnels, ils [les Bien Yvres] forgent, par équivoques et contrepèteries, toute espèce d'expressions incongrues. […] Dans cette polyphonie de voix discordantes, les contraintes de la communication semblent d'ailleurs levées : la jubilation du cri, le jeu des attractions phoniques et des transformations lexicales, toute cette saisie verbale se suffit à elle-même[23]. » Calembours, contrepèteries et paronomases forment la texture même de l'écriture rabelaisienne et assurent en quelque sorte l'autonomie du langage par rapport à l'histoire racontée.

Quant aux néologismes proprement dits, ils n'ont cessé d'attirer l'attention du public lecteur et de la critique. Leo Spitzer les décrit comme un phénomène qui « d'un côté, prend racine dans le patrimoine acquis de la langue dont il doit suivre les schémas », et de l'autre « s'élance

23. Michel Jeanneret, *Des mets et des mots. Banquets et propos de table à la Renaissance*, Paris, José Corti, 1987, p. 95.

dans le terrain vague de l'inexistant »[24]. Rabelais prend plaisir à inventer, à partir du mot « sorbonnard », des dérivés à connotation péjorative : « sophistes, sorbillaux, sorbonagres, sorbonigènes, sorbonicoles, sorboniformes, sorbonisècques, niborcisans, borsonisans, saniborsans »[25]. Si on peut reconnaître dans « sorbonagre » la jonction des mots « Sorbonne » et « onagros » (ce dernier signifiant « âne »), il est moins facile de trouver l'étymologie de « niborcisans » ou de « saniborsans », créés par simple redistribution des lettres des mots précédents[26]. L'invention de Rabelais se manifeste encore dans les mots-valises (« calebezacée ») ou les assemblages de consonnes et de voyelles abracadabrants qui semblent avoir comme fonction première de bouleverser l'ordre du discours et de mettre le lecteur en déroute : « Toute l'attitude de Rabelais envers le langage repose peut-être sur la vision d'une fécondité imaginaire dont le principe est inépuisable. Il crée des familles de mots, susceptibles de représenter des êtres fantastiques et horribles qui copulent et engendrent devant nous, qui n'ont de réalité que dans le monde du langage, qui règnent dans un monde intermédiaire entre réalité et irréalité, entre le redoutable "nulle part »" et l'"ici" qui nous rassure[27]. »

Dans *Le Tiers-Livre*, après la prouesse lexicale du prologue, Rabelais parodie la parole rituelle en se livrant à de véritables orgies litaniques. Une joute verbale sans précédent met aux prises Panurge et frère Jean. À partir d'un qualificatif « couillon mignon » se déclinent une

24. Leo Spitzer, « Le prétendu réalisme de Rabelais », *Modern Philology*, 1940, p. 142
25. Rabelais, *Pantagruel*, *op. cit.*, chap. XVIII. Cette énumération disparaît de l'édition de 1542, que nous utilisons ici.
26. Daniel Ménager, *Rabelais en toutes lettres*, *op. cit.*, p. 163.
27. Leo Spitzer, *Études de style*, Paris, Gallimard, coll. « Tel », 1970, p. 58-59.

quantité incroyable d'épithètes : « Le langage de la litanie allie la redondance du substantif "couillon" à la diversité de l'adjectif qui change sans cesse ("paté, naté, plombé, laicté..."). La fixité du genre, la monotonie du rythme, la répétition du nom d'appel forment une sorte de basse continue qui permet de faire ressortir l'originalité du récitatif adjectival. Pleins feux sur l'épithète et ses mille reflets sémantiques et phonétiques, voilà ce que permet une telle liturgie de la parole[28]. » Quelques chapitres plus loin, la même folie adjectivale servira à blasonner le fou : « "Fol fatal, fol de nature, fol céleste, fol jovial..." : les triboullinades confinent au vertige, à la glossomanie ou à "l'escrime gratuite"[29]. »

S'agit-il vraiment de pure gratuité ? Faut-il voir dans cette excroissance de la parole, dans cette « écriture se parlant » et dans cette « parole s'écrivant », comme le signale Jean Paris, la « formation d'un mythe linguistique visant à démystifier celui qu'impose la tradition » et une contestation avouée du diktat de Montaigne voulant que « la recherche de frases nouvelles et de mots peu cogneuz vient d'une ambition puerile et pedantesque »[30] ? L'esthétique de la profusion, de l'excès, qui anime l'auteur de *Pantagruel* n'exprime-t-elle pas un désir de fragmenter le langage, de le démultiplier pour mieux en démontrer et en démonter l'irréalité ? Pour Jean Starobinski, la parole rabelaisienne témoigne d'une vertigineuse liberté, provoquant chez le lecteur « le sentiment d'une plasticité sans limites, d'une prolifération autonome » : « Ce n'est plus l'écrivain qui invente, c'est le langage qui se démultiplie à travers l'écrivain, ce sont les mots eux-mêmes qui s'accouplent et qui engen-

28. François Rigolot, *Les Langages de Rabelais*, *op. cit.*, p. 164.
29. *Id.*, *ibid.*, p. 167 et suiv.
30. Jean Paris, *Rabelais au futur*, Paris, Éd. du Seuil, 1970, p. 30 et p. 61. Citation extraite des *Essais*, I, chap. XXVI, « De l'institution des enfans ».

drent[31]. » Ainsi ce langage physique, matérialiste à souhait, apparaît-il comme le résultat d'une mise sous tension du signifié provoquant un constant déséquilibre du sens. Une dernière halte, celle des « Paroles gelées », nous permettra de poser plus directement la question de la problématique du langage chez Rabelais.

Au chapitre LV du *Quart Livre*, alors que Pantagruel se trouve avec ses compagnons aux confins de l'Arctique, il entend « quelques gens parlant en l'air » sans toutefois voir personne. En tendant bien l'oreille, ses camarades finissent par ouïr à leur tour des voix, voire des mots entiers, ce qui a pour résultat de les effrayer grandement. L'explication de ces sons est donnée au chapitre suivant : il s'agirait de paroles gelées qui, la rigueur de l'hiver étant passée, « fondent et sont ouyes ». Or Pantagruel prend une poignée de ces paroles et les jette devant ses camarades ébahis, qui semblent y reconnaître « dragée perlée de diverses couleurs » : « Nous y veismes des motz de gueule, des motz de sinople, des motz de azur, des motz de sable, des motz d'orez. » Chacun de ces mots, en héraldique, désigne une couleur : bleu, vert pour sinople, noir pour sable, doré. Quant aux « motz de gueule », ils peuvent soit renvoyer à la couleur rouge des blasons, soit avoir une signification plus large, comme on peut le déduire du reste du chapitre. Mais ces paroles, entre les mains des hommes, deviennent comme neige[32]. Encore audibles, mais toujours aussi inintelligibles, elles sont

31. Jean Starobinski, « Note sur Rabelais et le langage », *Tel quel*, nº XV, 1963, p. 79.

32. On se souviendra que Rabelais, au chapitre IX de *Gargantua*, s'élève contre une certaine interprétation prétentieuse du symbolisme des couleurs par les héraldistes. Comme Gargantua voulait décider lui-même de la signification à donner aux couleurs de ses vêtements, Pantagruel exhorte ses compagnons à faire un usage non figé des « motz de gueule » et du langage commun. « Mais en fait le

qualifiées de « langaige Barbare ». En fait foi cette liste d'onomatopées : « hin, hin, hin, hin, his, ticue, torche, lorgne, brededin, brededac, frr, frrr, frrr, bou, bou, bou, bou, bou,... » Lorsque l'un des compagnons de Pantagruel suggère de garder en réserve, dans l'huile ou dans le beurre, comme un aliment, quelques-uns de ces mots de gueule, le géant rétorque « estre folie faire réserve de ce dont jamais on a faulte, et que tous jours on a en main, comme sont motz de gueule entre tous bons et joyeux pantagruélistes ».

Cet épisode est, à plus d'un titre, significatif. En donnant aux mots une couleur, Rabelais, bien avant Rimbaud et son sonnet « Voyelles », insiste sur le pouvoir d'évocation des signifiants. « Comme Homère, comme tous les poètes, Rabelais est obsédé par le problème des qualités sensibles du langage »[33], écrit Jean Guiton. Qui plus est, il donne aux pantagruélistes le pouvoir d'animer les paroles gelées, de les transformer en « motz de gueule », laissant ainsi apparaître « la distinction essentielle qu'établissent les linguistes modernes entre la parole et le langage, entre l'accident qu'est chaque son et l'ensemble ordonné des signes »[34]. Parole singulière donc, mais aussi évocatrice et susceptible de se renouveler sans cesse, n'est-ce pas celle que Rabelais pratique lui-même à travers jeux de mots, inventaires, néologismes et onomatopées ? En proposant le mythe des « paroles gelées », celui qui, dans *Pantagruel*, exprimait son goût pour la transparence du langage, en dévoile ici l'insularité, le caractère

---

mythe est à double sens, écrit Claude-Gilbert Dubois. Ce qu'il signifie, ce n'est pas tellement la possibilité de capter une parole que la vanité d'une reconstitution du vécu hors de son temps. » (*Mythe et langage au XVIe siècle*, Bordeaux, Ducros, 1970, p. 44.)

33. Jean Guiton, « Le mythe des paroles gelées », *The Romanic Review*, vol. XXXI, 1940, New York, Columbia University Press, p. 14.

34. *Id.*, *ibid.*

conventionnel ou arbitraire, sinon la légèreté – les « paroles en l'air » –, qui malgré tout produisent du sens ou un certain sens, mais à condition de les intégrer à un contexte d'énonciation.

Peut-on en déduire une attitude particulière de Rabelais envers le langage ? Si l'on en croit François Rigolot, cette attitude serait double. Il y aurait d'une part le Rabelais théoricien qui, au chapitre XIX du *Tiers Livre*, affirme que « les languaiges sont par institution arbitraires et convenences des peuples », et que « les voix (les mots) ne signifient naturellement, mais à plaisir ». Mais aussi, d'autre part, le Rabelais praticien qui s'évertue à défendre l'origine naturelle des langues et « se délecte à remotiver les mots opaques »[35]. Ces deux Rabelais représentent les positions contradictoires d'Herménogène et de Cratyle dans le dialogue socratique. Le pantagruélisme, défini dans le prologue du *Quart Livre* comme « certaine gayeté d'esprit conficte en mespris des choses fortuites », donne un aperçu de cette réconciliation possible : « En condamnant l'emploi fortuit du rébus dans tout emblème, dans tout texte sacré, Rabelais proscrit l'autonomie du signe, source de mensonge et de tromperie ; il affirme, en bon Pantagruéliste, son "mespris des choses fortuites". Mais en recourant aux jeux de mots circonstanciés, dans les passages insignes du texte, il nous invite à participer à une vision poétique du monde, folle et sage à la fois, où l'alliance contingente des mots (consonance) cautionne l'alliance nécessaire, parce qu'universellement admise, des choses (concordance)[36]. » Ce syncrétisme le porte à considérer les mots dans leur dimension charnelle, tout en affirmant l'arbitraire du signe, mais également à considérer comme *naturel*, au regard des jargons et des langages

35. François Rigolot,, « Cratylisme et pantagruélisme : Rabelais et le statut du signe », *Études rabelaisiennes*, t. XIII, 1976, p. 124.
36. *Id.*, *ibid.*, p. 132.

pseudo-savants, le langage acquis dès la naissance, ce langage dût-il être un patois, comme c'est le cas avec l'écolier limousin.

L'apport de Rabelais à la langue française est de première importance. Il a, notamment, opté pour l'utilisation des signes auxiliaires, comme les majuscules, les cédilles et les virgules. Il a aussi participé au débat sur l'orthographe en prenant parti pour des graphies étymologisantes plutôt que phonétiques, et pris position, en ce qui concerne la syntaxe, pour l'utilisation des « renforcements de la négation »[37]. D'un point de vue strictement lexical, on lui doit d'avoir mis en circulation un certain nombre de mots empruntés à divers dialectes et parlers régionaux, d'en avoir récupéré d'autres considérés comme archaïques, d'avoir inventé enfin toute une série de vocables dont la langue courante fait encore aujourd'hui abondant usage : dans bien des cas, les lexicographes ont du mal à savoir s'il s'agit de véritables néologismes ou d'archaïsmes revivifiés. Dans une étude consacrée à la question[38], Paul Barbier dresse l'inventaire, en 1905, des mots que le dictionnaire de l'époque fait remonter à Rabelais. En tout 604 mots, auxquels s'ajoutent, selon l'auteur de l'article, 470 vocables omis par le dictionnaire. On y reconnaît aisément les « acclamation, agriculture, amnistie, antiphrase, antiquaire, etc. », sans compter les « dégraisseur, décrotteur et dialecticien » qui font partie du vocabulaire actuel du français. À partir des racines grecques et latines, Rabelais crée, par exemple,

37. Voir à ce sujet Mireille Huchon, *Rabelais grammairien*, Genève, Droz, 1981.

38. Paul Barbier, « Ce que le vocabulaire du français littéraire doit à Rabelais », *Revue des études rabelaisiennes*, vol. III, 1905, p. 280-302, p. 387-401.

le mot « exotique », dont l'usage se répandra quelques siècles plus tard. La langue de Rabelais, cette « langue suractivée »[39] par la diversité des sources utilisées, par ses emprunts et ses trouvailles, est la matière même de son œuvre : « Rabelais a besoin de mobiliser toutes les ressources de la langue, d'utiliser et d'épuiser en son entier le vocabulaire disponible. Appétit si imparfaitement satisfait par la langue constituée qu'il en vient à créer sous nos yeux une légion de mots synthétiques. Ayant traversé les vocables préexistants et leurs multiples combinaisons, la verve loquace fait surgir des formes naissantes. Les néologismes de Rabelais sont les pointes extrêmes d'une poussée expansive qui bourgeonne dans l'imaginaire. L'on assiste à un processus de croissance : la parole de Rabelais correspond dynamiquement à la mythologie gigantale, qui est sa donnée première[40]. »

On pourrait renverser la proposition et dire que cette histoire de géants correspond à la mythologie langagière de l'auteur, à son attention démesurée à la langue comme « donnée première ».

La postérité retiendra surtout de Rabelais un certain « esprit de la langue », un esprit qui renvoie à une langue en constante transformation et qui sera battu en brèche au siècle suivant. Selon Claude Duneton, « l'héritage réel de Rabelais, c'est une langue en état de ne pas mourir asphyxiée… Il était médecin, n'est-ce pas ? Car si l'on dit "la langue de Rabelais", on dit aussi "la langue de Racine", qui est à peu près l'inverse. Racine exalte le policé chantant, la métaphore aux couleurs antiques pour oreilles chastes. Une langue pour jeunes filles, et féminine, finalement… Chez Racine, on ne "frotte pas son lard ensemble", Dieu nous en préserve ! On se contente

39. Jean Starobinski, « Note sur Rabelais et le langage », art. cit., p. 80.
40. *Id., ibid.*, p. 79.

de "brûler" de feux plus ardents les uns que les autres – toutes flammes bien coupables, au demeurant. C'est la partie femelle de la langue française. On pourrait dire "la langue mère" du français moderne. Celle de Rabelais fait figure de "langue père"[41]. » Cette langue père, des auteurs comme Hugo et Flaubert l'ont découverte avec plaisir, l'un élevant son auteur au rang des génies de l'humanité, l'autre le célébrant comme « la grande fontaine des lettres françaises »[42]. Pour Jean Paris, c'est *Gargantua* plutôt que *Don Quichotte* qui correspond le mieux à la définition que Michel Foucault donne de « la première des œuvres modernes, puisqu'on y voit la raison cruelle des identités et des différences se jouer à l'infini des signes et des similitudes ; puisque le langage y rompt sa vieille parenté avec les choses pour entrer dans cette souveraineté solitaire d'où il ne réapparaîtra, en son être abrupt, que devenu littérature »[43]. Milan Kundera, après Céline et Queneau, rend hommage à l'auteur de *Pantagruel*, qu'il proclame maître du roman occidental, pour sa virtuosité langagière – qu'il découvre dans une traduction en tchèque moderne –, mais aussi pour l'étendue des registres qu'il met en œuvre[44]. Quant aux écrivains francophones, on verra plus loin (chap. VIII) qu'ils considèrent cette œuvre à la fois comme une référence et un modèle.

41. Claude Duneton, « La langue du père », *Le Point*, nº 1111, décembre 1993, p. 64.

42. Cité par Claude Duneton, art. cit., p. 65.

43. Michel Foucault, *Les Mots et les Choses*, Paris, Gallimard, 1966, p. 62 ; cité par Jean Paris, *Rabelais au futur*, *op. cit.*, p. 130.

44. Guy Scarpetta, « De Rabelais à Rushdie », entretien avec Milan Kundera, *Le Point*, nº 1111, décembre 1993, p. 68.

L'art de la conversation

Le XVIe siècle constitue, du point de vue de l'illustration de la langue française, une période faste, jalonnée par plusieurs publications importantes. En 1533, des auteurs comme Clément Marot traduisent en français des textes canoniques, tel le livre des Psaumes. En 1549 paraît le *Traicté de la grammere françoeze* de Louis Megret, bientôt suivi, en 1557, de deux autres grammaires signées par Robert Estienne (1557) et Pierre Ramus (1562 et 1572). De son côté, Jean Nicot termine en 1598 le *Thrésor de la langue françoyse tant ancienne que moderne*, premier dictionnaire entièrement français. Traductions, grammaires, dictionnaires et traités de rhétorique attestent le statut particulier qu'a acquis le français comme langue d'usage et langue de communication, une langue en voie d'unification grâce au pouvoir politique et à l'influence de la cour. Estienne Pasquier pourra constater au début du siècle suivant : « Anciennement nous n'eûmes point une langue particulièrement courtisane, à laquelle les bons esprits voulussent attacher leurs plumes. [...] De là vint que ceux qui avoient quelque assurance de leurs esprits, écrivoient au vulgaire de la cour de leurs Maîtres, qui en Picard, qui en Champenois, qui en Provençal, qui en Tolozan, tout ainsi que ceux qui étoient à la suite de nos Rois, écrivoient au langage de leur Cour. Aujourd'huy il nous en prend de toute autre sorte. Car tous ces grands duchés et comtés, étant unis à notre Couronne, nous n'écrivons plus qu'en un langage, qui est celui de la cour du Roy, que nous appelons langage françois[45]. » Ce que le pouvoir royal accomplissait pour légitimer le français

45. Estienne Pasquier, *Les recherches de la France*, Paris, Laurens Saineux, 1621, p. 614. Cité par Marc Fumaroli, « Le génie de la langue française », *Trois Institutions littéraires*, Paris, Gallimard, coll. « Folio histoire », 1994, p. 253-254.

dans la sphère publique, un ouvrage allait le poursuivre « en ouvrant la voie au français classique » : « Les *Essais*, qui rendent à Paris un hommage éclatant, écrit Marc Fumaroli, juxtaposent à cette place royale politique une place royale privée, un for intérieur accueillant, un banquet hospitalier à la plus haute diplomatie de l'esprit. [...] Pour la première fois depuis Rabelais et Marot, le français est parlé et écrit à la première personne *comme si* l'auteur lui-même était une autorité royale en miniature, libre de traduction, imitation et glose ; libre de sujétion[46]. »

Comme chez Rabelais, la parole bénéficie chez Montaigne d'une attention particulière, mais une parole dépourvue d'artifice, une parole de la conversation spontanée, qui s'applique à emprunter tous les sujets, à les traiter à travers le parti pris d'une énonciation subjective : « D'un même mouvement, la langue vulgaire, que Montaigne a trouvée "sans énergie", se retrouve faite pour le libre commerce des consciences, des idées et des goûts en vue d'un objet commun ; le bien vivre ensemble. En s'écartant du sublime à l'antique, qui éblouissait Ronsard et Henri III, en s'installant dans la lumière égale d'une improvisation personnelle et d'une conversation à haute voix entre pairs, elle [la langue] a retrouvé son naturel[47]. » Le ton des *Essais* est donné d'emblée par une adresse, non pas au public comme dans *Pantagruel*, mais au lecteur : « C'est icy un livre de bonne foy, lecteur. Il t'advertit dès l'entrée, que je ne m'y suis proposé aucune fin, que domestique et privée. [...] Je veux qu'on m'y voie en ma façon simple, naturelle et ordinaire, sans contention et artifice : car c'est moy que je peins. [...] Ainsi, lecteur, je suis moy-mesme la matiere de mon livre[48]. » L'écriture

46. *Id.*, *ibid.*, p. 255.
47. *Id.*, *ibid.*, p. 256.
48. Michel de Montaigne, « Au lecteur », *Essais* (1580 et 1588), éd. Pierre Villey (d'après le manuscrit de Bordeaux) ; rééd. par V. L. Saulnier, 2 vol., Paris, PUF, 1978, vol. I, p. 3. Les références ultérieures renvoient à cette édition.

telle que la conçoit et la pratique Montaigne est intimement liée au pacte de sincérité qui engage la responsabilité du sujet écrivant [49], dans une position d'écoute de sa propre voix et de dialogue avec le lecteur.

Les principes que l'écrivain met en avant dans le chapitre des *Essais* intitulé « De l'institution des enfans » reprennent, de manière explicite, les énoncés de l'adresse au lecteur : « Le parler que j'ayme, précise-t-il, c'est un parler simple et naif, tel sur le papier qu'à la bouche ; un parler succulent et nerveux, court et serré, non tant délicat et peigné comme vehement et brusque [...] éloingné d'affectation, desreglé, descousu et hardy [50]. » Ce parler, Montaigne le recherche d'abord dans les « conférences » et discussions qu'il entretient avec d'autres lettrés. Il en retrouve le dynamisme dans la manière même dont il élabore son œuvre : « À son origine, rappelle Michel Jeanneret, le texte des *Essais* n'est rien d'autre qu'une parole, dictée à haute voix et proférée au rythme d'une déambulation. Par mille ruses, l'écriture se nie en tant qu'opération strictement littéraire ; parlée et marchée, elle se réalise comme un acte physique, comme un progrès qui s'étale dans le temps et l'espace [51]. » Écriture en mouvement, qui rend compte des déplacements de la pensée et du *passage* de la voix dans l'écrit. En prenant soin

49. « Les théories du langage au XVIe siècle ne s'occupent guère du sujet car ce n'est pas leur propos, écrit Marie-Luce Demonet. Montaigne ne s'occupe que de lui et de soi : la réflexion sur la langue dont il nous fait part ne peut relever que d'une linguistique du discours et de l'énonciation. À plusieurs reprises, il réaffirme le schéma essentiel de la communication et n'omet ni le locuteur, ni le destinataire. Le langage ne peut être théorisé (s'il peut l'être...) qu'en tant que message ; inversement, c'est la confiance accordée à la sincérité du message qui fonde et tient la société. » (Marie-Luce Demonet-Launay, « Question douteuse : le langage 1 », *Bulletin de la Société des amis de Montaigne*, nº 15-16, juillet-décembre 1983, p. 15.)

50. Montaigne, *Essais*, *op. cit.*, I, XXVI, p. 171-172.

51. Michel Jeanneret, « Rabelais et Montaigne : l'écriture comme parole », *L'Esprit créateur*, vol XVI, nº 4, hiver 1976, p. 85.

d'inscrire « tel sur le papier qu'à la bouche », Montaigne précise que son art d'écrire est avant tout un art de dire.

« Que le Gascon y arrive... »

Cet art prône par-dessus tout le naturel. À preuve ce fragment déjà cité partiellement : « Comme aux accoustremens, c'est pusillanimité de se vouloir marquer par quelque façon particulière et inusitée ; de mesme, au langage, la recherche des frases nouvelles et de mots peu cogneuz vient d'une ambition puerile et pédantesque. Peusse-je ne me servir que de ceux qui servent aux hales à Paris[52] ! » Déjà au XVIe siècle, se fait jour l'idée qu'il vaut mieux s'appuyer sur l'usage plutôt que de chercher à enrichir artificiellement la langue par des néologismes ou des emprunts. La langue populaire, dans laquelle l'auteur « trouve assez d'estoffe mais un peu faute de façon » (III, V), doit être le premier réservoir où puiser, quitte à ce que certaines expressions latines francisées, voire aussi quelques mots de dialecte viennent la compléter : « C'est aux paroles à servir et à suyvre, et que le Gascon y arrive, si le François n'y peut aller[53]. » Le rôle de l'écrivain est moins d'inventer des vocables que de faire vibrer la langue en donnant aux mots un relief nouveau : « Le maniement et emploite des beaux espris donne pris à la langue, non pas l'innovant tant comme en la remplissant de plus vigoreux et divers services, l'estirant et ployant. Ils n'y aportent point des mots, mais ils enrichissent les leurs, appesantissent et enfoncent leur signification et leur usage, luy aprenent des mouvements inaccoustumés, mais prudemment et ingenieusement. Et combien peu cela soit donné à tous, il se voit par tant d'escrivains françois de ce siècle. Ils sont assez hardis et dédaigneux pour

52. Montaigne, *Essais*, *op. cit.*, I, XXVI, p. 172.
53. *Id.*, *ibid.*, p. 171.

ne suyvre la route commune ; mais faute [le manque de] d'invention et de discretion les pert. Il ne s'y voit qu'une misérable affectation d'estrangeté. Pourvu qu'ils se gorgiasent en la nouvelleté, il ne leur chaut de l'efficace ; pour saisir un nouveau mot, ils quittent l'ordinaire, souvent plus vif et plus nerveux[54]. » Ce qui compte pour l'auteur des *Essais*, c'est de ne jamais perdre de vue la dimension communicative du langage, « l'efficace », et, pour cela, trouver les « mouvements inaccoutumés » et valoriser « l'ordinaire », c'est-à-dire l'économie, la retenue, la densité.

La conception du langage que développe Montaigne est celle de l'arbitraire du signe, résultat d'« une algèbre de convention »[55]. Le langage tel qu'il le conçoit doit être directement intelligible par la communauté des lecteurs et a comme première mission de signifier. On aurait tort d'y chercher une correspondance entre le mot et la chose : « Il y a le nom et la chose ; le nom, c'est une voix qui remerque et signifie la chose ; le nom, ce n'est pas une partie de la chose ny de la substance, c'est une piece estrangere joincte à la chose, et hors d'elle »[56]. Mais cette conception nominaliste[57] ne l'empêche pas, comme

54. *Id.*, *ibid.*, III, v, p. 873-874.

55. François Rigolot, « Le langage des *Essais*, référentiel ou mimologique ? », *Cahiers de l'Association internationale des études françaises*, n° 33, mai 1981, p. 22.

56. Montaigne, *Essais*, *op. cit.*, II, XVI, p. 618.

57. Voir à ce sujet l'ouvrage d'Antoine Compagnon : *Nous, Michel de Montaigne*, Paris, Éd. du Seuil, 1980.

« Nominalisme : (latin, *nominalis*, qui concerne le nom). Doctrine philosophique qui « considère que les idées générales n'ont d'autre réalité que les mots qui servent à les désigner. C'est affirmer que seuls les individus existent, et qu'il n'est de généralités (ou d'universaux, comme on disait au Moyen Âge) que par et dans le langage. […] Si les idées n'existent pas en elles-mêmes, il en découle qu'on ne peut rien connaître que par l'expérience, et que la logique elle-même n'est qu'une langue bien faite (elle n'est agencement d'idées que parce qu'elle est, d'abord, agencement de signes). »

Rabelais son prédécesseur, de pratiquer jeux de mots et effets de sens les plus variés, ce qui l'amène « à se défaire par moments de la charge de signifier pour rejoindre le camp de Cratyle et feindre de croire qu'il existe un lien naturel entre "le nom et la chose" dont on peut tirer merveilles »[58]. À titre d'exemple, ces associations par contiguïtés : « Je m'esgare, mais plustost par licence que par mesgarde » ; ou encore : « Prendre des livres [ce n'est pas] les apprendre »[59]. À plusieurs reprises, Montaigne manifeste son goût pour les rencontres de mots fortuites et l'expressivité sonore du langage.

L'influence de Montaigne se fera sentir, au siècle suivant, sur l'idéal de la langue classique, fait de naturel et de transparence. À ce titre, selon Marc Fumaroli, les *Essais* auraient eu pour le français le caractère fondateur qu'avait eu *La Divine Comédie* pour l'italien. « Désormais, même la poésie en France, et cela pour deux siècles, sera au service de la conversation, de sa vivacité, de son urbanité, de sa gaieté, de sa clarté piquante et brillante. [Les *Essais*] inaugurent la sociabilité orale et la civilisation des mœurs dont notre langue sera le véhicule incomparable aux yeux de l'Europe, et autour desquelles va se cristalliser notre littérature[60]. »

(André Comte-Sponville, *Dictionnaire philosophique*, Paris, PUF, 2001, p. 405-406.) L'un des représentants les plus connus de cette philosophie est Guillaume d'Ockham (1280-1350), dont les œuvres furent parmi les premiers livres imprimés au XVe siècle. Sans pouvoir vraiment prouver que Montaigne a lu Ockham, Antoine Compagnon, dans *Nous, Michel de Montaigne*, montre bien les affinités entre la pensée de l'essayiste et celle du philosophe.

58. François Rigolot, « Le langage des *Essais* », art. cit., p. 23.

59. Montaigne, *Essais*, *op. cit.*, III, IX. Exemples cités par F. Rigolot, « Le langage des *Essais* », art. cit., p. 23.

60. Marc Fumaroli, « Le génie de la langue française », *Trois Institutions littéraires*, *op. cit.*, p. 256-257.

À la fin du XVIe siècle, on reconnaît l'importance de l'usage et le rôle particulier de la littérature dans l'établissement de la norme. En 1604, dans un ouvrage à l'intitulé éloquent, *L'Eschole françoise pour apprendre à bien parler et escrire selon l'usage de ce temps et la pratique des bons Autheurs*, Jean Baptiste Du Val résume la situation en ces termes :

> « C'est donc le bel ordre, les paroles bien choisies, et l'excellence des matieres qui haussent le prix des matieres de la plume, et l'eloquence qui parfaict puis-apres ce qui est de la vive voix. Pour les matieres et l'ordre, on n'y peut rien prescrire, chacun endroit soy y est assés empesché, mais quant au choix des paroles et lustre qu'elles doyvent avoir, la Pratique, maistresse et reigle generale en toutes choses, s'attribue une souveraine authorité sur cela, et quelquefois si presomptueusement qu'elle veut empiéter par-dessus la raison, à quoy bien souvent elle parvient peu à peu. J'ay pris de là un sujet de donner aux nostres l'advis qu'en cela j'en avois tiré des plus eloquens de nostre temps, et recueilly des meilleurs Autheurs, tant anciens que modernes [61]. »

La langue française peut désormais compter sur un corpus littéraire qui la valorise et l'institutionnalise. L'autorité de la littérature est un fait acquis et sert de critère à l'invention du « bon français », langue en voie de devenir « illustre » grâce à l'intervention des « bons auteurs ».

61. Paris, 1604, « Avant-propos ». Cité dans Marie-Madeleine Fragonard et Éliane Kotler, *Introduction à la langue du XVIe siècle*, Paris, Nathan université, 1994, p. 21.

*

REPÈRES BIBLIOGRAPHIQUES

BAKHTINE Mikhaïl, *L'Œuvre de François Rabelais et la culture populaire au Moyen Âge et sous la Renaissance*, Paris, Gallimard, coll. « Tel », 1970.

BARBIER Paul, « Ce que le vocabulaire du français littéraire doit à Rabelais », *Revue des études rabelaisiennes*, vol. III, 1905, p. 280-302, p. 387-401.

COMPAGNON Antoine, *Nous, Michel de Montaigne*, Paris, Éd. du Seuil, 1980.

DEMONET Marie-Luce, *Les Voix du signe. Nature et origine du langage à la Renaissance*, Champion/Slatkine, Paris/Genève, 1992.

DEMONET-LAUNAY Marie-Luce, « Question douteuse : le langage 1 », *Bulletin de la Société des amis de Montaigne*, nº 15-16, juillet-décembre 1983, p. 9-21.

DUBOIS Claude-Gilbert, *Mythe et langage au XVIe siècle*, Bordeaux, Ducros, 1970.

FRAGONARD Marie-Madeleine et KOTLER Éliane, *Introduction à la langue du XVIe siècle*, Paris, Nathan université, 1994.

FUMAROLI Marc, « Le génie de la langue française », *Trois Institutions littéraires*, Paris, Gallimard, coll. « Folio histoire », 1986, p. 213-314.

HUCHON Mireille, *Rabelais grammairien*, Genève, Droz, 1981.

JEANNERET Michel, « Rabelais et Montaigne : l'écriture comme parole », *L'Esprit créateur*, vol. XVI, nº 4, hiver 1976, p. 78-94.

—, *Des mets et des mots. Banquets et propos de table à la Renaissance*, Paris, José Corti, 1987.

MARI Pierre, *Francois Rabelais : Pantagruel, Gargantua*, Paris, PUF, coll. « Études littéraires », 1994.

MÉNAGER Daniel, *Rabelais en toutes lettres*, Paris, Bordas, 1989.

PARIS Jean, *Rabelais au futur*, Paris, Éd. du Seuil, 1970.

RIGOLOT François, *Les Langages de Rabelais* (1972), Genève, Droz, 1996.

—, « Cratylisme et pantagruélisme : Rabelais et le statut du signe », *Études rabelaisiennes*, t. XIII, 1976, p. 116-132.

—, « Le langage des *Essais*, référentiel ou mimologique ? », *Cahiers de l'Association internationale des études françaises*, n° 33, mai 1981, p. 19-34.

SAINÉAN Lazare, *La Langue de Rabelais*, Paris, De Boccard, 1922-1923.

SPITZER Leo, « Le prétendu réalisme de Rabelais », *Modern Philology*, 1940, p. 139-150.

—, *Études de style*, Paris, Gallimard, coll. « Tel », 1970.

STAROBINSKI Jean, « Note sur Rabelais et le langage », *Tel quel*, n° XV, 1963, p. 79-81.

CHAPITRE III

La langue classique

> « Situation de Malherbe (la réforme de Malherbe). C'est le tronc de la littérature française[1]. »
>
> Francis Ponge

Le XVIIe siècle voit se développer la société de cour, sous l'impulsion d'Henri IV, puis de Louis XIII et de Louis XIV, en même temps que les salons et cercles de tous genres où se pratique à l'envi l'art de la conversation. Cette aristocratie cultivée s'intéresse tout particulièrement aux arts et aux lettres et se passionne pour les problèmes de langue. Une certaine norme littéraire se constitue ainsi grâce aux discussions et débats qui ont cours au sein du public lettré, débats alimentés par les réflexions des grammairiens. Cette norme s'élabore également grâce à la mise en place d'institutions comme l'Académie française et enfin grâce à l'intervention des écrivains, ceux qu'à juste titre la postérité a désignés sous le nom de classiques et dont les œuvres constituent un corpus de référence de premier plan. L'importance de ce siècle a été déterminante dans la codification du français tel qu'on le connaît et pratique encore aujourd'hui. L'une des questions les plus débattues concerne la notion d'usage avec, en corollaire, celle de bon usage et de mau-

1. Francis Ponge, *Pour un Malherbe*, Paris, Gallimard, 1967, p. 312.

vais usage, question déjà abordée au siècle précédent mais qui devient désormais une préoccupation centrale, aussi bien chez les écrivains que chez les grammairiens et les lexicographes. Selon Ferdinand Brunot, cette époque est divisée en deux, celle pendant laquelle la langue classique s'est constituée et celle où le concept s'est défini, soit après 1660. Le siècle suivant, celui des Lumières, ne conteste pas les acquis en matière de langue mais reprend le débat en termes plus philosophiques. Pour les écrivains du XVIIIe siècle, il s'agit moins de surveiller et de régler la langue que d'en discuter les fondements. Après la Révolution, l'État prend des mesures pour que le français l'emporte sur les différents dialectes régionaux.

Réformateurs et théoriciens : usage commun et bon usage

À peu près au même moment où s'épanouit, en littérature, un courant baroque donnant des œuvres telles que *Les Tragiques*, d'Agrippa d'Aubigné (1616), ou les premières comédies de Corneille (1632), un réformateur, Malherbe, poursuit le travail normatif déjà amorcé au XVIe siècle et élabore une doctrine qui repose sur un idéal de clarté et de pureté de la langue. On retrouve dans cette doctrine les principes mêmes de l'art classique, fait de sobriété, de mesure et d'équilibre, ennemi de tout excès comme de tout ornement inutile. Les idées de Malherbe sont résumées par la célèbre formule de Boileau :

> « Enfin Malherbe vint, et le premier en France
> Fit sentir dans les vers une juste cadence :
> D'un mot mis en sa place enseigna le pouvoir,
> Et réduisit la Muse aux règles du Devoir.
> Par ce sage Écrivain la Langue réparée
> N'offrit plus rien de rude à l'oreille épurée.

Les stances avec grâce apprirent à tomber,
Et le vers sur le vers n'osa plus enjamber.
Tout reconnut ses lois ; et ce guide fidèle
Aux auteurs de ce temps sert encore de modèle.
Marchez donc sur ses pas ; aimez sa pureté,
Et de son tour heureux imitez la clarté[2]. »

On s'étonnera toutefois de ne trouver aucun traité, ni même aucun ouvrage de Malherbe qui expose ses opinions. Celles-ci sont consignées, principalement, dans les annotations qu'il ajoute aux œuvres du poète Desportes, son contemporain et son rival auprès du roi. Mais bien que Boileau le consacre « sage écrivain », c'est surtout comme grammairien que Malherbe fut reconnu par la postérité, « ce qui confirme, de manière frappante, le caractère interchangeable des rôles »[3] au XVIIe siècle et l'importance qu'a prise la codification de la langue, aussi bien pour les auteurs que pour les gens cultivés. La doctrine de Malherbe, longuement analysée par Ferdinand Brunot[4], a consisté essentiellement en un travail d'*épuration*, travail qui se fonde sur la notion d'*usage commun* déjà mise en avant au siècle précédent par un Ramus ou un Henri Estienne[5] et s'oppose aux préceptes de la

2. Boileau, *Art poétique* (1674), Chant premier, v. 131-142, Paris, Bordas, 1966, p. 61.
3. Jean-Jacques Thomas, *La Langue volée. Histoire intellectuelle de la formation de la langue française*, Berne/Francfort/New York, Peter Lang, 1999, p. 57.
4. Ferdinand Brunot, *La Doctrine de Malherbe d'après son* Commentaire sur Desportes (1891), Paris, Armand Colin, 1969.
5. Dans sa *Gramere* (Pierre de la Ramée, dit Ramus, *Gramere*, Paris, André Wechel, 1562 et 1572), Pierre Ramus met en évidence les anomalies qu'il appelle « francismes ». Il propose la notion d'« usage vray » et affirme que « le peuple est souverain seigneur de sa langue, et la tient comme un fief de franc alleu, et nen doit recognoissance a aulcun seigneur ». Quant à la bonne prononciation française, « elle est au Louvre, au Palais, aux Halles, en Greve, à la Place Maubert » (*id.*, cité par Danielle Trudeau, *Les Inventeurs du bon usage*, Paris, Éd. de Minuit, coll. « Arguments », 1992, p. 108). Henri Estienne, dans le *Traicté de la conformité* (1656) et dans les

Pléiade concernant l'emprunt aux mots étrangers et le recours aux latinismes et aux néologismes : la langue française est désormais jugée suffisamment riche pour transmettre les pensées et les sentiments les plus divers. La nouveauté de cette doctrine aura consisté encore à contester « l'autonomie des poètes par rapport à l'usage » : « Pour le poète du début du XVIIe siècle, l'excellence ne consiste plus à multiplier les écarts par rapport à l'usage commun, mais bien au contraire à montrer qu'il connaît sa langue à la perfection et que sa supériorité réside dans la parfaite maîtrise des normes qui préexistent à l'individu[6]. » Aucun écrivain, qu'il soit poète ou prosateur, n'est dispensé du principe de *clarté* qui doit présider à toute communication langagière.

Dans son *Commentaire sur Desportes*, qui est, ne l'oublions pas, une suite de réflexions faites à partir d'une œuvre littéraire, Malherbe condamne les tournures jugées « impropres » ou « ridicules », proscrit certains termes comme « sales », « bas » ou « plébés », en exclut d'autres considérés inconvenants ou trop spécialisés, tels les termes professionnels ou techniques, bannit les diminutifs et les mots composés imités du latin, règle l'usage des articles et des pronoms. Bref, il conseille de s'en tenir à une langue homogène, dont les particularismes sont absents : « La distinction commence alors à se définir comme la récompense (le profit) de l'adhésion totale à une seule et même norme. Obtenue, selon le modèle traditionnel, par sélection et élimination, la langue "noble" – parlée et écrite – est prête à occuper

---

Hypomneses (1562), s'intéresse tout particulièrement aux « faits d'usage », « faits de langue irréductibles à la raison ». De plus, il établit une hiérarchie au sein de l'élite en distinguant le « bon » et le « mauvais » français de cour (voir Danielle Trudeau, *Les Inventeurs du bon usage*, *op. cit.*, p. 100 et suiv.).

6. Danielle Trudeau, *Les Inventeurs du bon usage*, *op. cit.*, p. 152.

maintenant le centre d'un réseau de dialectes et de jargons techniques qui rayonnent autour d'elle et qu'elle tient tous en respect [7]. » La langue est un instrument dont chacun peut se servir à son aise, à condition toutefois de le mesurer à l'aune de certaines règles bien établies.

On a beaucoup épilogué sur les déclarations de Malherbe à propos du parler populaire. Un de ses disciples, Racan, écrit : « Quand on lui demandait son avis de quelque mot français, il renvoyait ordinairement aux crocheteurs du port au Foin, et disait que c'étaient ses maîtres pour le langage [8]. » Qu'est-ce à dire ? Malherbe, comme l'a bien montré Ferdinand Brunot, « ne connaît qu'un seul maître, l'usage » [9]. Or cet usage, qui ne peut être que de Paris, sera-t-il celui du peuple, de la cour ou du Parlement ? En prenant parti pour l'usage populaire, l'écrivain ne contredit-il pas jusqu'à un certain point sa propre doctrine, puisqu'il condamne les expressions « basses » utilisées par Desportes ? Il faudrait plutôt voir dans la répartie de Malherbe un argument stratégique visant à faire comprendre aux beaux esprits qu'ils doivent se mettre à la portée de tous et à exclure le maniérisme aussi bien que l'affectation dans le langage : le poète, comme le prosateur, doit parler une langue que chacun, de quelque milieu qu'il provienne, puisse comprendre. « Sans doute, écrit Brunot, si Malherbe eût dû choisir entre la langue semi-latine de certains érudits et la langue populaire, il est très probable qu'il eût opté pour cette dernière, mais il n'a pas eu à faire ce choix, et il a trouvé entre les deux extrémités un parti plus sage à prendre, celui d'adopter l'usage des gens qui parlaient

7. *Id.*, *ibid.*, p. 155.
8. Cité par Ferdinand Brunot, *La Doctrine de Malherbe*..., *op. cit.*, p. 223.
9. *Id.*, *ibid.*, p. 221.

bien[10]. » On peut supposer que ces gens, bien qu'ils ne soient pas désignés de manière spécifique, se trouvent d'abord à la cour, car le même Malherbe rejette, dans son *Commentaire*, certains mots comme « peu courtisans », et il se montre « d'autre part très sévère pour les archaïsmes et les mots techniques que le langage du palais conservait »[11]. Cette cour qu'il voulait « dégasconner », il entreprend de lui donner des leçons de rigueur grammaticale et de justesse dans l'expression.

La doctrine de Malherbe vise à unifier la langue littéraire. Plus encore, elle établit le principe référentiaire de l'écriture, soit la littérature perçue comme modèle de langue, et la fonction normative qui en découle, principe et fonction qui ne cesseront de se préciser au cours du siècle. Mais en corrigeant les vers de Desportes, il sous-entend que les auteurs n'ont pas de privilège exclusif dans ce domaine. Il pose donc la « nécessité pour tous, y compris les poètes, d'assurer cette représentation de l'usage commun (qui se confondrait ainsi avec l'usage du plus grand nombre) »[12]. Il reste toutefois que cette doctrine « confirmait à tout jamais la relation entre la mise en forme de la langue et les écrivains »[13] : elle donnait implicitement à ces derniers le mandat de rendre compte de l'état d'un idiome et, par le fait même, de rendre des comptes à l'ensemble d'une société. Le continuateur le plus direct du grammairien, Vaugelas, précisera quelques années plus tard la notion de « bon usage » et la part dévolue aux écrivains dans la codification de la langue.

Une trentaine d'années après les premiers travaux de Malherbe, Vaugelas publie ses *Remarques sur la langue*

10. *Id.*, *ibid.*, p. 225.
11. *Id.*, *ibid.*
12. Danielle Trudeau, *Les Inventeurs du bon usage*, *op. cit.*, p. 156.
13. Ferdinand Brunot, *La Doctrine de Malherbe…*, *op. cit.*, p. 219.

française utiles à ceux qui veulent bien parler et bien écrire (1647)[14], ouvrage dont l'autorité fut d'emblée reconnue. Entre les deux époques, la création de l'Académie française (1635), dont il était le porte-parole, donne à ses propos un caractère de légitimité incontestable. Nous aurons l'occasion de revenir sur le rôle de cette institution dans la formation de l'idéal de la langue classique. Contentons-nous pour l'instant d'évoquer son existence, qui permet de contextualiser les propos de Vaugelas.

Dans sa Préface aux *Remarques*, l'auteur précise ses intentions et les principes qui l'ont guidé dans son travail. Dans une première partie introductive, il affirme ne pas parler en vertu de son « authorité privée », car il usurperait ainsi un pouvoir qui n'appartient qu'à l'usage, reconnu pour le « Maistre et le Souverain des langues vivantes ». Il ne souhaite pas non plus se poser en censeur ou en réformateur, mais en simple observateur de la langue : « Mon dessein n'est pas de réformer nostre langue, ny d'abolir des mots, ny d'en faire, mais seulement de monstrer le bon usage de ceux qui sont faits, et s'il est douteux ou inconnu, de l'esclaircir, et de le faire connaistre. Et tant s'en faut que j'entreprenne de me constituer Juge des differens de la langue, que je ne pretens passer que pour un simple tesmoin. » Cette attitude de soumission envers les « Loix d'un Souverain, qui est l'Usage » fait de Vaugelas un continuateur de Malherbe et des derniers grammairiens du XVIe siècle qui considéraient la langue comme une pratique collective avant d'être une pratique individuelle. Est-ce à dire que l'usage en question se confondrait avec celui du plus grand nombre ? À ce sujet, la position de Vaugelas est extrêmement nuancée.

14. Les passages cités sont extraits de l'édition établie par Z. Marzys, Genève, Droz, 1984.

À peine a-t-il énoncé cette vérité, à savoir que l'usage est le « Roy, le Tyran, l'arbitre, ou le Maistre des langues », qu'il déclare que ce serait une erreur de s'en remettre, pour le déterminer, à « la façon ordinaire de parler d'une nation dans le siege de son Empire ». Réfutant sur ce point ce que les historiens de la langue considèrent comme une boutade de Malherbe, à propos du parler des crocheteurs, il précise qu'il y a deux sortes d'usage, un bon et un mauvais. « Le mauvais se forme du plus grand nombre de personnes, qui presque en toutes choses n'est pas le meilleur, et le bon au contraire est composé non pas de la pluralité, mais de l'élite des voix, et c'est veritablement celuy que l'on nomme le Maistre des langues, celuy qu'il faut suivre pour bien parler, et pour bien escrire. » Et Vaugelas de poursuivre en définissant le bon usage comme « la façon de parler de la plus saine partie de la Cour, conformément à la façon d'escrire de la plus saine partie des Autheurs du temps ». La cour est décrite comme « un magazin d'où nostre langue tire quantité de beaux termes pour exprimer nos pensées ». La notion de cour, pour Vaugelas, est fort englobante : il prend lui-même la peine de préciser qu'elle comprend les femmes autant que les hommes ainsi que « plusieurs personnes de la ville où le Prince réside, qui par la communication qu'elles ont avec les gens de la Cour participent à sa politesse ». Aux deux instances déjà évoquées, le théoricien ajoute celle des « sçavants en la langue », dont l'expertise peut se révéler utile pour régler les cas douteux.

Chacune de ces instances se voit ainsi attribuer une fonction particulière. La plus importante reste la cour, dans l'extension que lui donne Vaugelas, indispensable au bon parler et « seule escole d'une infinité de termes, qui entrent à toute heure dans la conversation et dans la pratique du monde ». En deuxième lieu viennent les *bons* auteurs, dont les œuvres contribuent à sanctionner l'usage et à le fixer : « Mais le consentement des bons Autheurs est comme le sceau, ou une verification, qui authorise le langage de la Cour, et qui marque le bon Usage, et decide celuy qui est douteux. » Ainsi leurs textes pourront-ils servir de modèles à ceux qui, à leur tour, souhaitent devenir écrivains. Quant au troisième « moyen » mentionné par Vaugelas pour régler l'usage, celui du recours aux doctes, il est non moins nécessaire que les deux autres « parce qu'il se présente beaucoup de doutes et de difficultés, que la Cour n'est pas capable de resoudre, et que les Autheurs ne peuvent éclaircir, soit que les exemples dont on peut tirer l'esclaircissement y soient rares, et qu'on ne les trouve pas à point nommé, ou qu'il n'y en ait point du tout ». Ces trois instances conjuguées permettront d'atteindre ce que Vaugelas appelle « la pureté de langage », qui devient synonyme pour lui de bon parler.

Cette pureté repose sur un système hiérarchique, discriminant le bon du mauvais usage, la « plus saine partie » du reste de la cour, comme les bons des mauvais auteurs. À propos de la notion de peuple chez les Romains, Vaugelas renchérit : « Lorsqu'on disoit que le Peuple estoit le Maistre de la langue, cela s'entendoit sans doute de la plus saine partie du Peuple, comme quand nous parlons de la cour et des Autheurs, nous entendons parler de la plus saine partie de l'un et de l'autre. » La question qui se pose est alors de savoir à qui appartient le pouvoir de trancher entre les uns et les autres. La seule réponse qui vient à l'esprit est celle d'une connivence implicite, voire d'un consensus, entre les trois instances énumérées plus haut, les bons auteurs étant d'abord et avant tout ceux que la cour reconnaît, avec le consentement des doctes. Phénomène complexe, la pureté de langage à laquelle tend Vaugelas apparaît davantage comme un idéal à atteindre et un objet de désir plutôt que comme une série de prescriptions concrètes : « Vaugelas n'a pas écrit les *Remarques* pour contraindre les classes populaires à parler comme les courtisans mais pour enseigner aux membres de l'élite sociale qu'ils pouvaient, s'ils y consacraient leurs efforts, se distinguer entre eux par leur pratique langagière au même degré qu'ils se distinguaient globalement du peuple par leurs habitudes protocolaires. [...] Le bon usage est, comme le pouvoir, une chose qui s'incarne en certains individus mais qui ne leur est pas attachée[15]. » En d'autres termes, « la pureté du langage est le résultat d'un travail d'autosurveillance, le locuteur devant constamment se garder des vices de langage auxquels semblent l'entraîner son naturel et son environnement »[16]. Cette autosurveillance, les écrivains du XVIIe siècle la pratiquaient eux-mêmes en toute connaissance de cause, n'hésitant pas à corriger leurs textes d'une édition à l'autre, de façon à les rendre davantage conformes aux préceptes énoncés par les académiciens. Ainsi le bon usage se confond-il, en fin de compte, avec le « bel usage », c'est-à-dire un usage régi avant tout par des besoins de netteté et de clarté. À ce titre, les principes à partir desquels Vaugelas élabore ses *Remarques* seront toujours valables, croit-il, même si l'état de la langue représenté par ses exemples est forcément voué à des transformations.

La réforme de Vaugelas a eu, comme celle de Malherbe, ses opposants et ses détracteurs. La Mothe Le Vayer, notamment, lui reproche de donner un sens trop restrictif à la « pureté » de la langue. Dans la deuxième moitié du siècle, alors que la question de la préciosité occupe les esprits et qu'un jeune monarque, Louis XIV, entreprend de gouverner en soutenant de façon toute particulière artistes et écrivains, un jésuite, le père Bouhours, se fait le nouveau défenseur du purisme dans ses *Entretiens d'Ariste et d'Eugène* (1671), puis dans

15. Danielle Trudeau, *Les Inventeurs du bon usage*, *op. cit.*, p. 173.
16. *Id.*, *ibid.*, p. 175.

les *Doutes sur la langue française* (1674). Sa renommée est telle que Racine le consulte avant de publier ses pièces et que La Fontaine le considère comme un maître. Le deuxième de ces *Entretiens*, consacré à la langue, fait dialoguer l'honnête homme éclairé, Ariste, et Eugène le savant. Le premier commence par constater l'universalité de la langue française, puisqu'elle est parlée non seulement dans toutes les cours d'Europe, mais aussi « parmi les sauvages d'Amérique et parmi les nations d'Asie les plus civilisées »[17]. Et si elle n'est pas encore la langue de tous les peuples du monde, ajoute-t-il, elle mérite de l'être, « car à la bien considérer dans la perfection où elle est depuis plusieurs années, ne faut-il pas avouer qu'elle a quelque chose de noble et d'auguste, qui l'égale presque à la langue latine, et la releve infiniment au-dessus de l'Italienne et de l'Espagnole, les seules langues vivantes qui peuvent raisonnablement entrer en concurrence avec elle » (p. 28). Cela étant dit, l'un des interlocuteurs se lance dans une comparaison de ces trois langues pour en arriver à conclure que la particularité du français est celle du juste milieu, puisqu'« il n'a rien de la gravité orgueilleuse de l'une [l'espagnol] », ni « de la puerilité et des badineries de l'autre [l'Italien] » (p. 30). Ce qui fait la qualité de la langue française, et ce qui fonde sa supériorité, c'est « qu'étant si noble et si majestueuse, elle ne laisse pas d'estre la plus simple et la plus naïve langue du monde » (p. 32). Simplicité et naïveté se conjuguent ainsi pour éviter les hyperboles, ou pour n'en user que sobrement, pour éviter les métaphores filées ou les allégories, de même que toute figure jugée extravagante.

Comme preuve de cette simplicité, Bouhours rappelle que la poésie française est elle aussi ennemie de l'affec-

17. Dominique Bouhours, Entretiens d'Ariste et d'Eugène (1671), Paris, Armand Colin, 1962, p. 27. Les références ultérieures sont tirées de cette édition.

tation, de sorte qu'elle fait appel à très peu de mots spécifiques et tente plutôt de se rapprocher du langage commun. Le désir de simplicité a aussi comme conséquence que certains mots composés sont bannis, de même que certaines tournures trop recherchées : « C'est que la langue française est peut-être la seule qui suive exactement l'ordre naturel, et qui exprime les pensées en la maniere qu'elles naissent dans l'esprit. » (P. 38.) Ce naturel de la langue, les femmes en seraient les dépositaires plus que les autres : « Mais d'où vient, pensez-vous, dit Eugene, que les femmes en France parlent si bien ? N'est-ce pas parce qu'elles parlent naturellement et sans nulle étude. – Il est vray, repris Ariste, qu'il n'y a rien de plus juste, de plus propre, et de plus naturel, que le langage de la plupart des femmes Françoises. Les mots dont elles se servent semblent tout neufs, et faits exprès pour ce qu'elles disent, quoy qu'ils soient communs. » (P. 39.) Parler naturellement signifie donc trouver le mot approprié à chaque chose, mais un mot que chacun peut comprendre sans peine.

À la naïveté et à la simplicité s'ajoutent la brièveté, la clarté et, bien entendu, la pureté : « Au reste, nous avons trouvé le secret de joindre la brieveté, non seulement avec la clarté, mais encore avec la pureté et la politesse ». Avant de préciser ce qu'il entend exactement par pureté et purisme, l'auteur entreprend de montrer que la langue française couvre tous les registres, du familier au sublime, du sérieux au burlesque, sans compter qu'elle peut aussi s'adapter au langage des affaires ou de la « chicane ». S'il lui manque encore quelques mots, elle saura les remplacer par des expressions adéquates. En aucune façon, elle ne saurait être qualifiée de pauvre, prétend Eugène. Mais, reprend Ariste, comment expliquer qu'on ait retranché de son vocabulaire quantité de mots et de phrases ? C'était, au dire d'Eugène, la meilleure façon de l'enrichir : « C'est par ce retranchement qu'on l'a perfectionnée, et qu'on en a fait une langue egalement noble et delicate. [...] il faut tailler et nettoyer un diamant, afin qu'il ait cette pureté, et ce feu qui fait tout son prix. Ainsi pour polir, pour épurer, pour embellir nôtre langue, il a fallu necessairement en retrancher tout ce qu'elle avait de rude et de barbare. » (P. 50-51.) Contredisant sur ce point Henri Estienne, qui, dans *De la precellence du langage françois*, citait comme exemple d'abondance tous les mots signifiant « avare », Bouhours développe l'idée que ce n'est pas appauvrir une langue que de l'élaguer de certains termes qui en altèrent la pureté. Bien au contraire, car il est erroné, selon lui, de confondre abondance et perfection.

L'épuration n'empêche pas la formation de nouveaux vocables, mais à la condition que ceux-ci aient d'abord été expérimentés et mis à l'épreuve dans la conversation. Car, pour Bouhours comme pour Vaugelas, il n'y a que deux voies utiles pour apprendre une langue : le « commerce des honnestes gens » et « la lecture des bons livres » : « En fréquentant les personnes polies, on prend insensiblement je ne sçay quelle teinture de politesse, que les livres ne donnent point : ce n'est gueres que dans les belles conversations qu'on apprend à parler noblement, et naturellement tout ensemble. Mais aussi ce n'est gueres que dans les bons livres qu'on apprend à parler juste, et selon toutes les regles de l'art. Ceux qui ne font que lire, et qui ne voyent point le beau monde, ne sont pas assez polis, et n'ont pas pour l'ordinaire cet air aisé et naturel, qui est si fort à la mode : et ceux qui ne lisent point du tout ; ou qui lisent sans nulle reflexion, comme quelques gens de la Cour qui passent toute leur vie dans les cercles, et dans les ruelles, ne sont pas fort exacts : à peine peuvent-ils écrire un billet, qu'ils ne fassent quelque faute contre la pureté ou contre la netteté du stile. » (P. 78-79.) La souveraineté de l'usage, chez Bouhours, se confond avec la souveraineté du public constitué par « la plus saine partie de la société ».

Ainsi se trouvent désignés, aussi bien par Malherbe et Vaugelas que par Bouhours, les maîtres de l'usage : d'une part la cour et les cercles parisiens qui pratiquent l'art de la conversation, d'autre part les « bons livres » écrits par les « bons autheurs », sans oublier l'institution qui codifie cet usage, l'Académie. On croit protéger par là de la corruption une langue que l'on considère déjà proche de la perfection. À l'ami qui lui rappelle que « les choses ne sont jamais plus près de leur ruine, que quand elles sont arrivées au plus haut point où elles peuvent monter », Ariste répond : « Je ne prétends donc pas que la nôtre ne change point du tout ; mais je pretends que les changemens qui s'y feront dans la suite des siecles ne seront pas plus essentiels ni plus remarquables, que ceux qui s'y sont faits depuis trente ans : je veux dire qu'ils n'altereront point le fonds de la langue. Il y aura toujours le mesme naïveté, la mesme clarté, le mesme ordre, et le mesme tour dans le stile. » (P. 77.) Tels sont les principes qui ont présidé à l'établissement de la langue classique. Mais ce premier purisme, comme l'explique Hélène Merlin-Kajman, visait moins « à fixer l'usage » qu'à « le régulariser et l'observer ». « Aussi serait-il bon de lui réserver, précise-t-elle, ainsi qu'à la volonté qui l'animait, le qualificatif de *classico-baroque* plutôt que de *classique*, façon d'en relancer l'*esprit* en le distinguant tendanciellement du purisme des siècles suivants sans congédier l'historiographie qui nous a précédés[18]. » Une certaine codification de la langue est alors acquise, qui a permis au français pratiqué par les écrivains au XVIIe siècle de tenir lieu de modèle aux époques suivantes. Avant d'en donner quelques exemples, revenons aux institutions dont le rôle est de légitimer l'usage.

18. Hélène Merlin-Kajman, *La langue est-elle fasciste ? Langue, pouvoir, enseignement*, Paris, Éd. du Seuil, 2002, p. 169.

Des salons à l'Académie

Au premier rang des pratiques langagières valorisées au XVIIe siècle se trouve la conversation. Mise à l'honneur par les cercles mondains, la conversation consacre le « bel usage » auquel se réfère Vaugelas. Dès le début du siècle, une société de lettrés et d'aristocrates se forme autour des lieux de convivialité par excellence que sont les salons, dont les plus célèbres sont celui de Mme de Rambouillet, celui de Mlle de Scudéry (qui lui succède) et enfin, à partir de 1690, celui de Mme de Lambert. Il s'agit là avant tout d'un phénomène de ville, qui jusqu'à un certain point fait contrepoids à la cour : « La cour n'est pas loin, mais elle est l'objet de la conversation, elle n'en est pas le théâtre, écrit Marc Fumaroli. L'entraînement acquis en terrain privé, dans le loisir, n'est pas inutile dans les affaires ni dans les commerces qu'on peut avoir sur le forum de la monarchie. Tous les traités *Du courtisan* comportent un chapitre sur l'art de bien parler à la cour, d'y flatter à bon escient, d'y parler avec tact. Mais cette rhétorique intéressée n'est pas la conversation, qui s'épanouit à l'écart de la vie préoccupée ; son vrai climat, libre et détendu, ne se trouve que dans le loisir et le plaisir des demeures privées, où l'on se retrouve dans une compagnie choisie par une maîtresse de maison qui se soucie moins de hiérarchie que d'harmonie[19]. » Les salons deviennent ainsi les arbitres du bon goût en matière de langue : « Le beau langage était une des passions de cette société choisie[20]. » Pour Vaugelas comme pour ses contemporains, « la parole qui se prononce est la

19. Marc Fumaroli, *Trois Institutions littéraires*, Paris, Gallimard, coll. « Folio histoire », 1994, p. 139.
20. Ferdinand Brunot, *Histoire de la langue française...*, Paris, Armand Colin, 1966, t. I, première partie, p. 170.

première en dignité ». C'est dans le salon de Mme de Rambouillet que Bossuet fera son premier sermon. C'est par le salon de Mme de Lambert qu'au siècle suivant il fallait passer pour entrer à l'Académie. Plus tard, celui de Mme du Deffand s'enorgueillit de compter Voltaire parmi ses habitués.

Cet esprit de la conversation, Mme de Staël, dans *De l'Allemagne*, le définit ainsi : « L'objet vraiment libéral de la conversation, ce sont les idées et les faits d'un intérêt universel. [...] Un entretien aimable, alors même qu'il porte sur des riens, et que la grâce seule de l'expression en fait le charme, cause encore beaucoup de plaisir ; on peut l'affirmer sans impertinence, les Français sont presque seuls capables de ce genre d'entretien. C'est un exercice dangereux, mais piquant, dans lequel il faut se jouer de tous les sujets, comme d'une balle lancée qui doit revenir à temps dans la main du joueur[21]. » Mme de Staël souligne par là l'étendue des sujets propres à alimenter le discours, de même que l'aspect ludique, éloigné de tout pédantisme, que doit prendre une telle joute verbale. Ainsi cet art, tel que pratiqué à l'hôtel de Rambouillet, est-il devenu le « laboratoire de la langue littéraire » : « [La conversation] s'est imposée comme le tribunal du bon goût en matière de poésie, de prose, de théâtre[22]. » Elle correspond à l'idéal d'élégance, de naturel qui accompagne aussi bien le modèle de l'honnête homme, ou de l'honnête femme, que celui de l'écrivain. Pour Mlle de Scudéry comme pour ses contemporains, il faut, si l'on veut se mêler d'écrire, « savoir le bon usage du monde, de la politesse, de la conversation »[23]. Bref, au XVIIe siècle, l'écrit

21. Cité par Marc Fumaroli, *Trois Institutions littéraires*, *op. cit.*, p. 136.

22. *Id.*, *ibid.*, p. 145.

23. Mlle de Scudéry, *Artomène ou le Grand Cyrus*, cité dans *Écrire au XVIIe siècle*, textes choisis et présentés par Emmanuelle Mortgat et Éric Méchoulan, Paris, Pocket, coll. « Agora », 1992, p. 117.

est subordonné à l'oral et le « bien parler français » considéré comme le modèle du « bien écrire »[24].

Qu'en est-il alors de la préciosité ? Comment intervient-elle comme déviation de l'usage commun, ou mieux encore du « bel usage » revendiqué par les puristes ? Par excès de recherche, précisément. Par un souci exagéré d'élégance et de tournures inhabituelles qui ont pour effet de cloisonner le langage et d'en faire un code secret, réservé aux seuls initiés. Mais comme il y a un bon et un mauvais usage de la langue, il y aurait aussi une bonne et une mauvaise préciosité, celle-là même que Molière s'est amusé à caricaturer. Dans son *Dictionnaire*[25], Furetière fait bien la différence entre les deux acceptions du terme : « Précieuse est aussi une épithète qu'on donnoit autrefois à des filles de grand mérite et de grande vertu, qui sçavoient bien le monde, et la langue : mais parce que d'autres ont affecté, et outré leurs manières, cela a décrié le nom, et on les a appelées *fausses Précieuses*, ou *Précieuses ridicules*[26]. » C'est ce sens défavorable qui a surtout prévalu. Toutefois, le langage précieux se caractérise moins par la création de nouveaux mots (signalons le mot « emportement », employé pour la première fois dans un texte de Mlle de Scudéry) que par la substantivation des adjectifs et des verbes (le « doux », le « tendre », le « dîner », le « souper ») et par l'abus des périphrases, des hyperboles et des métaphores, sans compter le recours systématique à l'adverbe : chez les précieuses, on peut tout à loisir, si l'on en croit Molière, aimer « furieusement » mais on ne peut annoncer un visiteur sans prendre certaines précautions du genre : « Voilà un nécessaire qui demande si vous êtes

24. Marc Fumaroli., *Trois Institutions littéraires*, *op. cit.*, p. 272.
25. Antoine Furetière, cité par Roger Lathuillère, *La Préciosité. Étude historique et linguistique*, Genève, Droz, 1966, p. 18.
26. Voir *infra*.

en commodité d'être visibles[27]. » Le style figuré est surtout à l'honneur et, dans un tel contexte, parler de « rompre visière à la raison » ou d'un « esprit affamé de plaisanterie » n'a rien de saugrenu. Dans *La Prétieuse*, de l'abbé Michel de Pure, Gélasire a recours à une longue périphrase pour décrire la venue d'un bébé : « Une jeune dame des meilleures maisons de France s'était acquittée d'un tribut que la vigueur du mari et la fidèle correspondance de la femme avait rendu annuellement à leur mariage. Elle n'était pas encore relevée qu'elle me permit de m'aller conjouir avec elle de ce dernier fruit de leurs travaux et de ce nouvel rejeton de leur tige[28]. » La métaphore végétale vient ici « naturaliser » le détournement du sujet effectué dans la phrase précédente.

Il reste que la préciosité est une notion complexe et que « l'embarras gagne facilement ceux-là mêmes qui s'essaient à [la] décrire »[29]. Le mouvement a-t-il vraiment existé ? Des historiens récents, tel Jean-Michel Pélous, vont jusqu'à en douter, préférant parler d'une allégorie ou d'un mythe littéraire[30]. L'abbé de Pure en fait un portrait flatteur, qui insiste sur la manière dont sa « prétieuse » s'acquitte des banalités et les transforme : « La Prétieuse avait son prix, dont on ne faisait point de doute, mais [...] elle en donnoit quelquesfois gratuitement à des choses qui n'en avoient point ; comme à une maniere de parler trop familiere, trop libre, ou trop forcée ; comme à un discours trop bas, trop rampant, et trop abbattu, qu'elle sçavoit relever ; comme dans les conversations ordinaires,

27. Molière, *Les Précieuses ridicules*, sc. VI.

28. Abbé de Pure, *La Précieuse ou le Mystère des ruelles* (1655-1658), cité par Charles Bruneau, *Petite Histoire de la langue française*, vol. I, Paris, Armand Colin, 1958, p. 175.

29. Éric Méchoulan, *Le Corps imprimé. Essai sur le silence en littérature*, Montréal, Éd. Balzac, 1999, p. 50.

30. Jean-Michel Pélous, *Amour précieux, amour galant. Essai sur la représentation de l'amour dans la littérature et dans la société mondaine*, Paris, Klincksieck, 1980.

dont la pluspart sont steriles, ennuyeuses, et chagrines, qu'elle sçavoit divertir, et rendre agreables[31]. » Le travail sur la langue ainsi opéré consiste d'abord en un travail d'épuration dans tous les sens du terme, car, toujours selon le romancier, « ce n'est pas un petit bien [...] de bannir de la société l'impureté des mots aussi bien que des choses »[32]. La préciosité aura eu comme principal effet, selon Éric Méchoulan, d'attirer l'attention sur la nature du langage – le corps des mots – et l'artifice de sa codification : « La préciosité énonce non seulement les règles d'apparition des objets et des sentiments dans la nouveauté d'un code de la langue et des comportements, mais aussi la nécessité du code lui-même[33]. »

Cependant, cet effort de distinction dans le langage, qui apparaît surtout vers la deuxième moitié du siècle et va de pair avec un désir de raffinement extrême, ne saurait représenter l'ensemble de la société des salons. La rhétorique de la galanterie qui y est à l'honneur ne recule pas devant les « nouvelles façons de parler », mais à condition qu'elles soient déjà en circulation dans les meilleurs milieux. Pour « former le langage d'un mondain », écrit Charles Sorel, « vous parlerez toujours dans les termes les plus polis dont la Cour reçoive l'usage, fuyant ceux qui sont trop pedantesques, ou trop anciens, desquels vous n'userez si ce n'est par raillerie [...]. S'il y a des mots inventez depuis peu, et dont les Gens du Monde prennent plaisir de se servir, ce sont ceux-là qu'on doit avoir incessamment à la bouche »[34]. Notons encore que

31. Abbé de Pure, *La Prétieuse ou le Mystère des ruelles*, Paris, Guillaume de Luynes, 1656, vol. II, p. 473. Cité par Éric Méchoulan, *Le Corps imprimé...*, *op. cit.*, p. 52.

32. Abbé de Pure, *La Prétieuse...*, *op. cit.*, p. 547-548.

33. Éric Méchoulan, *Le Corps imprimé...*, *op. cit.*, p. 60.

34. Charles Sorel, *De la manière de bien parler et de bien écrire* (1671), cité par Delphine Denis, *Le Parnasse galant*, Paris, Honoré Champion, 2001, p. 111.

le roman de Mme de La Fayette, *La Princesse de Clèves* (1678), tout en respectant jusqu'à un certain point la géographie amoureuse qui avait cours chez les précieux, met en œuvre une langue remarquable de sobriété.

Ni les cercles parisiens ni la cour, malgré leur apport de premier plan, n'avaient de véritable autorité sur la langue : cette autorité sera confiée à une institution créée par Richelieu en 1635, l'Académie française. La compagnie, qui comprenait à l'origine vingt-sept membres, tint sa première réunion le 13 mars 1634. Elle reçut du roi ses lettres patentes le 25 janvier 1635 et devint ainsi un corps officiel de l'État. Trois articles des statuts et règlements établirent son programme linguistique. Les voici :

> « 24. La principale fonction de l'Académie sera de travailler avec tout le soin et toute la diligence possible à donner des règles certaines à notre langue, et à la rendre pure, éloquente et capable de traiter les arts et les sciences.
> 25. Les meilleurs auteurs de la langue françoise seront distribués aux Académiciens pour observer tant les dictions que les phrases qui peuvent servir de règles générales, et en faire rapport à la Compagnie, qui jugera de leur travail et s'en servira aux occasions.
> 26. Il sera composé un Dictionnaire, une Grammaire, une Rhétorique et une Poétique sur les observations de l'Académie[35]. »

La mission de l'Académie est donc d'établir les règles aptes à faire du français une langue « pure » mais aussi susceptible de traiter de tous les sujets. Pour cela, elle doit s'en tenir aux exemples donnés pas les « meilleurs auteurs ». Ces règles devront être consignées et expliquées dans des ouvrages qui les mettront à la portée de tous. L'Académie devient ainsi un « corps intermédiaire »

35. Ferdinand Brunot, *Histoire de la langue française…*, *op. cit.*, t. III, p. 35.

chargé d'établir « le dialogue [...] entre gens de lettres et gens de cour », mais également « de voiler l'écart entre la langue littéraire écrite et la langue que l'on parle dans le "meilleur monde" de la Cour »[36]. À ce titre, elle « institutionnalise la doctrine de Malherbe »[37] et, en conformité avec les principes de Vaugelas, ajoute au bon usage le bon goût et le bon sens. « L'Académie, écrit Marc Fumaroli, est le rouage qui relie la langue officielle à celle du "grand monde", constellation de cercles privés gravitant autour du Louvre[38]. »

Au départ, le projet de dictionnaire devait, selon Chapelain, qui en énonce les principes, se faire à partir d'un corpus de textes choisis parmi « tous les auteurs morts qui avoient écrit le plus purement en notre langue »[39] et comprendre, pour chaque mot retenu, des passages de ces auteurs à titre d'exemples. Le dictionnaire devait aussi distinguer « les termes des vers d'avec ceux de la prose », ceux du « genre sublime, du médiocre et du plus bas » et exclure tous les noms propres. Il s'agissait de constituer un « trésor et un magasin des termes simples et des phrases reçues »[40]. Le catalogue des livres à dépouiller contenait une vingtaine de prosateurs et un nombre équivalent de poètes. Comme le travail avançait trop lentement, on en confia la responsabilité à Vaugelas, qui se mit à la tâche. Cependant, au moment de sa mort, en 1650, on n'en était encore qu'à la lettre A. Le dictionnaire complet ne verra le jour qu'en 1694 et sera en butte à plusieurs critiques. On en conteste l'ordonnance générale – le classement des mots est établi par « racines » – ainsi que les définitions, et on ne manque pas d'en remar-

36. Marc Fumaroli, *Trois Institutions littéraires*, *op. cit.*, p. 57.
37. *Id.*, *ibid.*, p. 36.
38. *Id.*, *ibid.*, p. 72.
39. Ferdinand Brunot, *Histoire de la langue française...*, *op. cit.*, t. III, p. 40.
40. *Id.*, *ibid.*, p. 39.

quer les lacunes. Il est vrai qu'on avait confié à Thomas Corneille le soin de consigner dans un autre ouvrage l'ensemble des mots techniques qui ne figuraient pas dans le *Dictionnaire* de l'Académie. Il composa un *Dictionnaire des arts et des sciences* qui parut la même année que l'autre. Mais bien que le travail de l'Académie semblât incomplet et discutable, son principal mérite a été d'imposer, « avec toute la force de l'institution un pouvoir de décision du bien et du mal s'exerçant sur la langue »[41]. Ce pouvoir, la Compagnie l'exerce à partir de principes qui reposent sur la clarté et l'élégance, en excluant les jargons spécialisés aussi bien que les mots anciens ou pédants. Ce faisant, elle contribue à définir le français classique.

D'autres publications avaient précédé celle de l'Académie et lui faisaient concurrence. Le premier *Dictionnaire français* est celui de Richelet, imprimé en 1680, établi d'après l'usage des bons auteurs et assorti d'exemples choisis avec discernement – l'ouvrage fut bien accueilli par ses contemporains. En 1684, Furetière obtint le privilège de publier un dictionnaire universel qui contient « tous les mots françois tant vieux que modernes, et les termes de toutes les sciences et des arts ». Ce travail, dont les résultats paraîtront à titre posthume, en 1690, lui vaut d'être exclu de l'Académie. L'entreprise de Furetière annonce l'esprit qui animera les encyclopédistes, quelques décennies plus tard.

Quant aux autres projets énoncés dans les statuts de l'Académie, ils seront vite abandonnés. En 1660, *La Grammaire générale et raisonnée contenant les fondemens de l'art de parler expliquée d'une manière claire et naturelle*, rédigée par deux « messieurs » de Port-Royal,

41. Jean-Pierre Séguin, « La langue française aux XVIIe et XVIIIe siècles », dans Jacques Chaurand (dir.), *Nouvelle Histoire de la langue française*, Paris, Éd. du Seuil, 1999, p. 249.

Arnauld et Lancelot, permet de repenser la spécificité du français tout en « cherchant à retrouver, derrière les formes variables des langues, la raison universelle réglant les principes du langage »[42]. Cela suppose que l'usage n'est pas le seul maître de l'évolution des langues mais que celles-ci obéissent à des principes communs, conformes à une certaine logique et identifiables d'une langue à l'autre. Sans contredire Vaugelas, la *Grammaire* de Port-Royal complète son travail en offrant ce que Ferdinand Brunot désigne comme un « guide philosophique pour l'étude des langues particulières »[43].

L'Académie ne se prive pas toutefois d'interventions ponctuelles sur le terrain de la langue, ainsi qu'en témoignent les *Sentiments de l'Académie sur le Cid*, publiés par Chapelain en 1638 et qui relèvent les incorrections lexicales et syntaxiques de l'auteur dramatique de même que la liberté prise avec la règle des trois unités. Corneille accepta, lors des éditions successives de ses ouvrages, d'apporter quelques modifications à ses dialogues afin de les rendre plus conformes aux préceptes énoncés par les grammairiens de son époque. Ce souci d'élégance, de pureté et de correction est partagé par l'ensemble des écrivains du XVIIe siècle, chacun d'eux contribuant à établir la langue classique en l'illustrant.

Le « bel usage » des classiques

Le français du XVIIe siècle est utilisé dans tous les genres sans qu'il ait vraiment besoin de justification. Dans son *Discours de la méthode* (1637), Descartes tient

42. Ferdinand Brunot, *Histoire de la langue française*…, *op. cit.*, t. III, p. 53.
43. *Id.*, *ibid.*, p. 57.

toutefois à préciser : « Et si j'écris en français, qui est la langue de mon pays, plutôt qu'en latin, qui est celle de mes précepteurs, c'est à cause que j'espère que ceux qui ne se servent que de leur raison naturelle toute pure, jugeront mieux de mes opinions, que ceux qui ne croient qu'aux livres anciens. Et pour ceux qui joignent le bon sens avec l'étude, lesquels seuls je souhaite pour mes juges, ils ne seront point, je m'assure, si partiaux pour le latin, qu'ils refusent d'entendre mes raisons pource que je les explique en langue vulgaire[44]. » Parallèlement au langage philosophique, le discours apologétique se fait désormais en français, pour les motifs d'accessibilité évoqués par Descartes. Quant à Bossuet, son éloquence répond aux objectifs de clarté et d'efficacité définis par les grammairiens. « Il dit ce qu'il veut », écrit Valéry à propos de Bossuet ; et « cette remarque de l'auteur du *Cimetière marin* dit bien, elle aussi, ce qu'elle veut dire et qui peut fasciner un moderne : qu'il soit possible de faire dire au langage ce qu'on attend expressément de lui, à la lettre près »[45]. Pascal, aussi bien dans ses *Provinciales* que dans ses *Pensées*, a mis en valeur une langue dépouillée et sobre, dont la justesse s'accorde avec la dignité du propos. Sous le titre « Langage », il écrit : « Ceux qui font les antithèses en forçant les mots sont comme ceux qui font de fausses fenêtres pour la symétrie. Leur règle n'est pas de parler juste, mais de faire des figures justes[46]. »

Un style simple et sans affectation, voilà ce que les contemporains reconnaissent aux *Lettres* de Mme de

44. René Descartes, *Discours de la méthode*, texte et commentaire par Étienne Gilson, Paris, Librairie philosophique, Vrin, 1987, p. 77-78.

45. Michel Crépu, Préface, dans Bossuet, *Sermons et Oraisons funèbres*, Paris, Éd. du Seuil, coll. « Points Sagesses », 1997, p. 5.

46. Blaise Pascal, *Pensées*, Paris, Mercure de France, 1976, p. 256.

Sévigné, qui savent adopter le ton et l'esprit de la conversation. Mlle de Scudéry fait le portrait de l'épistolière dans *Clélie* sous les traits de Clarinte. Elle écrit que la conversation de Clarinte est « assez divertissante et naturelle ; elle parle juste, elle parle bien, elle a même quelquefois certaines expressions naïves et spirituelles qui plaisent infiniment ; [...] toutes les petites façons qu'elle a n'ont aucune affectation, et ne sont qu'un pur effet de la vivacité de son esprit, de l'enjouement de son humeur et de l'heureuse habitude qu'elle a prise d'avoir toujours bonne grâce. [...] J'oubliais à vous dire qu'elle écrit comme elle parle, c'est-à-dire le plus agréablement et le plus galamment qu'il est possible. [...] Jamais nulle autre personne n'a su mieux l'art d'avoir de la grâce sans affectation, de l'enjouement sans folie, de la propreté sans contrainte, de la gloire sans orgueil, et de la vertu sans sévérité »[47]. Voilà l'idéal du juste milieu qui, au XVIIe siècle, est considéré comme un art de vivre autant qu'un art d'écrire. D'autre part, la remarque sur le fait que Mme de Sévigné « écrit comme elle parle » rejoint ce qui a déjà été évoqué au sujet de l'importance de la conversation comme guide du « bien écrire ».

Dans le domaine du théâtre, Pierre Corneille inaugure avec *Le Cid* « une langue, un style et une versification nouvelle »[48]. Cette langue et ce style consistent en des vers frappés en médaille, en des formules à l'emporte-pièce et, enfin, dans une disposition des répliques telle que les sentiments et attitudes des personnages se suivent et se répondent selon une alternance parfaite. Qui ne se souvient de l'altercation entre don Diègue et le comte,

47. Mlle de Scudéry, *Artomène ou le Grand Cyms*, livre III, Genève, Slatkine Reprints, 1973, p. 1324-1337.

48. Charles Bruneau, *Petite Histoire de la langue française, op. cit.*, vol. I, p. 153.

du monologue de Rodrigue opposant son devoir à son amour ? La postérité lui a pardonné les « fautes de langage » relevées par l'Académie pour ces moments de grande intensité dramatique, soutenus par une force d'expression incontestable.

Dans un autre registre, celui de la comédie, Molière met en scène la question du langage. Non seulement il se moque des précieuses, qu'il déclare ridicules, mais il attaque tout ce qui s'apparente à la pédanterie. Le dialogue entre Chrysale et Philaminte, dans *Les Femmes savantes*, à propos d'une faute de la servante, en dit long sur ses propres principes. À Chrysale qui demande ce que l'on reproche à Martine, Philaminte répond : « Elle a, d'une insolence à nulle autre pareille / Après trente leçons, insulté mon oreille / Par l'impropriété d'un mot sauvage et bas, / Qu'en termes décisifs condamne Vaugelas. » (Acte II, scène VI). Et encore : « Quoi ? toujours, malgré nos remontrances / Heurter le fondement de toutes les sciences / La grammaire, qui sait régenter jusqu'aux rois, / Et les fait, la main haute, obéir à ses lois ! » Ce à quoi Martine rétorque : « Tout ce que vous prêchez est, je crois, bel et bon, / Mais je ne saurais, moi, parler votre jargon. » Ce qui provoque aussitôt la colère de Philaminte : « L'impudente ! appeler un jargon le langage / Fondé sur la raison et sur le bel usage ! » La réplique ne tarde pas : « Quand on se fait entendre, on parle toujours bien, / Et tous vos biauz dictons ne servent pas de rien. » Voici donc en présence deux conceptions du langage, celle, normative, de Philaminte et celle, beaucoup plus tolérante, de Martine, partagée par Chrysale. Entre les deux, on peut supposer que Molière a choisi, lui qui n'a cessé d'attaquer les jargons, qu'il s'agisse de ceux des médecins, des apothicaires, des philosophes ou encore des pédants. Son « bourgeois » ne deviendra gentilhomme que lorsqu'il aura compris que l'ordre naturel de la phrase est le meilleur. Ennemi de toute prétention, ce moraliste corrige aussi bien les abus de langage que l'hypocrisie et l'excès dans les mœurs. Il sera suivi en cela par La Bruyère, qui, dans ses *Caractères*, n'hésite pas à railler également l'habitude qu'ont certaines femmes de la ville, en qui on peut reconnaître les précieuses, à « n'oser dire le nom des rues, des places, et de quelques endroits publics, qu'elles ne croient pas assez nobles pour être connus. Elles disent : *le Louvre*, *la place Royale*, mais elles usent de tours et de phrases plutôt que de prononcer de certains noms ; et s'ils leur échappent, c'est du moins avec quelque altération du mot, et après quelques façons qui les rassurent : en cela moins naturelles que les femmes de la cour, qui ayant besoin dans le discours des *Halles*, du *Châtelet*, ou de choses semblables, disent : *les Halles*, *le Châtelet*[49]. » Cette esthétique du naturel, on la retrouve jusque dans les règles que se donne la grande tragédie.

Dans la préface de *Bérénice* (1671), Racine fait de la vraisemblance et de la simplicité les fondements de son art, car « toute l'invention consiste à faire quelque chose de rien ». Il s'agit donc de retenir l'attention des spectateurs par « une action simple, soutenue de la violence des passions, de la beauté des sentiments et de l'élégance de l'expression ». Harmonie et douceur sont les qualités que l'on attribue généralement au vers racinien. En voici quelques exemples tirés de *Phèdre*, souvent cités, qui allient « beauté des sentiments » et « élégance de l'expression » :

> « Le jour n'est pas plus pur que le fond de mon cœur » (IV, II) ;
> « Ariane, ma sœur, de quel amour blessée,
> Vous mourûtes aux bords où vous fûtes laissée ! » (I, III) ;
> « Déjà je ne vois plus qu'à travers un nuage
> Et le ciel et l'époux que ma présence outrage ;
> Et la mort, à mes yeux dérobant la clarté,
> Rend au jour qu'ils souillaient toute sa pureté » (V, VI).

49. La Bruyère, « De la société et de la conversation », *Les Caractères* (1688-1696), Paris, 10/18, 1963, p. 113.

On pourrait sans fin aligner les citations. La langue dont l'écrivain se sert en virtuose compte toutefois un nombre restreint de mots. Son vocabulaire, selon Jacques-Gabriel Cahen, est « pauvre et peu varié » : « Deux mille mots sans cesse répétés ont servi à Racine pour composer les 18 000 vers de ses tragédies[50]. » Une telle sobriété, qui s'explique en partie par le choix de l'auteur de se concentrer sur le langage des passions, a comme conséquence que nous comprenons ses textes encore sans difficulté aujourd'hui, malgré quelques variantes sémantiques, et que son œuvre a pu être décrite par un auteur plus récent, Jean Giraudoux, « comme la plus directe et la plus réaliste [de son] siècle »[51]. Et Cahen d'expliquer : « En vertu même de sa pauvreté, le vocabulaire de Racine était garanti contre les marques de l'âge. Tandis qu'un écrivain moins exclusif conserve des mots qui commencent à sortir de l'usage commun et en adopte d'autres qui n'ont pas encore prouvé leur vitalité, Racine s'en tient volontairement aux termes les plus généraux et les plus ordinaires. Les mots de Racine désignent presque exclusivement les passions de l'âme. Les objets matériels tiennent peu de place dans ce monde de pensées. Or le vocabulaire des passions est celui qui se renouvelle le moins[52]. » Mais l'auteur dramatique, toujours selon le même critique, fait aussi preuve d'une prescience linguistique en prêtant à certains mots un sens nouveau, que l'usage a confirmé depuis : « Le vocabulaire de Racine est avec une égale modération conservateur et novateur. Il conserve ce qui ne mourra point, et adopte ce qui est destiné à vivre[53]. » Les statistiques de Cahen ont été complétées par des

50. Jacques-Gabriel Cahen, *Le Vocabulaire de Racine*, Genève, Droz, 1946, p. 18.

51. Jean Giraudoux, *Littérature*, Paris, Grasset, 1941, p. 31.

52. Jacques-Gabriel Cahen, *Le Vocabulaire de Racine*, *op. cit.*, p. 22.

53. *Id.*, *ibid.*, p. 24.

recherches plus récentes. Les travaux de Charles Bernet, notamment, indiquent, pour les douze pièces de Racine, un total de 3 344 mots tirés du vocabulaire commun, auxquels s'ajoutent 375 noms propres. Ce qui, malgré tout, révèle une relative « pauvreté » par rapport aux tragédies de Corneille[54]. Mais l'économie racinienne n'en rend que plus évident « l'effet de sourdine » que Leo Spitzer associe à « l'impression de retenue et d'équanimité que l'histoire littéraire attache à l'idée de classicisme »[55].

Ce travail sur la langue, et la densité qui en résulte, un critique allemand, Karl Vossler, le définit comme caractéristique d'une soumission à l'usage et au style de la conversation, cela jusque dans le registre du tragique : « Se plier à l'usage et ne pas attirer l'attention, voilà l'idéal de ce style, recherche négative et à proprement parler prosaïque. La langue poétique de Racine n'a pas de marques spécifiques fortes. C'est un style sécularisé, formé à la conversation usuelle, qui parvient à sa hauteur et sa solennité essentiellement en renonçant au sensuel, au vulgaire et au pittoresque coloré[56]. » Cette langue poétique et prosaïque est toutefois, faut-il le rappeler, le résultat d'une vigilance constante. Il arrivait même à Racine de recourir à l'expertise du père Bouhours pour vérifier ses

54. Charles Bernet, *Le Vocabulaire des tragédies de Jean Racine. Analyse statistique*, Genève/Paris, Slatkine/Champion, 1983, p. 36. « L'écart entre l'estimation d'après Corneille et l'effectif réel de Racine est de 211 vocables. L'ensemble des 18 tragédies de Corneille paraît donc nettement plus riche que l'ensemble des tragédies de Racine. » (P. 105.) On consultera également, sur ce sujet, Maria G. Pittaluga, *Aspects du vocabulaire de Jean Racine*, Fasano, Éd. Schena, et Paris, Nizet 1991, et Robert Garette, *La Phrase de Racine. Étude stylistique et stylométrique*, Toulouse, Presses universitaires du Mirail, 1995.

55. Leo Spitzer, *Études de style*, Paris, Gallimard, coll. « Tel », 1970, p. 208.

56. Cité par Leo Spitzer, *ibid.*, p. 208.

textes. Un billet signé de sa main lui demande de lire les quatre premiers actes d'une pièce qu'il lui envoie et de « marquer les fautes qu'[il] peu[t] avoir faites contre la langue et dont [il est] un [des] plus excellents maîtres »[57].

L'œuvre de Racine concrétise, mieux que toute autre, l'idéal d'élégance, mais aussi de correction et de justesse, mis à l'honneur par les théoriciens de son temps. Cet idéal, un La Bruyère, qui dans ses écrits n'hésite pas lui-même devant l'archaïsme ou le néologisme, le résume en termes non équivoques : « Entre toutes les différentes expressions qui peuvent rendre une seule de nos pensées, il n'y en a qu'une qui soit la bonne. On ne la rencontre pas toujours en parlant ou en écrivant ; il est vrai néanmoins qu'elle existe, que tout ce qui ne l'est point est faible, et ne satisfait point un homme d'esprit qui veut se faire entendre[58]. » Et l'auteur des *Caractères* de poursuivre en affirmant la supériorité de Racine sur Corneille, car « il est égal, soutenu, toujours le même partout, soit pour le dessein et la conduite de ses pièces, qui sont justes, régulières, prises dans le bon sens et dans la nature, soit pour la versification, qui est correcte, riche dans ses rimes, élégante, nombreuse, harmonieuse ». Ce qui lui permet de conclure : « Corneille est plus moral, Racine plus naturel[59]. »

Le père Bouhours, dans ses *Entretiens d'Ariste et d'Eugène*, mentionnait comme l'une des qualités de la langue française, à côté du naturel et de la juste mesure, la transparence. L'image de l'eau était alors convoquée pour illustrer la clarté et la limpidité de la prose comme de la poésie. Cette qualité, La Fontaine la représente dans un vers célèbre, sorte de mise en abyme de la spécificité

57. Dominique Bouhours, Introduction, *Entretiens d'Ariste et d'Eugène*, Paris, Éd. Bossard, 1920.
58. La Bruyère, « Des ouvrages de l'esprit », *Les Caractères*, *op. cit.*, p. 6.
59. *Id.*, *ibid.*, p. 47-48.

que l'on reconnaissait alors à l'idiome : « L'onde était transparente, ainsi qu'aux plus beaux jours[60]. »

L'auteur des *Contes* (1664) et des *Fables* (1668), cependant, ne se prive pas de quelques écarts par rapport à la doctrine du purisme. On trouve chez lui en effet des archaïsmes qui appartiennent à la lyrique amoureuse médiévale, des mots empruntés aux dialectes ou au langage populaire ou encore des termes techniques. Sa poétique met à profit « toute la profondeur de la langue, l'épaisseur des étymologies et la saveur des vieux proverbes »[61]. Cette pratique libre, voire licencieuse, associée à la simplicité et au naturel, Voltaire la louangera en décrivant l'art du fabuliste comme étant l'un des plus remarquables de l'époque classique : « La Fontaine, bien moins châtié dans son style, bien moins correct dans son langage, mais unique dans la naïveté et dans les grâces qui lui sont propres, se mit, par les choses les plus simples, presque à côté de ces hommes sublimes[62]. »

L'importance qu'a prise, au XVIIe siècle, une certaine conception de la langue héritée de Malherbe ne doit pas faire oublier le succès obtenu, vers le milieu du siècle, par la veine burlesque. Dans le *Virgile travesti* (1648-1652), Scarron s'amuse à parodier *L'Énéide* en accumulant archaïsmes et néologismes, mais en recourant aussi aux mots réalistes et bas condamnés par le « bel usage ». Il utilise des mots comme « giffle » au sens de « joue », « huer » au sens d'« appeler », qui constituaient alors des archaïsmes de sens, ou encore des mots comme « barbier », « charogne », « onguent », « ulcère », « ventre »,

60. Voir à ce sujet Marc Fumaroli, *Trois Institutions littéraires*, *op. cit.*, p. 291.
61. Emmanuel Bury, *L'Esthétique de La Fontaine*, Paris, Sedes, 1966, p. 62.
62. Voltaire, *Le Siècle de Louis XIV*, Francfort, Knoch et Eslinguer, 1753, t. III, p. 82.

qui choquaient le goût de l'époque par leur réalisme : « Ainsi se mêlent dans le burlesque tous les termes que dédaignait la délicatesse du temps. La langue burlesque n'est pas néanmoins la langue vulgaire, avec laquelle il ne faut pas la confondre[63]. » Le burlesque fait contrepoids à la préciosité et à sa recherche exagérée d'expressions hors du commun. Mais il lui ressemble par son désir de créer un langage artificiel, auquel la société des gens cultivés ne peut s'identifier.

Lorsque, en 1687, Charles Perrault lit devant l'Académie son poème à la gloire du *Siècle de Louis Le Grand*, il résume bien l'esprit qui a dominé son époque : apologie de la langue française dont la personne du roi représente le modèle vivant, mais aussi célébration des Modernes et, par là, adhésion au fait que la langue est désormais arrivée à sa pleine maturité et portée à un degré de perfection jusque-là inégalé par les « bons auteurs » contemporains. Entre l'idée d'une langue réglée et, jusqu'à un certain point, unifiée dans la partie centrale du royaume et celle d'une langue « fixée », ainsi protégée de l'évolution comme de la corruption, il y a un pas que Voltaire et ses contemporains ne manqueront pas de franchir[64]. À la fin du XVIIe siècle, il n'est plus nécessaire de faire des plaidoyers pour justifier le recours à la langue française plutôt qu'au latin dans les diverses sphères du savoir. L'unification du royaume permet une prise en charge par l'État de la question linguistique, prise en charge qui, on l'a vu, se traduit par la création d'institutions, comme l'Académie française, dont la principale fonction est de légitimer l'usage. Ces premières mesures annoncent les tentatives

63. Ferdinand Brunot, *Histoire de la langue française…*, *op. cit.*, t. III, p. 78.

64. Pour connaître le sens précis de certains mots au XVIIe siècle, comme les mots « cœur » « courage », « mérite », « estime », etc., on peut consulter : Anne Sancier-Chateau, *Introduction à la langue du XVIIe siècle*, 2 vol., Paris, Nathan université, 1993.

qui seront faites par la suite pour l'éradication des dialectes. Quant aux écrivains du siècle de Louis XIV, ils seront considérés par ceux du siècle des Lumières comme des auteurs de purs chefs-d'œuvre.

Les encyclopédistes et la langue postclassique

Plusieurs apologies de la langue française avaient été publiées au cours du XVIIe siècle, faisant suite à l'éloge de Vaugelas. Outre les *Entretiens d'Ariste et d'Eugène*, les *Avantages de la langue française* (1667) du magistrat Louis Le Laboureur, *La Défense de la langue française pour l'inscription de l'Art de triomphe, dédiée au roi par M. [François] Charpentier de l'Académie françoise* (1676), avaient défini un modèle de style et de langue apte à faire du français la langue légitime dans tout les domaines de l'activité humaine. Au siècle suivant, il s'agit moins de célébrer la langue que de célébrer les génies qui l'ont illustrée. Le prestige même de l'Académie s'efface devant celui des écrivains. « Notre langue a été portée et fixée à son point de perfection, déclare Louis Racine en 1747, et par nos grands poètes, et par de graves et solides écrivains... L'habileté à manier sa langue est le fruit, non pas de l'étude, mais du génie[65]. » Cette idée de langue fixée revient, sous la plume de Voltaire, comme une conséquence logique de l'admiration qu'il éprouve pour ses prédécesseurs.

Dans *Le Siècle de Louis XIV* (1751), le « siècle le plus éclairé qui fût jamais »[66], Voltaire explique que les grands auteurs de cette époque ont largement contribué au prestige

65. Cité par Ferdinand Brunot, *Histoire de la langue française...*, *op. cit.*, t. IV, p. 864.
66. Voltaire, *Le Siècle de Louis XIV*, *op. cit.*, t. I, Introduction, p. 1.

de la langue française et à sa renommée. Car cette langue, c'est d'abord celle des écrivains : le premier livre de génie en prose, Voltaire l'attribue à Pascal avec ses *Provinciales*. La perfection de la langue, il la retrouve encore dans les œuvres de Racine, qu'il compare à Corneille : « Corneille s'était formé tout seul, mais Louis XIV, Colbert, Sophocle et Euripide contribuèrent tour à tour à former Racine. Une ode qu'il composa à l'âge de dix-huit ans pour le mariage du Roi lui attira un présent qu'il n'attendait pas ; et le détermina à la poésie. Sa réputation s'est accrue de jour en jour, et celle des ouvrages de Corneille a un peu diminué. La raison en est que Racine dans tous les ouvrages depuis son *Alexandre* est toujours élégant, toujours correct, toujours vrai, qu'il parle au cœur ; et que l'autre manque trop souvent à tous ces devoirs. Racine passa de bien loin et les Grecs et Corneille dans l'intelligence des passions et y porta la douce harmonie de la Poésie, ainsi que les grâces de la parole, au plus haut point où elles puissent parvenir. Ces hommes enseignèrent à la nation à penser, à sentir et à s'exprimer. Leurs auditeurs, instruits par eux seuls, devinrent enfin des juges sévères pour ceux mêmes qui les avaient éclairés[67]. » Bel hommage au dialogue écrivain-lecteur établi au siècle précédent !

Dans un article du *Dictionnaire philosophique*, Voltaire précise que nul n'a besoin de rechercher des mots nouveaux pour exprimer les passions et les sentiments : « Cette envie de briller et de dire d'une manière nouvelle ce que les autres ont dit, est la source des expressions nouvelles, comme des pensées recherchées. Qui ne peut briller par une pensée, veut se faire remarquer par un mot. Voilà pourquoi on a voulu en dernier lieu substituer *amabilités* au mot d'*agréments*, *négligemment* à *avec négligence*, *badiner les amours* à *badiner avec les amours*. On a cent autres affectations de cette espèce. Si on continuait

67. *Id.*, *ibid.*, p. 78.

ainsi, la langue des Bossuet, des Racine, des Pascal, des Corneille, des Boileau, des Fénelon, deviendrait bientôt surannée. Pourquoi éviter une expression qui est d'usage, pour en introduire une qui dit précisément la même chose ? Un mot nouveau n'est pardonnable que quand il est absolument nécessaire, intelligible et sonore. On est obligé d'en créer en physique ; une nouvelle découverte, une nouvelle machine, exigent un nouveau mot : mais fait-on de nouvelles découvertes dans le cœur humain ? Y a-t-il une autre grandeur que celle de Corneille et de Bossuet ? Y a-t-il d'autres passions que celles qui ont été maniées par Racine, effleurées par Quinault[68] ? » Ces phrases résument bien la pensée de l'époque : la néologie n'est acceptable que lorsqu'elle est « absolument nécessaire », c'est-à-dire lorsqu'elle sert à exprimer des réalités nouvelles, comme celles que les découvertes récentes, dans le domaine de la science notamment, avaient justifiées. La notion de stricte nécessité est encore évoquée par Condillac, dans son *Art de penser*, comme seule excuse raisonnable à la création de mots : « Ce serait même nuire à la clarté du langage, que d'inventer, surtout dans les sciences, des mots sans nécessité[69]. »

En ce qui concerne la langue en général, il faut surtout se garder, toujours selon Voltaire, de la corrompre « par affectation », une fois que des auteurs consacrés l'ont portée à un certain point d'achèvement : « Toute langue étant imparfaite, il ne s'ensuit pas qu'on doive la changer. Il faut absolument s'en tenir à la manière dont les bons

68. *Id.*, article « Esprit », *Dictionnaire philosophique*, dans *Œuvres complètes*, Voltaire, Paris, Lefèvre / Détreuillo, 1818, vol. XXIV, p. 600.

69. Cité par Ferdinand Brunot, *Histoire de la langue française…*, *op. cit.*, t. VI, p. 1143. Le même Condillac, dans sa *Grammaire*, associe l'art de parler à « l'art de penser et de raisonner, qui se développe à mesure que les langues se perfectionnent ». Voir *Le Siècle des Lumières*, sous la dir. d'Albert Soboul, Paris, PUF, coll. « Peuples et civilisations », 1977, p. 598.

auteurs l'ont parlée ; et quand on a un nombre suffisant d'auteurs approuvés, la langue est fixée. Ainsi on ne peut plus rien changer à l'italien, à l'espagnol, à l'anglais, au français, sans les corrompre ; la raison en est claire : c'est qu'on rendrait bientôt inintelligibles les livres qui font l'instruction et le plaisir des nations[70]. » La théorie de la « langue fixée » est partagée par la majorité des contemporains. Elle repose sur l'idéalisation des œuvres du XVIIe siècle, idéalisation dont Voltaire est le porte-parole attitré.

Alors qu'au XVIIe siècle le français en voie de formation devait se régler sur l'usage de la cour et des lettrés en même temps que sur celui des « bons auteurs », au XVIIIe siècle, on s'attache presque exclusivement aux modèles écrits. « Le purisme de Vaugelas, écrit Ferdinand Brunot, était un purisme rajeunisseur qui faisait volontiers le sacrifice de la langue en train de vieillir, tandis que le purisme que nous appellerons *voltairien* est un purisme essentiellement conservateur, tourné vers les monuments du passé[71]. » D'où la notion de langue post-classique, qui s'applique à l'usage de cette époque aussi bien qu'à la pratique des écrivains. D'où également l'idée, proposée par Voltaire, d'une littérature constituée par tous « les bons ouvrages du siècle de Louis XIV, épurés de toutes les fautes de langage qui s'y sont glissées. [...] L'Europe, qui lit ces auteurs [du XVIIe siècle] apprendroit par eux notre langue avec sureté, sa pureté seroit à jamais fixée ; les bons livres français imprimés avec ce soin aux dépens du Roi, seroient un des plus glorieux monumens de la nation »[72]. Désormais, la repré-

70. Voltaire, article « Langues », *Dictionnaire philosophique*, dans *Œuvres complètes*, *op. cit.*, t. XIX, p. 570.

71. Ferdinand Brunot, *Histoire de la langue française...*, *op. cit.*, t. VI, p. 871.

72. Voltaire, *Lettres philosophiques*, n° XXIV, cité par Jean-Pierre Séguin, « La langue française aux XVIIe et XVIIIe siècles », art. cit., p. 256.

sentation de la langue ne saurait se passer de son accomplissement littéraire, seul garant de sa stabilité et meilleur rempart contre la corruption qui la menace.

Le XVIIIe siècle est traversé par l'entreprise colossale que fut l'*Encyclopédie*, menée par Diderot et d'Alembert, auxquels s'adjoignent de nombreux collaborateurs. Leur projet est de faire la somme des connaissances d'une époque. Entreprise lexicologique, l'*Encyclopédie* poursuit le travail effectué par l'Académie ainsi que par les Richelet, Furetière et Thomas Corneille en vue de constituer un répertoire de la langue française. En 1704, le *Dictionnaire de Trévoux* avait été établi selon les mêmes principes que celui de Furetière et incluait plusieurs lexiques spécialisés. L'esprit d'inventaire qui anime les encyclopédistes se traduit par la nécessité d'intégrer dans le vocabulaire courant, et par le fait même de réhabiliter, les termes techniques applicables aux sciences, aux arts et aux métiers. D'autres mots sont aussi retenus, qui avaient fait une apparition récente, mots dits « de relation » empruntés aux récits des voyageurs et servant à décrire de nouvelles réalités. Là encore, on se fondera sur l'autorité des œuvres pour en établir l'orthographe.

Entreprise philosophique, l'*Encyclopédie* propose, en de longs articles, une contextualisation de chacun des termes retenus et un aperçu des présupposés idéologiques qui les sous-tendent. L'article « Langue » (1765), du grammairien Beauzée, est particulièrement développé. La définition commence par une précision concernant l'usage : « Tout est usage dans les langues ; le matériel et la signification des mots, l'analogie et l'anomalie des terminaisons, la servitude ou la liberté des constructions, le purisme ou le barbarisme des ensembles. C'est une vérité sentie par tous ceux qui ont parlé de l'usage ; mais une vérité mal présentée, quand on a dit que l'usage étoit le tyran des langues. […] L'usage n'est donc pas le tyran des *langues*, il en est le législateur naturel, nécessaire, et exclusif ; les décisions en sont l'essence : et je dirois d'après cela, qu'une *langue est la totalité des usages propres à une nation pour exprimer les pensées par la voix*[73]. » Suit une distinction entre la *langue*, constituée par « le matériel des mots et leur ensemble » et qui « n'a rapport qu'aux idées, aux conceptions, à l'intelligence de ceux qui la parlent » et le *langage*, « qui paroit avoir plus de rapport au caractère de celui qui parle, à ses vues, à ses intérêts ». L'article discute enfin de l'hypothèse rousseauiste concernant l'origine des langues (voir *infra*), de la multiplication de celles-ci et du mérite respectif de chacune d'elles. Pour l'encyclopédiste, « il n'y a point de langue qui n'ait toute la perfection possible et nécessaire à la nation qui la parle »[74]. Le texte se termine toutefois par l'affirmation de l'universalité de la langue française, une universalité dont les causes sont autant politiques que littéraires : « Si quelqu'autre langue que la latine devient jamais l'idiome commun des savans de l'Europe, la langue françoise doit avoir l'honneur de cette préférence : elle a déjà les suffrages de toutes les cours où on la parle presque comme à Versailles ; et il ne faut pas douter que ce goût universel ne soit dû autant aux richesses de notre littérature, qu'à l'influence de notre gouvernement sur la politique générale de l'Europe[75]. » Cette universalité, Rivarol s'efforcera à son tour de la prouver par divers arguments.

73. *Encyclopédie*, article « Langue », cité dans Sylvain Auroux, L'Encyclopédie : *« grammaire » et « langue » au* XVIII*e siècl*e, Paris, Mame, 1973, p. 95.
74. *Id.*, *ibid.*, p. 165.
75. *Id.*, *ibid.*, p. 172.

L'universalité du français et les parlers régionaux

Le prestige de la langue française ne cesse de s'étendre, au cours du siècle, dans toutes les cours européennes en même temps que la langue gagne en expansion grâce aux conquêtes coloniales. Le français est alors la langue diplomatique utilisée dans les traités internationaux. Le roi de Prusse Frédéric II, l'une des figures aristocratiques les plus connues, écrit et s'exprime en français. Pour souligner cet état de fait, et en connaître les causes, l'Académie de Berlin organise un concours en 1782 qui consiste à rédiger un texte répondant aux trois questions suivantes : « Qu'est-ce qui a fait de la Langue française la Langue universelle de l'Europe ? » ; « Par où mérite-t-elle cette prérogative ? » ; « Peut-on présumer qu'elle la conserve ? »

Le prix est donné à la fois à l'Allemand Schwab et au Français Rivarol. Mais c'est la réponse de ce dernier qui, sous le titre de *Discours sur l'universalité de la langue française* (1784), passera à la postérité. L'argumentation de Rivarol repose sur une constatation : « Le temps semble être venu de dire le monde français, comme autrefois le monde romain[76]. » Après avoir rappelé l'évolution de quelques langues européennes en regard de leur histoire et énuméré les œuvres qui ont contribué à la gloire du siècle de Louis XIV, il en conclut que, « si la langue française a conquis l'empire par ses livres, par l'humeur et par l'heureuse position du peuple qui la parle, elle le conserve par son propre génie ». « Ce qui distingue notre langue des langues anciennes et modernes, poursuit-il, c'est l'ordre et la construction de la phrase. Cet ordre doit toujours être direct et nécessairement clair. Le Français

76. Rivarol, « Discours... », cité dans Jean Dutourd, *Rivarol*, Paris, Mercure de France, 1963, p. 57.

nomme d'abord le sujet du discours, ensuite le verbe qui est l'action, et enfin l'objet de cette action ; voilà la logique naturelle à tous les hommes ; voilà ce qui constitue le sens commun. » Ce qui amène Rivarol à conclure : « C'est de là que résulte cette admirable clarté, base éternelle de notre langue. Ce qui n'est pas clair n'est pas français ; ce qui n'est pas clair est encore anglais, italien, grec ou latin[77]. » Ainsi se trouve réaffirmée le précepte de Boileau et de ses contemporains concernant la clarté, mais celle-ci est devenue cette fois une propriété intrinsèque de la langue, à laquelle s'ajoute encore le naturel : « Une langue vient à se corrompre lorsque, confondant les limites qui séparent le style naturel ou figuré, on met de l'affectation à outrer les figures et à rétrécir le naturel qui est la base, pour charger d'ornements superflus l'édifice de l'imagination[78]. » Et le discours de se terminer sur la mission civilisatrice de la France, qui, en Amérique, a ramené un peuple à la liberté. On peut discuter de la profondeur ou de la pertinence des arguments de Rivarol. Mais on admet sans peine que son discours, par son style à l'emporte-pièce et par ses brillantes formules, est un exemple de ce « roman idéalisé d'une langue que l'on veut croire plus pure que les autres »[79].

Bien que langue de culture bénéficiant d'une large audience parmi l'élite européenne, le français, au XVIIIe siècle, n'est pas encore parlé par l'ensemble de la population française. Ce fut la tâche de la Révolution d'amorcer un mouvement vers la francisation générale et l'éradication des dialectes. En 1790, l'abbé Grégoire entreprend une enquête sur la situation linguistique en France et diffuse un questionnaire relatif « aux patois et

77. *Id.*, *ibid.*, p. 77-78.
78. *Id.*, *ibid.*, p. 82.
79. Jean-Pierre Séguin, « La langue française aux XVIIe et XVIIIe siècles », art. cit., p. 262.

aux mœurs des gens de la campagne ». Il en conclut que, sur vingt-huit millions d'habitants, douze ne connaissent pas le français et trois seulement le parlent correctement. À la suite de cette enquête, il rédige un rapport (1794) « sur la nécessité d'anéantir les patois et d'universaliser l'usage de la langue française »[80]. Mais il faudra attendre jusqu'en 1882, et les interventions de François Guizot puis de Jules Ferry, pour que l'obligation scolaire faite à tous les citoyens favorise une connaissance générale et systématique du français. Rappelons qu'une certaine uniformisation de l'idiome s'était déjà effectuée au Canada, dès le XVIIe siècle, à cause de la présence plus importante des colons francisants sur les patoisants et de la nécessité des communications, qui rendait plus problématique l'usage des dialectes.

De l'origine des langues

De Genève, Jean-Jacques Rousseau a le sentiment de pratiquer un usage distinct de la langue et s'efforce, avant de se permettre toute intrusion lexicale, de « discerner le français pur » de ses « idiomes provinciaux »[81]. Ce qui ne l'empêche pas d'user à profusion d'archaïsmes et de provincialismes (il met ainsi en circulation le mot « chalet »)[82], d'employer des termes spécialisés empruntés à la

80. Voir à ce sujet Jacqueline Picoche et Christiane Marchello-Nizia, *Histoire de la langue française*, Paris, Nathan, 1991, p. 31. Également Michel de Certeau, Dominique Julia et Jacques Revel, *Une politique de la langue. La Révolution française et les patois : L'enquête de Grégoire*, Paris, Gallimard, coll. « Bibliothèque des histoires », 1975.

81. Cité par Jacques Chaurand, *Histoire de la langue française*, *op. cit.*, p. 86.

82. Voir « Les provincialismes suisses-romands et savoyards de Jean-Jacques Rousseau », *Annales de la Société Jean-Jacques*

botanique (framboisiers, groseilliers, lilas, etc.) ou encore des tournures qui font appel à l'imagination et dont Voltaire n'appréciait pas l'audace, comme « J'ai mis une entrave à mon cœur » ou « Nos âmes éprises d'amour et de peines, fondent et coulent comme l'eau »[83]. À propos du mot « investigation », il déclare avoir fait œuvre utile et énonce la règle qui doit guider tout écrivain : « Quand j'ai hasardé le mot investigation, j'ai voulu rendre un service à la langue, en y introduisant un terme doux et harmonieux, dont le sens est déjà connu et qui n'a point de synonymes en français. C'est, je crois, toutes les conditions qu'on exige pour autoriser cette liberté salutaire[84]. »

Le même Rousseau, dans son *Essai sur l'origine des langues*, considère la parole comme « la première institution sociale » qui ne « doit sa forme qu'à des causes naturelles ». Mais alors que « les besoins dictèrent les premiers gestes », « les passions arrachèrent les premières voix »[85]. Au commencement était l'amour, la haine, la pitié et la colère. La langue primitive faisait appel aux figures, aux tropes, et laissait une large place aux accents. Si elle existait encore, la première langue emprunterait à la musique et à la poésie ses caractères fondamentaux : « Comme les voix naturelles sont inarticulées, les mots auroient peu d'articulations ; quelques consonnes interposées, effaçant l'hiatus des voyelles, suffiroient pour les rendre coulantes et faciles à prononcer. En revanche, les sons seroient très variés, et la diversité des accents multipleroit les

---

Rousseau, III, Genève, 1907. Cité par André Wyss, *Jean-Jacques Rousseau. L'accent de l'écriture*, Neuchâtel, La Baconnière, 1988. Cet ouvrage montre bien la complexité de la notion d'accent, centrale dans la théorie de Rousseau sur l'origine des langues.

83. Exemples tirés de *La Nouvelle Héloïse*, cités par Ferdinand Brunot, *Histoire de la langue française…*, *op. cit.*, t. VI, p. 1058.

84. Cité par Jean-Pierre Seguin, *La Langue française au* XVIIIe *siècle*, Paris, Bordas, 1972, p. 175.

85 Jean-Jacques Rousseau, *Essai sur l'origine des langues*, dans *Écrits sur la musique*, Paris, Stock, 1979, p. 167.

mêmes voix ; la quantité, le rhythme, seroient de nouvelles sources de combinaisons ; en sorte que les voix, les sons, l'accent, le nombre, qui sont de la nature, laissant peu de chose à faire aux articulations, qui sont de convention, l'on chanteroit au lieu de parler ; la plupart des mots radicaux seroient des sons imitatifs ou de l'accent des passions ou de l'effet des objets sensibles : l'onomatopée s'y feroit sentir continuellement. Cette langue auroit beaucoup de synonymes pour exprimer le même être par ses différents rapports ; elle auroit peu d'adverbes et de mots abstraits pour exprimer ces mêmes rapports. Elle auroit beaucoup d'augmentatifs, de diminutifs, de mots composés, de particules explétives, pour donner de la cadence aux périodes et de la rondeur aux phrases ; elle auroit beaucoup d'irrégularités et d'anomalies ; elle négligeroit l'analogie grammaticale pour s'attacher à l'euphonie, au nombre, à l'harmonie, et à la beauté des sons. » Et le paragraphe de se terminer par une évocation du *Cratyle*[86] de Platon qui « n'est pas si ridicule qu'il paraît l'être »[87].

Les mots, pour Rousseau, ont donc une vérité intrinsèque qui exprime la nature des choses. Ce que les langues ont gagné en clarté, en exactitude, elles l'ont perdu en imagination et en poésie. L'écrivain trouve ses modèles d'éloquence chez Homère, les pasteurs bibliques, Hérodote, et non pas chez les auteurs du grand siècle. À contre-courant des thèses qui circulaient à son époque, il réfute l'idée d'une langue qui aurait atteint peu à peu sa maturité et son achèvement. Là encore, comme dans le *Discours sur l'origine et les fondements de l'inégalité parmi les hommes*, la société est considérée comme un instrument de perversion. Les langues ne peuvent que se dégrader au contact de la vie sociale. Il appartient à l'écrivain de

86. Voir note 17 p. 24.
87. Jean-Jacques Rousseau, *Essai sur l'origine des langues*, *op. cit.*, p. 172-173.

retrouver l'harmonie primitive et la parole chantante des premiers échanges linguistiques. Cette parole, celui qui dit n'avoir « su jamais écrire que par passion »[88] la déploie lui-même dans un style imagé, annonciateur du romantisme, qui a fait s'écrier Lamartine à propos de *La Nouvelle Héloïse* : « Grands dieux ! Quel livre ! Comme c'est écrit. Je suis étonné que le feu n'y prenne pas[89]. »

Néologisme et marivaudage

Au XVIIIe siècle, la ville prend de l'importance par rapport à la cour et contribue à créer un public nouveau. Sous l'influence des salons, une seconde préciosité se manifeste, qui repose en bonne partie sur l'usage de néologismes. Ainsi naît le terme « lambertinage » pour caractériser la conversation galante des habitués du salon de Mme de Lambert, un haut lieu de sociabilité créé sous Louis XIV mais dont l'influence se fit surtout sentir dans la première moitié du XVIIIe siècle. Le néologisme qu'on y pratique n'est pas que lexical : « C'est le tour affecté des phrases, c'est la jonction téméraire des mots, c'est la bizarrerie, la fadeur, la petitesse des figures qui caractérisent surtout le néologue », écrit l'abbé Desfontaines, l'un des deux auteurs présumés du *Dictionnaire néologique de Pantalon Phoebus*[90]. Dans cet ouvrage, on s'applique à railler certains mots ou tournures empruntés à des auteurs contemporains, parmi lesquels se trouve Marivaux, un familier du salon de Mme de Lambert. Mais

88. *Id.*, *Confessions*, cité par André Wyss, *Jean-Jacques Rousseau. L'accent de l'écriture*, *op. cit*; p. 60.

89. Cité par Charles Bruneau, *Petite Histoire de la langue française*, *op. cit.*, vol. I, p. 264.

90. Cité par Ferdinand Brunot, *Histoire de la langue française…*, op. cit; t. VI, p. 1053.

le marivaudage se laisse difficilement réduire à cet aspect caricatural. Le substantif désigne un art de la parole qui mélange les sentiments les plus subtils et le langage populaire, voire trivial : « Si les mots jouent un tel rôle dans les pièces de Marivaux, c'est que la notion de marivaudage implique la conscience de l'existence du langage », écrit Frédéric Deloffre, c'est-à-dire « le sens de la "réalité" du langage, intermédiaire indispensable, mais imparfait, dont il exploite admirablement le dynamisme et l'ambiguïté même[91]. » Chez l'auteur du *Jeu de l'amour et du hasard*, le jeu de mots renvoie à une forme de sensibilité autant qu'à une forme d'esprit. À Silvia qui lui dit : « Tu peux te passer de me parler d'amour, je pense », Dorante répond : « Tu pourrais bien te passer de m'en faire sentir, toi. » (I, VII.) Par ailleurs, toujours dans la même pièce, Marivaux n'hésite pas devant les termes nouveaux (tels que « hétéroclite », I, I ; « conjoncture », II, VII ; « engagements », II, XII), ni devant la personnification (« L'amour est babillard », I, V), ou encore les métaphores caractéristiques du langage précieux (« Je brûle et je crie au feu », II, V). Il n'hésite pas non plus, dans *La Vie de Marianne*, à associer galanterie et langage populaire. La querelle qui oppose Mme Dutour à son cocher est, à ce titre, une pièce d'anthologie. À propos du montant qu'on lui doit, le cocher déclare : « Donnez-moi mon affaire, et ne crions pas tant. Voyez de quoi elle se mêle ! Est-ce vous que j'ai menée ? Est-ce qu'on vous demande quelque chose ? Quelle diable de femme avec ses douze sols ! Elle marchande cela comme une botte d'herbes. » Et la dame, qui « se sentit offusquée de l'apostrophe ignoble du cocher », de répliquer à la manière « d'une commère de comptoir subalterne »[92]. Ce thème de la

91. Frédéric Deloffre, *Une préciosité nouvelle : Marivaux et le marivaudage*, Paris, Armand Colin, 1971, p. 207 et p. 8.
92. Marivaux, *La Vie de Marianne*, Paris, Classiques Garnier, 1990, p. 93-94.

dispute est déjà présent dans d'autres œuvres du XVIIIe siècle[93]. Il permet de mettre en scène le langage des gens du peuple, dont la représentation reste encore timide malgré les tentatives d'un Vadé pour transcrire phonétiquement, dans ses *Lettres de la Grenouillère* (1755), le niveau populaire de la langue orale[94].

Quant à l'idée d'une réforme nécessaire de la langue par la néologie, ou encore par la réappropriation de formes anciennes, elle se propage, vers la fin du siècle, avec l'intervention d'écrivains tels Restif de la Bretonne, Urbain Domergue et Sébastien Mercier. Le premier rêve d'un grand ouvrage qui devait s'appeler le *Glossographe ou la Langue réformée*, ouvrage qui toutefois ne verra jamais le jour. Le deuxième fonde un *Journal de la langue françoise*, qui paraît de 1784 à 1791, et crée la Société des amateurs de la langue française (1791), dont l'une des tâches sera de « fouiller dans nos vieux écrivains, tels que Montaigne, Charron, Amyot, Rabelais, Ronsard, etc., pour en extraire des mots que nous avons laissés tomber en désuétude, et qui pourroient communiquer à notre langue de la naïveté, de la grâce, de l'énergie »[95]. Sébastien Mercier théorise, dans *Néologie* (1801), une pratique qu'il met en œuvre dans ses propres productions littéraires. Il prétend qu'« il n'y a pas de perfection fixe dans les langues » et que celles-ci ne se perfectionnent que par « l'abondance des mots, la variété des tours

93. Voir Frédéric Deloffre, Introduction, dans *La Vie de Marianne*, *op. cit.*, p. XXIX.

94. « Y a du grabuge à note maison par rapport à moi et ma mère à cause d'vous ; j'était après à lire vote lettre dont j'nai pas pû achever la fin comme vous aller voir, si bien donc qu'vla qu'est ben, ma mêre entrit sur le champ, alle m'dit bonnement quoiqu'c'est qu'ça qu'ta là ? », dans *Œuvres*, éd. de Julien Lemer, Garnier, 1875, cité par Jean-Pierre Seguin, *La Langue française au XVIIIe siècle*, *op. cit.*, p. 27.

95. Cité par Ferdinand Brunot, *Histoire de la langue* française…, t. VI, p. 1147.

et la netteté de l'expression »[96]. Ainsi la conception d'une langue fixée, qui a prévalu durant une bonne partie du siècle des Lumières, est-elle battue en brèche, à l'aube du XIXe siècle, par plusieurs écrivains dont les expériences langagières préfigurent celles du romantisme.

Le XVIIe siècle institue une pratique normative de la langue, pratique inaugurée par Malherbe et Vaugelas, puis sanctionnée par l'Académie et à laquelle se plient les auteurs qui en sont également les premiers dépositaires. Leurs œuvres non seulement enregistrent et établissent le « bon usage », mais contribuent aussi à former l'esthétique de la langue classique, le « bel usage », fondé sur un idéal de pureté, de clarté, de transparence et de justesse. Cet idéal, d'abord énoncé par les théoriciens de la langue, trouvera un nouvel écho, au siècle suivant, dans les écrits de Voltaire et dans le *Discours* de Rivarol. Entre le français classique et le français postclassique, les différences sont minimes. Cependant, le discours sur la langue évolue. Alors que le XVIIe siècle met en place des mécanismes propres à reconnaître l'usage et à le régulariser, le XVIIIe siècle reprend les acquis du siècle précédent mais en interroge les fondements et, ce faisant, jette les bases d'une nouvelle science, la linguistique.

« L'existence du langage à l'âge classique, écrit Michel Foucault, est à la fois souveraine et discrète. Souveraine, puisque les mots ont reçu la tâche et le pouvoir de "représenter la pensée". [...] Et, par là, [le langage] se fait invisible ou presque. Il est en tout cas devenu si transparent à la représentation que son être cesse de faire problème[97]. » Au siècle suivant, pour les encyclopédistes comme pour leurs contemporains, langue et langage deviennent

96. Cité par Ferdinand Brunot, *ibid.*, p. 1149.

97. Michel Foucault, *Les Mots et les Choses*, Paris, Gallimard, 1966, p. 92-93.

sujets de discussion et de réflexion portant principalement sur l'origine du signe, des sons articulés et des connaissances. À l'idéal d'une langue écrite et littéraire qui servirait de modèle et de norme se substitue peu à peu celui d'une langue commune, parlée par l'ensemble de la France et portée par le courant révolutionnaire : « Aussi bien la vraie conséquence immédiate de la Révolution n'a pas été une modification interne du français, mais le rôle national nouveau de la langue, qui devait avoir des conséquences variées par la suite[98]. » Par ailleurs, la néologie fait des adeptes et des auteurs comme Marivaux se situent dans cette mouvance langagière. Mais déjà certaines œuvres, telles que *Paul et Virginie* (1788), de Bernardin de Saint-Pierre, et *Atala* (1801), de Chateaubriand, annoncent la mode de l'exotisme : « Par ces auteurs, qui sont des précurseurs du romantisme, des mots et des alliances de mots ont pris une extension nouvelle, souvent des sens nouveaux[99]. » De façon générale toutefois, la langue reste stable. Le vers de Chénier qui termine son poème « L'invention » résume bien l'attitude et le programme des écrivains du XVIIIe siècle, une attitude de respect et d'admiration envers l'héritage classique et un programme qui favorise une certaine modernité : « Sur des pensers nouveaux faisons des vers antiques. »

98. Marcel Cohen, *Histoire d'une langue : le français*, Paris, Éditions sociales, 1973, p. 238.
99. *Id.*, *ibid.*

*

REPÈRES BIBLIOGRAPHIQUES

AUROUX Sylvain, *L'*Encyclopédie *: « grammaire » et « langue » au XVIIIe siècle*, Paris, Mame, 1973.

BERNET Charles, *Le Vocabulaire des tragédies de Jean Racine. Analyse statistique*, Genève/Paris, Slatkine/Champion, 1983.

BRUNOT Ferdinand, *La Doctrine de Malherbe d'après son* Commentaire sur Desportes (1891), Paris, Armand Colin, 1969.

BURY Emmanuel, *L'Esthétique de La Fontaine*, Paris, Sedes, 1966.

CAHEN Jacques-Gabriel, *Le Vocabulaire de Racine*, Paris, Droz, 1946.

DELOFFRE Frédéric, *Une préciosité nouvelle : Marivaux et le marivaudage*, Paris, Armand Colin, 1971.

CERTEAU Michel (de), JULIA Dominique et REVEL Jacques, *Une politique de la langue. La Révolution française et les patois : l'enquête de Grégoire*, Paris, Gallimard, coll. « Bibliothèque des idées », 1975.

DENIS Delphine, *Le Parnasse galant*, Paris, Honoré Champion, 2001.

FOUCAULT Michel, *Les Mots et les Choses*, Paris, Gallimard, 1966.

FUMAROLI Marc, *Trois Institutions littéraires*, Paris, Gallimard, coll. « Folio histoire », 1994.

KERAUTRET Michel, *La Littérature française du XVIIIe siècle*, Paris, PUF, coll. « Que sais-je ? », 1983.

LATHUILLÈRE Roger, *La Préciosité, étude historique et linguistique*, Genève, Droz, 1966.

MÉCHOULAN Éric, *Le Corps imprimé. Essai sur le silence en littérature*, Montréal, Éd. Balzac, 1999.

MERLIN-KAJMAN Hélène, *La langue est-elle fasciste ? Langue, pouvoir, enseignement*, Paris, Éd. du Seuil, 2002.

PONGE Francis, *Pour un Malherbe*, Paris, Gallimard, 1967.

SANCIER-CHATEAU Anne, *Introduction à la langue du XVIIe siècle*, Paris, Nathan université, 1993.

SAULNIER Verdun-Louis, *La Littérature française du siècle classique*, Paris, PUF, coll. « Que sais-je ? », 1967.

SÉGUIN Jean-Pierre, *La Langue française au XVIIIe siècle*, Paris, Bordas, 1972.

—, « La langue française aux XVIIe et XVIIIe siècles », dans Jacques Chaurand (dir.), *Nouvelle Histoire de la langue française*, Paris, Éd. du Seuil, 1999.

SOBOUL Albert (dir.), *Le Siècle des Lumières*, Paris, PUF, coll. « Peuples et civilisations », 1977.

THOMAS Jean-Jacques, *La Langue volée. Histoire intellectuelle de la formation de la langue française*, Berne/Francfort/New York, Peter Lang, 1999. Voir le chap. III, « L'âge de raison », p. 47-79.

TRUDEAU Danielle, *Les Inventeurs du bon usage (1529-1647)*, Paris, Éd. de Minuit, coll. « Arguments », 1992.

WYSS André, *Jean-Jacques Rousseau. L'accent de l'écriture*, Neuchâtel, La Baconnière, 1988.

Écrire au XVIIe siècle, anthologie de textes choisis et présentés par Emmanuelle Mortgat et Éric Méchoulan, Paris, Pocket, coll. « Agora », 1992.

CHAPITRE IV

La turbulence romantique

« Une langue ne se fixe pas. L'esprit humain est toujours en marche, ou, si l'on veut, en mouvement, et les langues avec lui. »

Victor Hugo, *Préface de Cromwell*

Le siècle des Lumières, tout en étant le théâtre de bouleversements sociaux, contribue à préciser encore davantage le modèle de la langue classique, une langue que connaît et pratique un petit peuple de lettrés. Le romantisme amorce une période de turbulence qui s'exprime aussi bien dans les formes littéraires que dans la langue qui les produit. Le développement de la presse rend la lecture accessible à un plus large public. L'instruction obligatoire favorise la création d'un français de référence dont s'inspireront les œuvres, et tout particulièrement le roman, qui bénéficie de la vogue du feuilleton. Dès le début du siècle, les auteurs allemands sont connus grâce à des traductions et grâce surtout aux écrits de Mme de Staël, dont l'essai *De l'Allemagne* (1813) ne manque pas d'attirer l'attention. Le théâtre de Shakespeare, joué en France à partir de 1822, fascine par sa démesure baroque : Stendhal, quelques années avant Hugo, en fait le sujet d'un ouvrage intitulé *Racine et Shakespeare* (1823), dans lequel il oppose le classicisme français au romantisme européen. Ses contemporains trouvent dans les littératures allemande et anglaise une liberté formelle qui s'accommode de vocabulaires empruntés à toutes les classes sociales. Chateaubriand, tout en proclamant que « le goût est le bon sens du génie », utilise dans sa prose un vaste registre incluant archaïsmes et néologismes, mots dialectaux et expressions populaires [1]. Ainsi, bien qu'elle touche toutes les formes d'art, la révolution romantique, selon Charles Bruneau, est avant tout une « révolution linguistique » [2]. Cette révolution, Hugo en est l'instigateur et le témoin privilégié : en proclamant le droit de l'écrivain de créer sa langue et en posant, dès la *Préface de Cromwell*, « le problème de la langue elle-même » [3], il apparaît comme l'un des premiers poéticiens modernes. Pour lui comme pour les écrivains de son époque, Eugène Sue et George Sand, le roman devient le lieu par excellence d'une expérimentation langagière.

Hugo théoricien

Écrite en 1827, la *Préface de Cromwell* commence par passer en revue les trois âges de l'humanité ainsi que les formes qui leur sont reliées. Aux temps primitifs correspondent l'ode et la poésie lyrique ; aux temps héroïques, l'épopée ; aux temps modernes, marqués par l'avènement du christianisme, le drame. Cette dernière forme, qui représente « la poésie complète », a engendré « la sommité poétique des temps modernes » [4] : Shakespeare. Précédé par ces « Homères bouffons » que sont Arioste, Cervantès et Rabelais, l'auteur anglais a su créer un art « qui fond sous un même souffle le grotesque et le sublime, le terrible et le bouffon, la tragédie et la comé-

1. Voir Charles Bruneau, *Petite Histoire de la langue française*, Paris, Armand Colin, 1958, t. II, p. 295 et suiv.
2. *Id.*, *ibid.*, Avant-propos, p. VI.
3. *Id.*, *ibid.*, p. 49.
4. Victor Hugo, *Préface de Cromwell*, dans *Œuvres complètes*, « Critique », Paris, Robert Laffont, coll. « Bouquins », 1985, p. 3-39.

die ». Les caractéristiques du drame sont de proposer un portrait de la vie réelle inspiré par « l'harmonie des contraires », ce qui entraîne un mélange de styles, de tons, voire de genres.

Pour Hugo toutefois, il ne faut surtout pas confondre « la réalité selon l'art de la réalité selon la nature ». Les domaines de l'art et de la nature sont des domaines distincts, car « le théâtre est un point d'optique » et un « miroir de concentration » destiné à donner du relief aux sujets et aux êtres qu'il met en perspective. Et l'écrivain de revendiquer un art tout en souplesse, un « vers libre, franc, loyal, osant tout dire sans pruderie, tout exprimer sans recherche ; passant d'une naturelle allure de la comédie à la tragédie, du sublime au grotesque ; tour à tour positif et poétique, tout ensemble artiste et inspiré, profond et soudain, large et vrai ; sachant briser à propos et déplacer la césure pour déguiser sa monotonie d'alexandrin ; plus ami de l'enjambement qui l'allonge que de l'inversion qui l'embrouille, [...] pouvant parcourir toute la gamme poétique, aller de haut en bas, des idées les plus élevées aux plus vulgaires, des plus bouffonnes aux plus graves, des plus extérieures aux plus abstraites, sans jamais sortir des limites d'une scène parlée ». Ces derniers mots en disent long sur le projet hugolien et annoncent sa propre pratique. La conclusion du paragraphe est significative : « Il nous semble que ce vers-là serait *bien aussi beau que de la prose.* » Le rôle du poète est d'inventer ses lois, ses règles selon une logique qui n'a plus rien à voir avec des préceptes dictés à l'avance, mais inspirée par la multiplicité d'un réel à mettre en œuvre.

Hugo systématise ainsi des propositions – ambivalence de registre, esthétique du naturel – déjà esquissées dans les grandes comédies de Molière, dans les drames bourgeois de Diderot et de Beaumarchais, et mises à l'honneur par le romantisme européen. Aussi est-ce moins dans ses « théories » esthétiques qu'Hugo apparaît le plus novateur que dans le fait qu'il assortit à son éloge de la liberté formelle un discours sur la langue accordant à l'écrivain une égale et quasi totale liberté.

Sur ce point, le manifeste est on ne peut plus clair. L'écrivain véritable, prosateur ou versificateur, est celui qui sait pratiquer « cette correction intime, profonde, raisonnée, qui s'est pénétrée du génie d'un idiome, qui en a sondé les racines, fouillé les étymologies ; toujours libre, parce qu'elle est sûre de son fait, et qu'elle va toujours d'accord avec la logique de la langue ». Cette correction intime, qui « tient en laisse la grammaire », « peut oser, hasarder, créer, inventer son style ; elle en a le droit ». La langue évolue et il appartient aux auteurs d'en baliser le parcours : « […] la langue française n'est point fixée et ne se fixera point. Une langue ne se fixe pas. L'esprit humain est toujours en marche, ou, si l'on veut, en mouvement, et les langues avec lui. La langue de Montaigne n'est plus celle de Rabelais, la langue de Pascal n'est plus celle de Montaigne, la langue de Montesquieu n'est plus celle de Pascal. Chacune de ces quatre langues, prise en soi, est admirable, parce qu'elle est originale ». Hugo en donne pour preuve les divers états de langue observables au cours des siècles : « Le français du XIXe ne peut pas plus être le français du XVIIIe, que celui-ci n'est le français du XVIIe, que le français du XVIIe n'est celui du XVIe. » La conclusion de ce passage emprunte une image biblique : « C'est en vain que nos Josué littéraires crient à la langue de s'arrêter ; les langues ni le soleil ne s'arrêtent plus. Le jour où elles se fixent, c'est qu'elles meurent. » L'écrivain qui veut créer une œuvre à sujet historique a ainsi la responsabilité de rendre, aussi bien dans l'ensemble de son texte que dans sa langue d'écriture, une « couleur des temps » qui a peu à voir avec l'exotisme de surface désigné sous le nom de « couleur locale » : « Le drame doit être radicalement imprégné de cette couleur des temps ; elle [la « couleur des temps »] doit en quelque sorte y être dans l'air, de façon qu'on ne s'aperçoive qu'en y entrant et en en sortant qu'on a changé de siècle et d'atmosphère. »

Dans cette œuvre canonique qu'est la *Préface de Cromwell*, Hugo ne se contente donc pas d'élaborer une théorie du théâtre, appuyée sur la nécessité d'allier les contraires et de prendre en compte la culture du grotesque ; il met aussi au point une poétique qui, tout en laissant carte blanche au créateur, lui rappelle que l'art ne saurait se confondre avec l'imitation servile. Il rappelle surtout que toute œuvre littéraire est d'abord une œuvre de langage.

Quelques années plus tard (1834), dans *Littérature et philosophie mêlées*[5], le théoricien se mue en historien pour signaler les transformations de la langue française à partir du XVIe siècle, alors qu'elle commença à devenir « la langue la plus littéraire de l'Europe ». Hugo exprime dans ce texte une admiration non équivoque pour le XVIe siècle et pour l'esprit d'invention qui y règne, un grand respect pour les auteurs du XVIIe siècle, mais une distance affichée avec la langue austère des philosophes des Lumières. Au XIXe siècle, le travail des poètes a consisté à « colorer la langue », à lui « faire reprendre du corps et de la saveur », à la « mélanger selon certaines doses avec la fange féconde des vieux mots du seizième siècle », et cela « selon les lois grammaticales les plus rigoureuses ». Il en est sorti, selon Hugo, « une langue forgée pour tous les accidents de la pensée ». L'écrivain a donc le choix parmi ces héritages. Mais il a surtout le devoir de les faire fructifier à bon escient : « Nous croyons que désormais tous les progrès de forme sérieux qui seront dans le sens grammatical de la langue doivent

5. *Id.*, « But de cette publication », *Littérature et philosophie mêlées* (1834), dans *Œuvres complètes*, « Critique », *op. cit.*, p. 53-55.

être étudiés, applaudis et adoptés. » Place à l'innovation donc, semble dire Hugo, mais à condition que l'innovation se fasse sans trahir le système même sur lequel se fonde une langue. La conclusion de l'exposé est claire : « Réformons, ne déformons pas. » Et encore : « Dans tout grand écrivain, il doit y avoir un grand grammairien, comme un grand algébriste dans tout grand astronome. »

La question de la langue d'écriture réapparaît, dans *Les Contemplations*, sous forme d'autojustification *a posteriori*. Après s'être inscrit dans la lignée des Corneille, Racine et Voltaire, le poète écrit :

> « Alors, brigand, je vins ; je m'écriai : Pourquoi
> Ceux-ci toujours devant, ceux-là toujours derrière ?
> Et sur l'Académie, aïeule et douairière,
> Cachant sous ses jupons les tropes effarés,
> Et sur les bataillons d'alexandrins carrés,
> Je fis souffler un vent révolutionnaire.
> Je mis un bonnet rouge au vieux dictionnaire.
> Plus de mot sénateur ! Plus de mot roturier !
> Je fis une tempête au fond de l'encrier[6]. »

La tempête dont il est question renvoie à la pratique poétique et théâtrale de l'auteur, à son style oratoire, à son emploi systématique de l'enjambement et aux images antithétiques qui lui ont valu les foudres de certains critiques. Mais cette tempête, Hugo sent encore le besoin de le préciser, n'affecte en rien les codes de la langue : « Guerre à la rhétorique et paix à la syntaxe », proclame-t-il dans le même texte (v. 122). L'innovation hugolienne renvoie également à l'autoréflexivité dont témoignent ses textes et aux usages nouveaux, voire iconoclastes, de certains lexiques encore inconnus des romanciers.

6. *Id.*, « Réponse à un acte d'accusation » (1856), dans *Œuvres poétiques*, Paris, Gallimard, coll. « Bibliothèque de la Pléiade », t. II, 1976, p. 497.

L'importance que prend, dans cette œuvre, le métadiscours sur la langue fait de son auteur un successeur en droite ligne des poètes de la Pléiade, auxquels il s'apparente également par le recours au manifeste comme forme littéraire, mais aussi l'un des précurseurs de la modernité, au sens que Roland Barthes donne à ce mot lorsqu'il rappelle que la littérature, avec Flaubert, est devenue une vaste problématique du langage. Moderne, Hugo l'est encore par ses accointances avec Rabelais, qu'il célèbre comme l'un des génies de l'humanité, et par la tolérance toute particulière dont témoignent ses romans envers les variétés de registre ainsi qu'à l'égard d'autres formes de multilinguisme.

Hugo romancier

On a coutume de considérer *Le Dernier Jour d'un condamné* comme le premier exemple d'une fiction monologuée, et, par voie de conséquence, comme le début de ce qui deviendra, au cours du siècle suivant, la forme du « roman parlant »[7], que l'on peut décrire comme la tentative de faire accéder à la prose narrative la parole vive d'un sujet en situation de discours. Mais avant même de publier ce roman, Hugo avait écrit un premier récit de jeunesse, alors qu'il était âgé de seize ans à peine, *Bug-Jargal*. Quelques années plus tard, il reprend le récit et lui donne une ampleur nouvelle. Publié en 1826, année de l'émancipation d'Haïti, le roman déploie, à la manière d'un récit historique, une question de brûlante actualité et met en scène la révolte des Noirs de Saint-Domingue une trentaine d'années plus tôt. Faut-il croire le romancier

7. Voir Jérôme Meizoz, *L'Âge du roman parlant (1919-1939)*, Genève, Droz, 2001.

qui, dans sa préface, déclare avoir hésité à le publier ? « L'épisode qu'on va lire, et dont le fond est emprunté à la révolte des esclaves de Saint-Domingue en 1791, avoue-t-il, a un air de circonstance qui eût suffi à l'auteur pour l'empêcher de le publier. Cependant une ébauche de cet opuscule ayant déjà été imprimée et distribuée à un nombre restreint d'exemplaires, en 1820, à une époque où la politique du jour s'occupait fort peu d'Haïti ; il est évident que si le sujet qu'il traite a pris depuis un nouveau degré d'intérêt, ce n'est pas la faute de l'auteur[8]. »

Roman exotique, *Bug-Jargal* n'échappe pas aux lois du genre ni à certaines représentations conventionnelles des Noirs, de leur agressivité et de leur violence, assorties d'un courage exemplaire et d'une générosité capable de tendresse. Mais en digne héritier du siècle des Lumières, Hugo y démontre, selon certains analystes, « un progressisme implicite, latent », et une « négrophilie explicite, patente »[9]. On en donne pour preuve le fait que l'auteur soit allé jusqu'à modifier telle phrase de sa première publication, à connotation raciale, afin de mieux traduire « sa sympathie pour les opprimés »[10]. D'une version à l'autre, des mots « comme sa figure était belle pour un nègre » sont remplacés par « mais la poudre à canon est noire aussi ». On peut douter de cette interprétation de l'œuvre qui laisse de côté l'ambiguïté même du propos et les images stéréotypées que l'ouvrage véhicule. On conviendra toutefois, avec Roger Toumson, que la grande originalité du livre « est de faire de Bug-Jargal un héros à

8. Victor Hugo, « Préface de l'édition originale » (1826), *Bug-Jargal*, Fort-de-France, Éd. Émile Désormeaux, 1978, p. 153.

9. Voir Roger Toumson, « Présentation », dans *Bug-Jargal*, *op. cit.*, p. 16-17.

10. Henri Meschonnic, « Vers le roman-poème. Les romans de Victor Hugo, avant *Les Misérables* », dans *Œuvres complètes*, Paris, Éd. Ollendorf, t. III. Cité par Roger Toumson, « Présentation », dans *Bug-Jargal*, *op. cit.*, p. 17.

part entière. Il a toutes les qualités, physiques, intellectuelles et morales. Grand, beau et fort, il est doté d'une intelligence et d'une culture que révèle son aptitude à parler, non pas seulement, à l'instar des autres esclaves, le créole, mais aussi les langues des maîtres, le français et l'espagnol. Son plurilinguisme ne manque pas de frapper, dès la première heure, le capitaine »[11]. Ce plurilinguisme s'exprime, dans le roman, par un certain nombre de phrases en espagnol et par quelques transcriptions du créole. Ces divers recours s'expliquent par le goût des romantiques pour la couleur locale. Mais cela va aussi bien au-delà. Comme le remarque Jean Bernabé, ce goût, dans le cas du jeune romancier, « doit être interprété non pas comme l'indice d'un esthétisme gratuit mais bien comme le signe (idéologiquement marqué) d'une aspiration (encore bien maladroite, certes) à restituer le contexte référentiel et référentiaire propre à Haïti »[12]. Et le critique de conclure de façon non équivoque : « Paradoxalement, Hugo aura reconnu la dignité du créole bien avant les créolophones eux-mêmes. » Là encore, le romancier aura fait œuvre de précurseur.

Écrit en 1829, deux ans après la *Préface de Cromwell*, *Le Dernier Jour d'un condamné* est aussi un ouvrage qui annonce, à sa façon, les recherches de la deuxième moitié du XXe siècle. Ce texte que Hugo qualifie par personnage interposé de « nouveau roman »[13], au sens littéral, est

11. Roger Toumson, « Présentation », dans *Bug-Jargal*, *op. cit.*, p. 28-29.

12. « Jean Bernabé, « Contribution à une approche glottocritique de l'espace littéraire antillais », *La Linguistique*, vol. XVIII, n° 1, 1982, p. 103.

13. Il s'agit des mots que prononce le « poète élégiaque » dans un dialogue qui sert de préface à la troisième édition du livre. Reproduit dans Victor Hugo, *Le Dernier Jour d'un condamné*, éd. de Roger Borderie, Paris, Gallimard, coll. « Folio classique », p. 29. Désormais indiqué par *DJ* suivi de la page.

révolutionnaire par son sujet même, l'histoire d'un criminel en sursis, et par sa forme, le discours monologué d'un Je anonyme, ce « condamné quelconque, exécuté un jour quelconque, pour un crime quelconque »[14]. Cet homme ordinaire, ayant reçu une bonne éducation et ayant réussi à obtenir de l'encre et du papier, entreprend d'écrire le « journal de [ses] souffrances », le « procès-verbal de [sa] pensée agonisante » ou mieux encore son « autopsie intellectuelle ». Le journal s'interrompt brusquement le jour de l'exécution et se termine par une simple inscription : « quatre heures de l'après-midi ». Ce qui amène le narrateur à tenir le registre de son angoisse mais aussi à décrire les moindres faits qu'il observe autour de lui. Nouveau roman, au sens esthétique cette fois, celui-ci l'est par le recours à la première personne comme instance narrative unique, par l'attention aux objets et aux menus gestes observés par le condamné, par la présence obsédante, centrale, du « motif » de la guillotine autour duquel tournent toutes les pensées du narrateur, comme un ressassement sans fin, mais aussi par l'absence d'intrigue véritable d'un récit dont l'issue est connue dès l'incipit : « Condamné à mort ! » Nouveau roman, il l'est encore par l'interrogation soutenue que s'adresse à lui-même ce *condamné aux mots* quant au pouvoir du langage et à sa capacité à intervenir dans le réel. Le narrateur est un homme instruit, qui connaît même quelques bribes de latin, mais n'hésite pas à parler l'argot, cette « langue entée sur la langue générale comme une espèce d'excroissance hideuse, comme une verrue » (*DJ*, p. 50), avec les autres détenus. Notant qu'il y a là « une énergie singulière, un pittoresque effrayant », il en transcrit les tours et les explique par des parenthèses ou des notes. À un certain moment, écoutant une chanson chantée en argot par une voix de jeune fille, il avoue sa per-

14. Victor Hugo, Préface de 1832, *Le Dernier Jour d'un condamné*, *op. cit.*, p. 145.

plexité : « Je ne saurais rendre ce que j'éprouvais ; j'étais à la fois blessé et caressé. Le patois de la caverne et du bagne, cette langue ensanglantée et grotesque, ce hideux argot marié à une voix de jeune fille, gracieuse transition de la voix d'enfant à la voix de femme ! Tous ces mots difformes et mal faits, chantés, cadencés, perlés. » (*DJ*, p. 79.) Cet homme qui doute du fait que ce qu'il écrit puisse être « un jour utile à d'autres », qui écrit malgré tout à partir de ce doute même, est fasciné par ce qu'il entend et voit autour de lui. Fascination partagée par le romancier, qui va jusqu'à reproduire en note « la chanson d'argot avec l'explication en regard, d'après une copie [...] trouvée dans les papiers du condamné » (*DJ*, p. 141). Hugo, ici comme ailleurs dans le récit, se contente de noter les contrastes entre cette langue proscrite, « le patois de la caverne et du bagne », et le français, considéré alors comme littéraire. Mais en dressant ainsi le procès-verbal de l'argot et en lui donnant une existence textuelle qui dépasse le seul recours anecdotique, il contribue à le légitimer[15].

Rien d'étonnant à ce que l'accueil des contemporains ait été plutôt froid pour ce livre racontant une « agonie de trois cents pages » relatée par un Je singulier et anonyme, narrateur non autorisé et ne pouvant s'appuyer sur aucun véritable antécédent littéraire. Rien d'étonnant non plus à ce que la critique plus récente ait souligné, toujours à propos du *Dernier Jour d'un condamné*, « l'ultramodernité d'Hugo » et qu'on ait comparé son héros « au cul-de-jatte enfermé dans une jarre » de *Fin de partie* (Samuel Beckett) : « Même existence au bord du vide, même expé-

15. L'attention aux mots, le souci explicatif qui les accompagne, les commentaires du narrateur prennent trop d'importance pour que l'on puisse considérer l'utilisation de l'argot, dans ce texte, comme un simple effet de réel ou un procédé de mise à distance, comme le laisse entendre Jean-Jacques Thomas dans « Littérature populaire/langue populaire », *Poétique*, n° 37, février 1979, p. 17.

rience de l'être nu, en proie au chevauchement instantané de l'idée et de la réalité de sa mort prochaine ; même recours au délire verbal, au langage malade (témoin, ici, le long développement concernant l'argot, cette langue monstre) ; même monologue dont le sens est soustrait à l'Autre[16]. » Avant d'être un témoignage ou un plaidoyer, le récit d'Hugo est une expérience d'équilibriste au pays du langage. Les grands romans historiques qui feront ensuite la renommée de l'auteur, *Notre-Dame de Paris* et *Les Misérables*, n'auront plus qu'à déployer les propositions formelles inscrites dans ses premières œuvres.

Notre-Dame de Paris est publié pour la première fois en 1831. Dans une note ajoutée à l'édition définitive de 1832, Hugo prévient que trois nouveaux chapitres ont été ajoutés, chapitres déjà écrits lors de la publication originale mais égarés au moment de l'impression. Ces chapitres, précise-t-il, ne paraîtront pas indispensables à ceux qui ne s'intéressent qu'à l'intrigue du roman. « Mais il est peut-être d'autres lecteurs, ajoute-t-il, qui n'ont pas trouvé inutile d'étudier la pensée d'esthétique et de philosophie cachée dans ce livre, qui ont bien voulu, en lisant *Notre-Dame de Paris*, se plaire à démêler sous le roman autre chose que le roman, et à suivre, qu'on nous passe ces expressions un peu ambitieuses, le système de l'historien et le but de l'artiste à travers la création telle quelle du poète[17]. » L'un de ces chapitres, intitulé « Ceci tuera cela », s'avère capital pour comprendre la poétique des romans hugoliens, une poétique qui donne à voir « sous le roman autre chose que le roman » et dont la clé se trouve précisément dans ce que Michel Butor appelle les « parenthèses » ou les « arias » de l'œuvre. Selon lui,

16. Roger Borderie, Préface, *Le Dernier Jour…*, *op. cit.*, p. 11.
17. Victor Hugo, *Notre-Dame de Paris* (1831), éd. présentée et annotée par S. de Sacy, Paris, Le Livre de poche, 1996, p. 24. Désormais indiqué par *NP* suivi de la page.

« Hugo n'est jamais si grand que lorsqu'il s'arrête de "faire du roman", interrompt son récit pour décrire ou "songer". Ce qui chez un autre serait un hors-d'œuvre devient chez lui l'essentiel[18]. » Dans le chapitre que nous venons de citer (liv. V, chap. II), le romancier se lance dans une longue réflexion sur les rapports entre l'architecture et l'imprimerie pour en venir à conclure : « L'invention de l'imprimerie est le plus grand événement de l'histoire. C'est la révolution mère. [...] Ainsi, pour résumer ce que nous avons dit jusqu'ici d'une façon nécessairement incomplète et tronquée, le genre humain a deux livres, deux registres, deux testaments, la maçonnerie et l'imprimerie, la bible de pierre et la bible de papier. [...] Il faut admirer et refeuilleter sans cesse le livre écrit par l'architecture ; mais il ne faut pas nier la grandeur de l'édifice qu'élève à son tour l'imprimerie. [...] Le genre humain tout entier est sur l'échafaudage. Chaque esprit est maçon. [...] Certes, c'est là aussi une construction qui grandit et s'amoncelle en spirales sans fin. [...] C'est la seconde tour de Babel du genre humain. » (*NP*, p. 247.) Ainsi s'élabore une conception du livre comme édifice monumental, susceptible d'accueillir aussi bien l'ensemble du savoir humain que les particularités de chaque groupe social. *Notre-Dame de Paris* offrira à l'auteur l'occasion de réaliser cette métaphore du roman comme « couronnement de l'architecture, réalisation de ce que l'œuvre de pierre (ou de béton) ne peut jamais être que l'esquisse »[19]. Mais une réalisation toujours inachevée, à parfaire et à poursuivre, une construction qui « s'amoncelle en spirales sans fin ». Tel est le projet d'Hugo, qui, à travers les multiples chapitres et parties de son roman, bâtit sa propre tour en se souvenant de Babel.

18. Michel Butor, « Victor Hugo romancier », dans *Répertoire II*, Paris, Éd. de Minuit, coll. « Critique », 1964, p. 215.
19. *Id.*, *ibid.*, p. 239.

Le livre s'ouvre sur une évocation de ce qui, le 6 janvier 1494, « mettait en émotion tout le populaire de Paris » : « C'était la double solennité, réunie depuis un temps immémorial, du jour des Rois et de la Fête des Fous. / Ce jour-là, il devait y avoir feu de joie à la Grève, plantation de mai à la chapelle de Braque, et mystère au Palais de Justice. Le cri en avait été fait la veille à son de trompe dans les carrefours, par les gens de monsieur le prévôt, en beaux hoquetons de camelot violet, avec de grandes croix blanches sur la poitrine. » (*NP*, p. 26.) Moment de réjouissance donc, qui rassemble badauds et curieux en attente d'événement. À cette troupe joyeuse s'ajoutent ceux qui se contentent « du spectacle des spectateurs » : « Aux portes, aux fenêtres, aux lucarnes, sur les toits, fourmillaient des milliers de bonnes figures bourgeoises, calmes et honnêtes, regardant le palais, regardant la cohue, et n'en demandant pas davantage. » (*NP*, p. 27.) C'est sur cette scène bigarrée et dans cette atmosphère de fête qu'arriveront les protagonistes, présentés en regard de la foule qui les observe et les encercle. La même foule, plus tard organisée en procession, accompagne celui qui a été désigné comme le pape des fous, Quasimodo. Le romancier y va alors d'un morceau de bravoure qu'il prend la peine d'assortir d'un commentaire extra-diégétique : « Cette procession, que nos lecteurs ont vue partir du Palais, s'était organisée chemin faisant, et recrutée de tout de qu'il y avait à Paris de marauds, de voleurs oisifs, et de vagabonds disponibles ; aussi présentait-elle un aspect respectable lorsqu'elle arriva en Grève./D'abord marchait l'Égypte. [...] Puis c'était le royaume d'argot : c'est-à-dire tous les voleurs de France, échelonnés par ordre de dignité ; les moindres passant les premiers. Ainsi défilaient quatre par quatre, avec les divers insignes de leurs grades dans cette étrange faculté, la plupart éclopés, ceux-ci boiteux, ceux-là manchots, les courtauds de boutanche, les coquillarts, les hubins, les sabouleux, les calos, les francs-mitoux, les polissons, les piètres, les capons, les malingreux, les rifodés, les marcandiers, les narquois, les orphelins, les archisuppôts, les cagoux ; dénombrement à fatiguer Homère. » (*NP*, p. 98.) Énumération prodigieuse qui laisse entendre que Hugo n'a pas oublié les leçons de langue que les bagnards donnaient au protagoniste du *Dernier Journal d'un condamné*. Il donne surtout à comprendre qu'« au royaume de l'argot », le renversement de l'ordre – grammatical autant que social – semble aller de soi et il laisse entendre également que toute entreprise de totalisation du réel est impossible, comme est illusoire la tentation de le dénombrer. Par son adresse aux lecteurs et son rappel du texte homérique, l'écrivain fait une fois de plus référence au livre qui se construit mot après mot, comme pierre après pierre, dans l'esprit du destinataire autant que dans celui du romancier. « Le dénombrement apporte dans la lecture du roman, commente encore Butor, une composante verticale qui le fait déboucher sur le poème et change profondément notre attitude, notre activité à son égard[20]. » De manière analogue, l'utilisation des langues étrangères, dans *Notre-Dame de Paris*, procède d'une attention à la fonction poétique du langage plus qu'à sa fonction mimétique.

Dans ce roman, l'abondance des phrases reproduites en des langues autres que le français, toujours transcrites en italique, ne peut passer inaperçue. Comme le signale à juste titre Renée Balibar, « les romanciers du XIXe siècle s'emparent de l'italique pour souligner les mots qui s'écartent de la langue normale : non seulement les titres de livres et les citations humanistes, mais les locutions allusives des langages locaux et étrangers »[21]. Victor Hugo, qui s'avoue hispanisant et écrit *Notre-Dame de Paris* à peu

20. *Id.*, *ibid.*, p. 230.
21. Renée Balibar, *L'Institution du français. Essai sur le colinguisme des Carolingiens à la République*, Paris, PUF, 1985, p. 280.

près à la même époque qu'il compose son recueil *Les Orientales*, n'échappe pas à la règle. Des phrases entières du roman sont données en espagnol, sans compter de nombreux passages en latin et même une référence à l'*anankè* grec. Six des chapitres du livre sont ainsi titrés en langues étrangères. Si l'on examine d'un peu plus près l'un d'entre eux, « Besos para golpes », celui qui précisément décrit le défilé des sujets du royaume d'argot, on constate que la profusion des langues étrangères chez Hugo participe de ce que Rainier Grutman nomme, après Jean Gaudon, un « effet de savoir ». Effet qui a davantage à voir avec la « couleur des temps » dont parle la *Préface de Cromwell* qu'avec la couleur locale et les « effets de réel » mis à l'honneur par l'esthétique réaliste : « Tout comme le grotesque n'est pas le repoussoir du sublime mais son complément nécessaire dans "l'harmonie des contraires", les langues étrangères et périphériques ne sont pas de simples faire-valoir du français central. [...] Hugo offre l'exemple d'une poétique plus diffuse, qui accueille la différence linguistique sans la soumettre aux impératifs de la mimésis moderne[22]. » Ces effets de langue fonctionnent à la manière de « pages noires » qui, tout en masquant le sens immédiat, ajoutent à la densité de l'œuvre, constituant ainsi une opacité irréductible à un état de langue particulier. L'imprimerie, cette « seconde tour de Babel du genre humain », comme les monuments de l'architecture antique, doit savoir compter avec des zones d'ombre et de lumière : les œuvres qui en sont issues ont la responsabilité de prendre en compte l'évolution des langues, leur relativité et leur pouvoir d'expression sensible.

22. Rainier Grutman, « "Besos para golpes" : l'ambiguïté d'un titre hugolien », dans Lise Gauvin (dir.), *Les Langues du roman*, Montréal, Presses de l'université de Montréal. Voir aussi Jean Gaudon, « Les vicissitudes du savoir », dans L'Homme qui rit *de Victor Hugo, Actes du colloque de la Société des études romantiques*, Paris, Sedes, 1985, p. 25-34.

Paru en 1862, le roman *Les Misérables* couronne la carrière du romancier et, d'une certaine façon, la résume en rappelant les œuvres antérieures. Roman social et roman historique, celui-ci fait appel à différentes formes de fiction comme à différents types de langage. L'histoire de Jean Valjean, le forçat repenti, et de Cosette, sa protégée, devient l'occasion pour l'écrivain de déployer une intrigue dont les épisodes se succèdent à un rythme accéléré, dans des lieux aussi divers que l'usine, l'auberge des Thénardier ou les bas-fonds de Paris. La gamme des styles et des registres n'est pas moins étendue. Elle va de la description épique au rappel de dictons populaires[23], du langage de la bourgeoisie à celui de Gavroche, le gamin de Paris. Ce dernier, qui ne craint pas d'interpeller un boulanger par un retentissant « Keksekça » (IV, VI, II), se décrit lui-même dans des termes non conventionnels : « Un môme comme mésig est un orgue, et des orgues comme vousailles sont des mômes[24]. » En pleine révolution de juin 1848, ce même Gavroche mourra en chantant des couplets à la gloire des écrivains du siècle des Lumières : « Je ne suis pas notaire,/C'est la faute à Voltaire,/Je suis petit oiseau,/C'est la faute à Rousseau[25]. » Poursuivant la métaphore, le narrateur conclut : « Cette petite grande âme venait de s'envoler. »

Au même moment, deux jeunes enfants abandonnés errent dans le jardin du Luxembourg et voient un couple de bourgeois, le père et le fils, donnant à manger aux cygnes du bassin. Alors qu'on entend dans le lointain les tumultes et les clameurs des combats, le père, en toute quiétude, se permet de faire de l'esprit (« Les cygnes

23. « Quand l'évêque ne fait pas chère de curé, il fait chère de trapiste », *Les Misérables*, Paris, Gallimard, coll. « Bibliothèque de la Pléiade », 1951, I, I, I, p. 45.
24. *ibid.*, IV, VI, III, p. 1023.
25. *ibid.*, V, I, XV, p. 1265.

comprennent les signes »[26]) puis, tout aussi calmement, dit à son fils : « Rentrons, on attaque les Tuileries. » La brioche que les cygnes n'ont pas pu avaler est aussitôt récupérée par l'un des enfants, qui dit à l'autre : « Colle-toi ça dans le fusil. » Le changement de registre sert ici à désigner une parole d'exclus et de marginaux, une parole qui n'en met que mieux en évidence la platitude des énoncés attribués aux bourgeois. À propos des *Misérables*, Baudelaire écrit : « C'est un roman construit en manière de poème, et où chaque personnage n'est exception que par la manière hyperbolique dont il représente une généralité[27]. » Du poème, l'ouvrage a le rythme et l'allure nerveuse, résumant en des phrases lapidaires une succession d'événements et d'états d'âme : « Il se releva, frissonnant, glacé, infect, courbé sous ce mourant qu'il traînait, tout ruisselant de fange, l'âme pleine d'une étrange clarté[28]. » Ainsi se clôt le périple de Valjean dans les égouts de Paris. Mais la « généralité » à laquelle Baudelaire fait référence est d'abord une généralité de langage, chacun des protagonistes étant représenté par un répertoire linguistique qui signale son appartenance à une classe sociale.

Malgré la nécessité du récit à déployer, Hugo se donne, plus encore que dans les romans précédents, toute liberté d'interrompre l'histoire à plusieurs reprises par un métadiscours langagier. En l'espace de quelques pages, le lecteur se trouve devant une réflexion stylistique : « [...] une clarté de cave, il est vrai, livide, mais précise dans sa lividité, [...] comme dit l'énergique métaphore banale »[29] ; un commentaire littéraire : « Jean Valjean "demeura stu-

26. *ibid.*, V, I, XVI, p.1273.
27. Charles Baudelaire, « Victor Hugo, *Les Misérables* », *Le Boulevard*, 20 avril 1862, repris dans *Œuvres complètes*, Paris, Éd. du Seuil, coll. « L'intégrale », 1968, p. 495.
28. Victor Hugo, *Les Misérables*, *op. cit.*, V, III, VI, p. 1346.
29. *Id.*, *ibid.*, V, III, VIII, p. 1350.

pide", le mot est du vieux Corneille »[30] ; une citation en langue populaire : « Aider un bon garçon dans la peine, ça me botte[31]. » Auparavant, le lecteur avait eu droit à une explication philologique : « En 1832, le mot *bousingot* faisait l'intérim entre le mot *jacobin* qui était éculé et le mot *démagogue* alors presque inusité et qui a fait depuis un si excellent service[32]. » Plus loin, il apprendra que le « Je te l'avais bien dit » est « d'usage dans les occasions de ce genre »[33]. Ces quelques exemples, choisis à dessein dans une même portion du texte, indiquent clairement le souci de l'auteur de prendre des distances avec la fonction mimétique du récit. Qui plus est, il va même jusqu'à consacrer un chapitre entier à l'argot, dans lequel il se montre historien averti des conditions d'élaboration de cette langue.

Hugo commence par rappeler l'origine de ce qu'il définit toujours par la négative, soit « le vol sous ses deux espèces : peuple et langue »[34]. Et encore : « [...] cet idiome abject qui ruisselle de fange [...], ce vocabulaire pustuleux dont chaque mot semble un anneau immonde d'un monstre de la vase et des ténèbres ». Comme si cela n'était pas assez explicite, il ajoute : « Tel mot ressemble à une griffe, tel autre à un œil éteint et sanglant ; telle phrase semble remuer comme une pince de crabe. Tout cela vit de cette vitalité hideuse des choses qui se sont organisées dans la désorganisation. » Mais après avoir rappelé qu'il a été le premier à s'attirer les foudres de la critique en utilisant l'argot et constaté que, depuis ce moment, « deux puissants romanciers », Balzac et Sue,

30. *Id.*, *ibid.*
31. *Id.*, *ibid.*
32. *Id.*, *ibid.*, V, III, II, p. 1352.
33. *Id.*, *ibid.*, V, III, XII, p. 1362.
34. Les citations qui suivent sont tirées de la IVe partie, livre VII, chap. I, des *Misérables*, *op. cit.*, p. 1026-1045.

ont aussi « fait parler les bandits dans leur langue naturelle », le romancier sent le besoin de se justifier :

> « Maintenant, depuis quand l'horreur exclut-elle l'étude ? depuis quand la maladie chasse-t-elle le médecin ? Se figure-t-on un naturaliste qui refuserait d'étudier la vipère, la chauve-souris, le scorpion, la scolopendre, la tarentule, et qui les rejetterait dans leurs ténèbres en disant : Oh ! que c'est laid ! Le penseur qui se détournerait de l'argot ressemblerait à un chirurgien qui se détournerait d'un ulcère ou d'une verrue. Ce serait un philologue hésitant à examiner un fait de la langue, un philosophe hésitant à scruter un fait de l'humanité. Car, il faut bien le dire à ceux qui l'ignorent, l'argot est tout ensemble un phénomène littéraire et un résultat social. Qu'est-ce que l'argot proprement dit ? L'argot est la langue de la misère. »

Cette langue parlée depuis plus de quatre siècles en France, qui clopine et « boite sur la béquille de la cour des Miracles », mérite « étude » et « attention » au même titre sinon davantage que la langue commune. Elle en est le déguisement, le masque et la métaphore : « L'argot n'est autre chose qu'un vestiaire où la langue, ayant quelque mauvaise action à faire, se déguise. Elle s'y revêt de mots masques et de métaphores haillons. » Mais cette langue a aussi ses lettres de noblesse et sa propre logique, c'est-à-dire « sa syntaxe et sa poésie ». C'est une langue fort ancienne, dont on peut faire remonter l'origine jusqu'à Villon. C'est aussi une langue mixte, riche des apports de plusieurs autres langues : « Selon qu'on y creuse plus ou moins avant, on trouve dans l'argot, au-dessous du vieux français populaire, le provençal, l'espagnol, de l'italien, du levantin, cette langue des ports de la Méditerranée, de l'anglais et de l'allemand, du roman dans ses trois variétés, roman français, roman italien, roman roman, du latin, enfin du basque et du celte. Formation profonde et bizarre. Édifice souterrain bâti en commun par tous les misérables. » C'est enfin une langue extrêmement vivante, capable de créer de nouveaux mots et d'inventer des métaphores. Capable aussi de philosopher. En argot, « la nuit se dit la sorgue ; l'homme, l'orgue. L'homme est un dérivé de la nuit ». Langue en constante évolution, l'argot a donc la propriété de ne se fixer jamais, propriété qui la rapproche encore des langues mieux reconnues, comme le signale Hugo dans d'autres textes. Son évolution double celle de la langue française et souvent la précède, comme une ombre nécessaire et féconde. L'argot, enfin, c'est l'Histoire faite texte : « Une fouille dans l'argot, c'est la découverte à chaque pas. L'étude et l'approfondissement de cet étrange idiome mènent au mystérieux point d'intersection de la société régulière avec la société maudite. »

L'éloge est complet. Tout en insistant pour dire qu'il s'agit d'une langue des ténèbres et des ténébreux, Hugo en dévoile les séductions et, de ce fait, explique la fascination qu'exerce l'argot auprès des romanciers à qui il offre un répertoire quasi inépuisable. Le chapitre des *Misérables* qui lui est consacré est exemplaire à plus d'un titre : d'une part, il annonce un romancier philologue qui ne cache pas ses sources et n'hésite pas à faire intervenir des « effets de savoir » dans sa prose romanesque ; d'autre part, il concrétise la poétique hugolienne en mettant en évidence l'importance structurale de la digression qui en est une constituante essentielle. Les commentaires métadiégétiques de l'auteur participent d'une conception du récit qui refuse le primat du narratif. En interrompant l'histoire par des incises ou par de longs passages discursifs, voire des chapitres entiers, Hugo manifeste une conscience de la forme qui rappelle davantage la liberté baroque que les rigueurs du classicisme ou les postulats du réalisme.

Avec *L'Homme qui rit* (1869), le baroquisme hugolien[35] se déploie avec une ampleur sans précédent. Dans ce roman polyphonique et polyglotte, où les récits s'emboîtent pour créer une vaste intrigue à tiroirs et à nombreux rebondissements, on reconnaît le goût du romancier pour les inventaires, les parenthèses et les gloses de toutes sortes. À tel point qu'on serait tenté de croire à un autopastiche, si la gravité du propos ne venait faire contrepoint à l'humour qui traverse le roman. Dès la présentation du personnage d'Ursus, un bateleur érudit, auteur d'une pièce intitulée *Le Chaos vaincu*, et de son compagnon, Homo, le loup apprivoisé, le ton est à la légèreté et à la cacophonie joyeuse. Sous le babélisme des dialogues et sous la dérision affichée se cache pourtant une interrogation des plus grave sur la portée réelle de la parole et son efficacité à transformer le monde. Parole caricaturale encore que celle de Gwynplaine, nouveau Prométhée au visage de monstre devenu soudain orateur devant les lords anglais. Mais parole trop juste pour être mise au compte de l'excès ou de la seule folie : « Le peuple est un silence, s'écrie-t-il. Je serai l'immense avocat de ce silence. Je parlerai pour les muets. [...] Je traduirai les bégaiements. Je traduirai les grondements, les hurlements, les murmures, la rumeur des foules, les plaintes mal prononcées, les voix inintelligibles, et tous ces cris de bêtes qu'à force d'ignorance et de souffrance on fait pousser aux hommes. [...] Je serai le Verbe du Peuple[36]. » Hugo aura lui aussi tenté de traduire ce « Verbe du Peuple » dans ses écrits, obligeant ses lecteurs à considérer le « revers ténébreux » de l'humanité et les langages qui en sont issus. Ses derniers romans sont « des

35. Voir à ce sujet Michel Collot, « L'esthétique baroque », dans L'Homme qui rit *de Victor Hugo, Actes du colloque de la Société des études romantiques*, Paris, Sedes, 1985, p. 99-121.

36. Victor Hugo, *L'Homme qui rit*, Paris, Garnier-Flammarion, 1982, t. II, p. 317.

questions poussées le plus loin que peut Hugo vers leur non-réponse ; mise en question de la société, d'où une mise en question du langage et de la littérature comme consommation d'une caste »[37]. L'imprimerie, cette nouvelle tour de Babel selon Hugo, lui aura permis, en fin de parcours, de rire de ses propres avancées textuelles mais d'un « rire de force », comme celui de Gwynplaine, un rire qui résonne des terreurs accumulées[38].

« Le vocabulaire de Victor Hugo ! Au seul énoncé de ce titre, écrit Charles Muller dans sa préface au livre d'Étienne Brunet, et sachant qu'il ne s'agit pas d'une aimable dissertation littéraire, mais d'une statistique, le lecteur innocent frémit d'impatience ; son imagination se peuple de visions fabuleuses, hugoliennes ; il entrevoit déjà un Himalaya de mots, un Océan lexical, des flots de hapax, des rafales de noms propres[39]... » Quelle n'est pas sa surprise ensuite de constater que ce travailleur de la langue et ce passionné de dictionnaires n'aurait édifié son œuvre qu'avec vingt mille vocables... Le lecteur qui a admiré « la gourmandise lexicale » de *Notre-Dame de Paris* et n'a pas oublié les « coquillarts, hubins, sabouleux, narquois, malingreux, larronesses qui peuplent la Cour des Miracles », non plus que ses « énumérations étourdissantes » empruntées aux lexiques spécialisés, risque d'être déçu, selon le préfacier. Mais faut-il, dans ce cas tout particulièrement, s'en tenir au seul lexique ? Hugo s'intéresse à la langue en philologue mais surtout

37. Henri Meschonic, « Le poème Hugo », dans Victor Hugo, *Œuvres complètes*, Paris, Le Club français du livre, 1990, t. XIV, p. 19.

38. Voir à ce sujet Maxime Prévost, *Rictus romantiques. Politiques du rire chez Victor Hugo*, Montréal, Presses de l'université de Montréal, 2002.

39. Charles Muller, Préface, dans Étienne Brunet, *Le Vocabulaire de Victor Hugo*, Paris/Genève, Champion/Slatkine, 1988, p. 1.

en poéticien. De ce point de vue, son « sentiment de la langue » le rapprocherait davantage, d'après Hugo von Hofmannsthal, des auteurs du XVIe siècle que de ses contemporains : « La poétique de Victor Hugo porte çà et là, dans sa contexture, des marques qui rappellent la poétique de Ronsard, mais avec une hardiesse de détail éclatante de lumière[40]. » C'est aussi en poète que l'auteur des *Contemplations* aborde le roman, et qu'il imprime « sa marque sur la langue », n'hésitant pas à faire surgir « toute la vie secrète et continuellement rajeunie de la langue »[41].

En établissant des frontières poreuses entre les langues et les registres de langue, en explorant dans ses récits divers modes de fiction et en intégrant à ces fictions des parenthèses qui représentent un écart par rapport à une certaine logique narrative, Hugo a contribué de façon significative à modifier l'horizon littéraire de son époque. Il l'a fait en édifiant un impressionnant monument langagier, son œuvre, qui est tout autant une réflexion sur l'origine des idiomes et leur évolution que leur mise en texte. Ce que Baudelaire résume en quelques phrases éloquentes : « J'ignore dans quel monde Victor Hugo a mangé préalablement le dictionnaire de la langue qu'il était appelé à parler ; mais je vois que le lexique français en sortant de sa bouche, est devenu un monde, un univers coloré, mélodieux et mouvant[42]. » De la *Préface de Cromwell* à *L'Homme qui rit*, l'auteur romantique n'a cessé de sonder l'espace qui gît sous l'apparente clarté des vocables. Son parcours d'écrivain, il l'a accompli en associant grotesque et sublime, mais encore davantage

40. Hugo von Hofmannsthal, *Victor Hugo*, Paris, La Différence, 1990, p. 86.

41. *Id.*, *ibid.*, p. 94.

42. Charles Baudelaire, « Réflexions sur quelques-uns de mes contemporains », dans Baudelaire, *Œuvres complètes*, *op. cit.*, p. 470.

en s'intéressant, parmi les premiers, à la couleur sociale des mots et en privilégiant un personnage collectif, le « peuple », qui prend dans ses romans les masques du brigand, du bagnard, du bouffon ou du condamné.

Sue et le roman-feuilleton

Porté par l'attente d'un public avide d'aventures, le roman-feuilleton connaît son apogée avec la publication des *Mystères de Paris* dans le *Journal des débats* en 1842-1843. Sue a alors une réputation de dandy et une carrière de romans historiques et maritimes. Il choisit d'explorer, dans le roman qui fera sa célébrité, les bas-fonds de la vie parisienne et les mœurs étranges des criminels, « comptant un peu sur l'espèce de curiosité craintive qu'excitent quelquefois les spectacles terribles »[43]. Un grand-duc allemand, Rodolphe, à la recherche de la trace de sa fille, fréquente les milieux louches de la capitale en tentant d'y ramener un peu de justice. Le succès, si l'on en croit les témoignages des contemporains, fut immédiat. Théophile Gautier l'évoque en quelques phrases :

> « Tout le monde a dévoré *Les Mystères de Paris*, même les gens qui ne savent pas lire ; ceux-là se les font réciter par quelque portier érudit et de bonne volonté ; les êtres les plus étrangers à toute espèce de littérature connaissent la Goualeuse, le Chourineur, la Chouette, Tortillard et le Maître d'école. Toute la France s'est occupée pendant plus d'un an des aventures du prince Rodolphe, avant de s'occuper de ses propres affaires. Des malades ont attendu pour mourir la fin des *Mystères de Paris* ; le magique *la*

43. Eugène Sue, *Les Mystères de Paris*, Paris, Robert Laffont, coll. « Bouquins », 2001, p. 32. Désormais indiqué par *MP* suivi de la page.

> *suite à demain* les entraînait de jour en jour, et la mort comprenait qu'ils ne seraient pas tranquilles dans l'autre monde s'ils ne connaissaient le dénouement de cette bizarre épopée[44]. »

Le roman fut donc salué aussi bien par l'aristocratie que par les classes populaires. Un journal ouvrier, *La Ruche populaire*, cite en première page une parole de Rodolphe : « Secourir d'honorables infortunes qui se plaignent, c'est bien. S'enquérir de ceux qui luttent avec honneur, avec énergie, et leur venir en aide, quelquefois à leur insu… prévenir à temps la misère ou les tentations qui mènent au crime… c'est mieux[45]. » Mais bien que l'auteur s'en prenne à tous les ennemis du peuple, l'ouvrage ne remet pas fondamentalement en cause l'organisation sociale : « Ce qui préoccupe l'opinion que [Sue] représente, écrit Anne-Marie Thiesse, c'est la nécessité d'aménager la condition populaire, de manière à éviter l'excès de misère et l'excès d'injustice, sources de révolte et/ou de révolution[46]. »

Pour décrire les mœurs des « barbares » qui vivent au cœur même de la ville, le romancier fait abondamment usage de cette langue spéciale, déjà utilisée par Hugo, l'argot des malfaiteurs. Il s'en explique dès la première page : « Ces hommes ont des mœurs à eux, des femmes à eux, un langage à eux, langage mystérieux, rempli d'images funestes, de métaphores dégouttantes *[sic]* de sang. » (*MP*, p. 32.) Là où Hugo se contentait d'un lexique limité assorti de passages explicatifs (*Le Dernier Jour d'un condamné*), Sue annonce d'emblée son intention de colorer l'ensemble du récit d'un vocabulaire argotique.

44. Théophile Gautier, *Histoire de l'art dramatique*, cité par Francis Lacassin, Préface, *Les Mystères de Paris*, *op. cit.*, p. 21.

45. Cité par Sue, « L'auteur aux lecteurs », 1851, repris dans *Les Mystères de Paris*, *op. cit.*, p. 1311.

46. Anne-Marie Thiesse, « Écrivain/public(s) : les mystères de la communication littéraire », *Europe*, novembre-décembre 1982, p. 45.

L'incipit du livre, dont le premier chapitre est titré « Le Tapis-franc », se lit comme suit : « Un *tapis-franc*, en argot de vol et de meurtre, signifie un estaminet ou un cabaret du plus bas étage. » La phrase suivante est aussi explicite : « Un repris de justice, qui, dans cette langue immonde, s'appelle un *ogre*, ou une femme de même dégradation, qui s'appelle une *ogresse*, tiennent ordinairement ces tavernes, hantées par le rebut de la population parisienne ; forçats libérés, escrocs, voleurs, assassins y abondent. » Cette langue « immonde », destinée à décrire les actes inqualifiables accomplis par les personnages du récit, est aussi une langue douée d'un halo de mystère, qui ajoute un cachet d'authenticité aux faits et gestes relatés.

À plusieurs reprises, l'auteur intègre aux dialogues des traductions en français standard des expressions prononcées. Ainsi, lorsque l'un des personnages s'interroge sur le sens de « *pastiquer la maltouze* », son interlocuteur lui explique qu'il s'agit de « faire la contrebande ». Mais il ajoute aussitôt : « Il paraît que vous ne *dévidez pas le jars* », expression qui, cette fois, appelle une note infrapaginale : « Que vous ne parlez pas argot. » (*MP*, p. 77.) À un autre endroit, un chapitre qui commence par une prose des plus classiques bifurque vers la parole populaire : « La chouette, le Maître d'école et Tortillard, tapis dans une des anfractuosités de ce chemin, virent le prêtre et Fleur-de-Marie descendre dans la ravine et en sortir par une pente escarpée. Les traits de la jeune fille étant cachés sous le capuchon de sa mante, la borgnesse ne reconnut pas son ancienne victime. — Silence, mon homme ! dit la vieille au Maître d'école, la *gosseline* et le *sanglier* viennent de passer la *traviole*. » (*MP*, p. 307.)

Trois notes précisent alors que les mots « gosseline », « sanglier » et « traviole » veulent dire « jeune fille », « prêtre » et « chemin creux ». On remarquera dans ces exemples qu'il s'agit chaque fois d'un vocabulaire bien délimité, dans la mesure où l'auteur le signale par un usage systématique de l'italique et se soucie d'en donner l'explication sous une forme ou une autre. Le romancier, qui fait dire à son narrateur « nous croyons à la puissance des contrastes » (*MP*, p. 32), accentue ainsi l'écart entre le français standard et l'argot des malfaiteurs. À un certain moment, il va jusqu'à reproduire un dialogue métalinguistique entre le truand surnommé Le Maître d'école et Rodophe. Ce dernier ayant utilisé une construction fautive, l'autre le corrige avec assurance, ce qui lui vaut cette réplique de Rodolphe : « Diable… vous êtes à cheval sur la grammaire. » (*MP*, p. 124.)

Tout au long du roman, Sue se montre amateur d'expressions pittoresques qu'il traduit avec la précision d'un lexicographe, suivant en cela les traces de François Vidocq[47], le premier à avoir proposé dans ses *Mémoires* une sorte de répertoire de l'argot. Comme Hugo, il ne manque pas de s'étonner de trouver une certaine poésie dans ces créations populaires. À propos du nom de Fleur-de-Marie, il constate : « Bizarre contraste, étrange hasard ! les inventeurs de cette épouvantable langue se sont ainsi élevés jusqu'à une sainte poésie ! Ils ont prêté un charme de plus à la chaste pensée qu'ils voulaient exprimer ! » (*MP*, p. 40.) Obligé par sa qualité d'écrivain de qualifier cette langue d'« épouvantable », Sue en exploite la séduction et les ressources. Il inaugure ainsi une forme narrative qui, en voulant donner la parole au peuple, accumule les « effets de réel » et met son langage en évidence tout en le marginalisant. Car cette langue ainsi habilement circonscrite attire l'attention sans menacer l'équilibre du récit.

47. Les *Mémoires* de Vidocq avaient été publiés en 1828.

Sand et le roman rustique

Les références à Sue sont présentes à quelques reprises dans la prose de George Sand, qui s'en sert pour signifier la distance entre ses propres écrits et ceux de l'auteur des *Mystères de Paris*. Dans la Notice de 1852 écrite au moment de la réédition de *Jeanne*, elle revient sur l'époque de la parution du livre et précise que son art diffère de celui du célèbre feuilletoniste : « C'était en 1844, lorsque le vieux *Constitutionnel* se rajeunit en passant au grand format, Alexandre Dumas et Eugène Sue possédaient dès lors, au plus haut point, l'art de finir un chapitre sur une péripétie intéressante, qui devait tenir sans cesse le lecteur en haleine, dans l'attente de la curiosité ou de l'inquiétude. Tel n'était pas le talent de Balzac, tel est encore moins le mien[48]. » Ce qui peut ici ressembler à un éloge est en réalité une critique à peine voilée. En se comparant à Balzac, Sand affirme que sa conception du récit ne saurait se réduire à une accumulation de péripéties. Elle ne saurait se réduire non plus au misérabilisme alors à la mode. Dans l'adresse au lecteur qui constitue la première partie de *La Mare au diable*, la romancière avait, déjà en 1844, pris position : « Certains artistes de notre temps, jetant un regard sérieux sur ce qui les entoure, s'attachent à peindre la douleur, l'abjection de la misère, le fumier de Lazare. Ceci peut être du domaine de l'art et de la philosophie ; mais, en peignant la misère si laide, si avilie, parfois si vicieuse et si criminelle, leur but est-il atteint et l'effet en est-il salutaire, comme ils le voudraient ? Nous n'osons nous prononcer là-dessus[49]. » Et, au cas où le lecteur n'aurait pas compris, elle ajoute :

48. George Sand, Notice, mai 1852, pour la rééd. de *Jeanne* (1844), Édition de l'Aurore, Meylan, 1986, p. 27.

49. *Id.*, « L'auteur au lecteur », *La Mare au diable*, (1846) Paris, Le livre de poche classique, 1995, p. 27.

« Dans cette littérature de mystères et d'iniquité, que le talent et l'imagination ont mise à la mode, nous aimons mieux les figures douces et suaves que les scélérats à effet dramatique[50]. » Ainsi se trouvent résumés les principes à partir desquels Sand élaborera son œuvre : action restreinte, peu fertile en rebondissements, choix délibéré de décrire les êtres dans leur « vérité idéale » plutôt que de s'attarder aux conflits qui les opposent.

La voix du peuple, que Victor Hugo capte dans la prison de Bicêtre ou sur le parvis de Notre-Dame, George Sand l'entend dans son Berry natal, où elle se met à l'écoute du langage paysan. Après avoir publié des romans intimistes comme *Indiana* (1832) et *Lélia* (1933), des romans sociaux comme *Le Compagnon du tour de France* (1841), elle entreprend un cycle de romans rustiques qui l'obligent à élaborer une réflexion sur le roman et à le renouveler de l'intérieur. Alors que Balzac publie *Les Paysans* en 1844, elle compose *Jeanne*, *Le Meunier d'Angibault* et *La Mare au diable*. Mais à l'inverse de l'auteur de *La Comédie humaine*, qui ne voit dans la condition paysanne que matière à pessimisme et source de misère ou de malédiction, Sand s'intéresse de près aux êtres du terroir, qu'elle ne craint pas d'idéaliser. Les deux romanciers se connaissaient et s'appréciaient. Dans une lettre à Mme Hanska, Balzac résume leur projet commun : « Nous avons discuté avec un sérieux, une bonne foi, une candeur, une conscience dignes des grands bergers qui mènent les troupeaux d'hommes, les grandes questions du mariage et de la liberté. » Et il précise que Sand aurait ajouté : « Puisque par nos écrits nous préparons une révolution pour les mœurs futures[51]. » Quant à Sand elle-même, elle écrira tout simplement de son côté : « Je viens

50. *Id.*, *ibid.*, p. 29.

51. Honoré de Balzac, *Lettres à Madame Hanska*, éd. par Roger Pierrot, Paris, Robert Laffont, coll. « Bouquins », 1990, t. I, p. 441-442 (lettre du 2 mars 1838).

d'héberger mon confrère [...] le fabricant de romans M. De Balzac[52]. » La révolution souhaitée, pour l'un comme pour l'autre, sera d'abord littéraire.

L'avant-propos de *François le Champi* (écrit vraisemblablement durant l'hiver 1847-1848), qui reproduit un dialogue fictif avec un certain R... (Rollinat ?) et emprunte la forme de l'impromptu, livre l'essentiel de la poétique sandienne. Opposant la vie primitive à la vie factice de la ville, elle en conclut que « le paysan le plus simple et le plus naïf est encore artiste » et que « les chansons, les récits, les contes rustiques, peignent en peu de mots ce que notre littérature ne sait qu'amplifier et déguiser »[53]. Et son interlocuteur de renchérir : « Quant à la peinture, ils n'ont pas cela ; mais ils le possèdent dans leur langage, qui est plus expressif, plus énergique et plus logique cent fois que notre langue littéraire. » Sand reprend ici une idée chère à Charles Nodier, à savoir que la langue française se serait dégradée peu à peu, contaminée par la présence d'autres langues, mais aussi par l'usage et par les écrivains. De manière plus directe encore, elle compare « la langue de l'Académie » à une autre qui est « si supérieure pour rendre tout un ordre d'émotions, de sentiments et de pensées ». Mais comment « relever l'idéal champêtre sans le farder ou le noircir » ? Car telle est l'ambition de la romancière, qui avoue pourtant : « [...] la forme me manque, et le sentiment que j'ai de la simplicité rustique ne trouve pas de langage pour s'exprimer. Si je fais parler l'homme des champs comme il parle, il faut une traduction en regard pour le lecteur civilisé, et si je le fais parler comme nous parlons, j'en

52. Lettre au compositeur Franz Grast, 3 mars 1838, citée dans Françoise Van Rossum-Guyon, « Sand, Balzac et le roman », *George Sand et l'écriture du roman*, Montréal, Département d'études françaises, coll. « Paragraphes », 1996, p. 8.

53. George Sand, Avant-propos, *François le Champi*, Paris, Gallimard, « Folio », p. 47.

fais un être impossible, auquel il faut supposer un ordre d'idées qu'il n'a pas ». Cette conscience du problème inhérent à la reproduction des différents styles parlés, de l'aspect factice lié à tout essai de mimétisme et de la traduction nécessaire pour respecter le pari de l'accessibilité, protège la romancière de toute accusation de naïveté.

Les premières tentatives dans ce sens furent plus ou moins heureuses. La romancière fait dire par R… : « […] quand même tu le ferais parler comme il parle, ton langage à toi ferait à chaque instant un contraste désagréable ; tu n'es pas pour moi à l'abri de ce reproche. Tu peins une fille des champs, tu l'appelles *Jeanne*, et tu mets dans sa bouche des paroles qu'à la rigueur elle peut dire. Mais toi, romancier, qui veux faire partager à tes lecteurs l'attrait que tu éprouves à peindre ce type, tu la compares à une druidesse, à Jeanne d'Arc, que sais-je ? Ton sentiment et ton langage font avec les siens un effet disparate comme la rencontre de tons criards dans un tableau. » Le roman suivant est mieux coté : « Tu as fait, depuis, une meilleure étude du vrai dans *La Mare au Diable*. Mais je ne suis pas encore content ; *l'auteur* y montre encore de temps en temps le bout de l'oreille ; il s'y trouve des *mots d'auteur*… » Quoi faire alors, demande George Sand ? La technique est simple : il s'agit de reproduire les paroles entendues lors de veillées rustiques, mais sans renoncer pour autant à les adapter à la langue commune, voire à les traduire : « Mais leur langage exige une traduction ; il faut écrire en français, et ne pas se permettre un mot qui ne le soit pas, à moins qu'il ne soit si intelligible qu'une note devienne inutile pour le lecteur. » Travail difficile, puisque la romancière doit raconter son histoire comme « si [elle] avai[t] à [sa] droite un Parisien parlant la langue moderne, et à [sa] gauche, un paysan devant lequel [elle] ne [voudra] pas dire une phrase, un mot où il ne pourrait pas pénétrer ». « Ainsi, poursuit R…, tu dois parler clairement pour le Parisien, naïvement pour le paysan. L'un te reprochera de manque de couleur, l'autre d'élégance[54]. » Représenter la simplicité rustique sans la trahir, tel est le défi que tente de relever l'auteur de *François le Champi*, qui se donne pour modèle dans cette recherche non pas les bergeries ou pastorales traditionnelles mais plutôt les contes de Nodier, dont certains, comme l'*Histoire du chien de Brisquet*, sont d'après Sand de purs chefs-d'œuvre.

Pour rendre avec justesse la vie paysanne, pour en retrouver la vision et les sentiments, mais aussi le langage, la romancière a souvent recours à une technique bien connue du conte, qui consiste à céder la parole à des narrateurs locaux : en leur confiant la prise en charge du récit, elle peut laisser libre cours au vocabulaire et aux tournures qui leur sont propres. Ces *raconteurs* et *raconteuses* sont la servante du curé et le chanvreur dans *François le Champi*, Étienne Depardieu dans *Les Maîtres sonneurs* (« histoire dite par lui-même en plusieurs soirées de *breyage »*, précise la préface[55]), ce qui lui permet d'éviter le « disparate » des récits précédents, comme dans *Jeanne* où le passage d'une langue à l'autre ne se fait pas sans heurt. Ce qui lui permet aussi de mettre de côté le système de marquage que constituent l'italique ou les notes explicatives. Les contrastes ainsi atténués, le patois berrichon s'en trouve en quelque sorte naturalisé par le contexte. Sand connaissait ce langage rustique grâce au comte Jaubert et à son *Vocabulaire du Berry et des provinces voisines, recueilli par un amateur du vieux langage*[56], publié pour la première fois en 1838, mais aussi grâce à l'expérience intime acquise au cours de son enfance berrichonne. Elle est persuadée que le français

54. *Id.*, *ibid.*, p. 50-51.
55. *Id.*, « À Monsieur Eugène Lambert », *Les Maîtres sonneurs*, (1853), Paris, Gallimard, « Folio », 1979, p. 57.
56. Paris, Crapelet, 1938.

… français hérité de la langue d'oïl primi-
… nçais proche de celui de Montaigne et de
… s. Aussi n'hésite-t-elle pas à revendiquer la liberté
… puiser aussi bien dans le français dialectal que dans des tournures plus anciennes. En témoigne le titre même du roman dans le cas de *François le Champi*. Lorsque son interlocuteur lui fait remarquer que *champi* n'est pas français, elle rétorque : « Je demande bien pardon. Le dictionnaire le déclare vieux, mais Montaigne l'emploie, et je ne prétends pas être plus Français que les grands écrivains qui font la langue. Je n'intitulerai donc pas mon conte François l'Enfant-Trouvé, François le Bâtard, mais François *le Champi*, c'est-à-dire l'enfant abandonné dans les champs, comme on disait autrefois dans le monde et comme on dit encore aujourd'hui chez nous[57]. » Pour bien indiquer au lecteur que ce choix du titre n'est pas le résultat d'un hasard, la romancière répète quatorze fois le mot « champi » dans son premier chapitre, qui ne compte que onze pages.

Après l'essai infructueux que constitue la prose de *Jeanne*, la romancière renonce à l'italique et opte pour des procédés plus discrets, afin de rendre l'expression intelligible à un large public : soit elle accompagne le mot patoisant de son synonyme, soit elle l'enchâsse dans une périphrase explicative, soit le cotexte en assure la compréhension immédiate. À titre d'exemple, cette phrase de *François le Champi* qui suit un passage dans lequel il est question de pain : « La vieille déclara qu'elle avait surpris, le matin même, le Champi emportant une demitourte[58]. » Parfois encore, Sand accumule les différentes appellations d'un même objet, selon une technique rabe-

57. George Sand, Avant-propos, *François le Champi*, *op. cit.*, p. 257.
58. *Id.*, *François le Champi*, *op. cit.*, p. 269.

laisienne : « […] et vous n'avez droit sur passière, passerelle, passerette, passerotte, comme on dit peut-être dans votre pays d'Aigurande »[59]. Elle n'hésite pas à franciser la prononciation de certains mots, voire à commettre certaines inexactitudes de transcription. Elle va même jusqu'à créer des vocables et des expressions qui imitent la manière berrichonne sans en faire partie réellement. Ainsi des adjectifs *bessonnière* (ce qui concerne les bessons), *achetouère* (manie d'acheter) ou *champiage* (qui concerne l'état de champi). Les critiques soucieux de mimétisme linguistique jugent sévèrement ces licences prises par la romancière, et tout particulièrement sa syntaxe, qui tente vainement, à leur avis, d'imiter la gaucherie paysanne. La simplicité à laquelle tend la romancière et qu'elle atteint dans certains de ses romans, notamment dans *François le Champi*, *La Petite Fadette* et *Les Maîtres sonneurs,* tient à un certain nombre de facteurs, dont le souci de reproduire les mots et les expressions entendues est une constituante essentielle, certes, mais non exclusive. Ce qu'elle cherche à rendre, c'est d'abord la couleur du récit : « […] je vais m'astreindre au petit travail de conserver au récit d'Étienne Depardieu la couleur qui lui est propre », précise-t-elle[60]. Tout au long de sa carrière, Sand expliquera qu'elle aborde la dimension langagière des textes comme un effet de l'art et non comme une simple transcription.

Ce qui compte, disait R… à son interlocutrice, ce n'est pas de faire des chefs-d'œuvre mais de faire « des tenta-

59. *Id.*, *ibid.*, p. 400-401. Pour une analyse complète des procédés de Sand, voir l'ouvrage de Marie-Louise Vincent, *La Langue et le style de George Sand dans les romans champêtres* (1916), Genève, Slatkine Reprints, 1978. L'auteur répertorie ainsi plusieurs mots des romans de Sand qui se trouvent aussi chez Rabelais : « acrété, affiner, affineur, batifolage, batifoler, bette, bourrée,… » (p. 42).

60. George Sand, « À Monsieur Eugène Lambert », *Les Maîtres sonneurs*, *op. cit.*, p. 58.

tives consciencieuses »[61]. George Sand a mis ce conseil en pratique dans une œuvre qui s'est voulue modeste, mais qui n'en est pas moins l'une des premières à avoir posé de façon explicite, bien avant les écrivains contemporains, « le problème de la division des langues et celui de la transcription »[62]. Dans la notice nécrologique qu'il lui consacre en 1876, Émile Zola reconnaît en elle une pionnière : « George Sand était parmi les ouvriers du commencement de ce siècle ; elle marchait de front avec les inventeurs du roman moderne, elle apportait au même titre qu'eux son originalité à ce large mouvement de 1830 d'où est sortie toute notre littérature actuelle[63]. » Ce rôle de précurseur est confirmé par la critique récente, qui n'hésite pas à déclarer que « l'importance accordée au "réalisme" et au modèle balzacien du roman conduit à l'escamotage pur et simple du rôle joué par George Sand dans l'essor et le renouvellement du genre romanesque au XIXe siècle »[64]. En proposant un imaginaire de la langue rustique, imaginaire qui emprunte à plusieurs sources mais aussi à sa propre créativité d'auteur, celle qui avouait à Flaubert n'avoir pas de théories mais passer sa vie « à poser des questions »[65] a ouvert la voie aux expériences futures qui, de Pourrat à Ramuz, ont permis d'entendre la voix des paysans dans des récits qui leur étaient consacrés. Elle a surtout identifié sans complaisance l'ambiguïté de la posture du romancier devant le projet d'écrire la parole, de quelque lieu qu'elle provienne.

61. *Id.*, Avant-propos, *François le Champi*, *op. cit.*, p. 254.

62. Geneviève Bollème, *Le Peuple par écrit*, Paris, Éd. du Seuil, 1986, p. 236.

63. Émile Zola, *Documents littéraires*, Éditions Français Bernovard, Paris, 1928, p. 153.

64. Françoise Van Rossum-Guyon, « Sand, Balzac et le roman », art. cit., p. 10.

65. George Sand, « À Gustave Flaubert », novembre 1866, dans *Correspondance*, Paris, Classiques Garnier, t. XX, 1969, p. 206.

Hugo, Sue, Sand, chacun de ces trois auteurs aura, à sa façon, dédouané les français populaires. Leur révolution aura consisté à faire éclater les frontières entre les registres réputés littéraires, donnant ainsi à voir la langue dans sa couleur sociale. En confiant la narration de son récit à un condamné et en l'autorisant à reproduire le langage des bagnards, Hugo ouvre la voie à une suite d'expérimentations dont les écrivains du XXe siècle seront friands. Mais déjà un récit de jeunesse, *Bug-Jargal*, manifestait une aptitude particulière à rendre sensibles l'idiolecte de chaque personnage, aptitude qui se confirmera avec les larges fresques que représentent *Notre-Dame de Paris* et *Les Misérables*. Mettant à profit sa conception de la langue comme donnée en constante évolution, sa théorie des contraires et son goût pour les assemblages baroques, il donne avec *L'Homme qui rit* un exemple-synthèse d'une poétique dont les fondements théoriques se trouvent dans la *Préface de Cromwell* et d'autres écrits ayant valeur de manifestes. À côté de cette œuvre monumentale, celle de Sue, malgré le succès dont elle jouit au moment de sa parution, retient l'attention surtout par ses tentatives de mettre en place une parole populaire fortement imprégnée d'argot. Quant à Sand, qui n'a pas hésité à distinguer son entreprise de celle de Sue et qui n'appréciait pas davantage Hugo – elle le qualifie dans sa correspondance « de grandiose et [de] ridicule, homme de génie que la louange a perdu »[66] –, elle a décloisonné le langage littéraire en choisissant ses narrateurs parmi la classe paysanne et en s'autorisant un usage libre, voire libertaire, d'un lexique et de tournures faisant appel aux spécificités du parler berrichon, à des expressions plus anciennes et à ses propres créations verbales. Cependant, le projet de Sand diffère fondamentalement de celui

66. *Id.*, « À Charles Poncy », 7 mai 1843, dans *Correspondance*, *op. cit.*, t. VI, 1969, p. 129.

d'Hugo. Là où celui-ci ne craint pas d'afficher une certaine opacité du discours, en accumulant, notamment, les citations en langues étrangères et les « effets de savoir » pour mieux rendre compte de la « couleur des temps » recherchée, Sand se propose au contraire d'atteindre une simplicité rustique accessible aussi bien au public cultivé qu'au lecteur des grands quotidiens. Ce qui l'amène à effectuer un travail de remodelage, de compromis et de traduction dont elle fait largement état dans ses préfaces et qui, de manière illusoire, s'apparente à la naïveté : « Toute l'histoire de la littérature – elle peut être envisagée sous cet angle – semble comme un regret plus ou moins formulé, ou comme un effort constamment poursuivi pour retrouver cette spontanéité : elle est le plus souvent nommée naïveté[67]. » La fonction première de cette « écriture non marquée », selon Renée Balibar, serait de servir de modèle à l'école dans l'apprentissage de la langue et de « modèles universels d'écriture en langue française »[68]. Dans cette perspective, la couleur recherchée ne serait plus locale ni sociale, ce serait plutôt la nouvelle couleur « classique » du français littéraire.

« Sorcellerie évocatoire » et crise du langage

Le parti que nous avons pris jusqu'à présent de privilégier la prose narrative ne doit pas faire oublier que le XIXe siècle a aussi été le siècle des Gautier, des Baudelaire, des Rimbaud, des Mallarmé, les uns et les autres s'engageant dans une réflexion qui a mené à une mise en question radicale du langage. La modernité telle

67. Geneviève Bollème, *Le Peuple par écrit*, *op. cit.*, p. 219.
68. Renée Balibar, *L'Institution du français*, *op. cit.*, p. 313.

que décrite par Baudelaire, « c'est le transitoire, le fugitif, le contingent, la moitié de l'art, dont l'autre moitié est l'éternel et l'immuable »[69]. L'auteur des *Fleurs du mal* (1857) a peu écrit sur sa propre pratique langagière, sinon de manière oblique, en vantant ce que, chez un Théophile Gautier notamment, il considère comme des qualités exemplaires. Le long article qu'il lui consacre repose sur un énoncé de principe : « Il y a dans le mot, dans le verbe, quelque chose de sacré qui nous défend d'en faire un jeu de hasard. Manier savamment une langue, c'est pratiquer une espèce de sorcellerie évocatoire. » Et il poursuit : « Il y a dans le style de Théophile Gautier une justesse qui ravit, qui étonne, et qui fait songer à ces miracles produits dans le jeu par une profonde science mathématique. Je me rappelle que, très jeune, quand je goûtai pour la première fois aux œuvres de notre poète, la sensation de la touche posée juste, du coup porté droit, me faisait tressaillir, et que l'admiration engendrait en moi une sorte de convulsion nerveuse. Peu à peu je m'accoutumai à la perfection. » Justesse, rigueur et perfection renvoient à une langue savamment maîtrisée et reprennent, en lui faisant écho, l'esthétique du classicisme. Pour Gautier comme pour Baudelaire, « tout homme qu'une idée, si subtile et si imprévue qu'on la suppose, prend en défaut, n'est pas un écrivain. L'Inexprimable n'existe pas »[70]. La confiance baudelairienne dans les pouvoirs du langage est ainsi clairement attestée. De manière analogue, un projet de préface pour une réédition des *Fleurs du mal* défend « les notions classiques relatives à la littérature »[71]. Mais parallèlement à ces prises de position conservatrices, Baudelaire fait entrer dans sa poésie les

69. Charles Baudelaire, « La modernité », dans *Œuvres complètes*, Paris, Éd. du Seuil, coll. « L'intégrale », 1968, p. 553.

70. *Id.*, « Théophile Gautier », *ibid.*, p. 464.

71. Cité par Dominique Rincé, *Baudelaire et la modernité poétique*, Paris, PUF, coll. « Que sais-je ? », 1984, p. 75.

néologismes de la modernité urbaine et industrielle[72] (« réverbère », « quinquet », « bilan », « omnibus »…) et voit dans l'art du poème en prose, ou de la nouvelle, une possible réconciliation du banal et de l'infini, voire une invitation à produire le sens de l'infini à partir de la banalité même[73]. Cette alliance inédite de l'éternel et du transitoire a donné naissance à une œuvre que Paul Claudel décrit comme « un extraordinaire mélange de style racinien et de style journalistique »[74].

À la différence de Baudelaire, Rimbaud a consigné son art poétique dans quelques textes, dont la lettre à Paul Demeny, datée du 15 mai 1871. Cette lettre ayant déjà fait l'objet de nombreux commentaires, nous nous contenterons d'en rappeler ici les principaux éléments. D'entrée de jeu, Rimbaud précise qu'il s'agit « de la prose sur l'avenir de la poésie ». Puis il développe sa théorie de la voyance : « Je dis qu'il faut être voyant, se faire voyant. Le poète se fait voyant par un long, immense et raisonné dérèglement de tous les sens. […] Car il arrive à l'inconnu[75]. » Pour ce faire, il lui importe de « trouver une langue » : « Cette langue sera de l'âme pour l'âme, résumant tout, parfums, sons, couleurs, de la pensée accrochant la pensée et tirant. » La langue rêvée sera ainsi une sorte de langage universel qui n'aura plus rien à voir

72. Walter Benjamin, *Charles Baudelaire. Un poète lyrique à l'approche du capitalisme*, Paris, Petite Bibliothèque Payot, 1982, p. 143.

73. Voir David Kelley, « Gautier et Baudelaire : *Émaux et camées* et les *Petits poèmes en prose* », *Baudelaire, Mallarmé, Valéry, New Essays in honour of Lloyd Austin*, Cambridge, Cambridge University Press, 1982, p. 58-79.

74. Cité par Walter Benjamin, *Charles Baudelaire…*, *op. cit.*, p. 143.

75. Arthur Rimbaud, *Lettres du voyant*, éditées et commentées par Gérald Schaeffer, Genève/Paris, Droz/Minard, 1975, p. 134 et suiv.

avec les discussions académiques et qui s'opposera à l'art pour l'art des Parnassiens. La voyance, selon Rimbaud, est un don qu'ont partagé, sans trop s'en rendre compte, certains romantiques – « *Les Misérables* sont un vrai poème », écrit-il – mais que Baudelaire a développé avec un génie particulier : « Inspecter l'invisible et entendre l'inouï étant autre chose que reprendre l'esprit des choses mortes, Baudelaire est le premier voyant, roi des poètes, un vrai Dieu. » N'est-ce pas ce même Baudelaire qui écrivait, à la fin du « Voyage » : « Au fond de l'Inconnu pour trouver du *nouveau* » ? La théorie rimbaldienne de la voyance se situe donc dans le prolongement direct de la pensée de l'auteur des *Fleurs du mal*. Elle repose essentiellement sur un système de « correspondances » ou d'analogies, sur une « alchimie du verbe » qui lui permet d'inventer la couleur des voyelles et d'exprimer, par tous les moyens dont il dispose, le non-dit : « J'écrivais des silences, des nuits, je notais l'inexprimable. Je fixais des vertiges », lit-on dans *Une saison en enfer*. Cette langue qu'il recherche, il l'explorera à partir des multiples ressources que lui fournissent les lexiques d'archaïsmes ou d'ardennismes, à partir encore des néologismes qu'il forge pour forcer l'attention du lecteur, voire aussi en n'hésitant pas à utiliser des termes anglais, notamment dans les titres des poèmes des *Illuminations*. Le poème « Mes petites amoureuses », qui accompagne la lettre à Paul Demeny, témoigne d'une véritable recherche lexicale : « Mes petites amoureuses /Un hydrolat lacrymal lave/les cieux vert-chou :/Sous l'arbre tendronnier qui bave,/Vos caoutchoucs. » À d'autres endroits, on peut lire des germanismes (« *Wasserfall* »), des anglicismes (« *inquestionable* ») ou des mots d'usage récent (« hydrauliques »).

Cependant, ce « Rimbaud lexicologue, archaïsant ou patoisant dans les poèmes en vers, reste sans doute en deçà de son ambition », écrit André Guyaux, cette ambition prométhéenne de trouver une nouvelle langue poétique. « La critique lui fait d'ailleurs souvent la réputation de parler plusieurs langues littéraires, ensemble ou successivement : celle d'Hugo, celle de Banville, celle de Coppée. La langue des poèmes en prose, même coupée d'anglicismes, est certes moins colorée. Mais est-elle "une langue"[76] ? » Cette langue singulière, Rimbaud l'aurait trouvée, toujours selon Guyaux, dans l'oralité stylisée et recréée d'*Une saison en enfer*, alors que plusieurs niveaux de langue sont à l'œuvre mais se relaient et « se fondent dans cette rhétorique de l'oralité qui fait que cette œuvre ne ressemble à aucune autre et que, retrouvant quelque chose du grand récit épique, elle annonce le théâtre le plus moderne »[77]. Rhétorique qui se déploie aussi bien dans des poèmes ponctués de refrains (« Ô saisons, ô châteaux ! / Quelle âme est sans défauts ? ») que dans des vers au rythme saccadé (« Elle est retrouvée ! / Quoi ? l'éternité »). Faisant retour sur sa propre pratique, Rimbaud juge sévèrement ce qu'il appelle ses « espèces de romance » et constate que « la vieillerie poétique avait une bonne part dans [son] alchimie du verbe ». Celui qui dit avoir été en proie à « l'hallucination des mots » termine le récit de son errance par ce simple constat : « Cela s'est passé. Je sais aujourd'hui saluer la beauté[78]. » Le poète, voleur de feu, a inscrit sa quête dans des visions rendues palpables par une forme vagabonde, constamment appliquée à sa propre mise en jeu.

Professeur d'anglais, Stéphane Mallarmé s'intéresse à la langue en philologue autant qu'en poète. En plus de sa

76. André Guyaux, « Les niveaux de langue dans la poésie de Rimbaud », *Cahiers de l'Association internationale des études françaises*, Paris, Les Belles Lettres, n° 41, 1989, p. 75.
77. *Id.*, *ibid.*, p. 69.
78. Ces quelques extraits sont tirés de « Délires, II. Alchimie du verbe », *Une saison en enfer*.

Petite Philologie à l'usage des classes et du monde. Les Mots anglais (1877), il publie les *Contes favoris* (1885), un recueil de lectures anglaises à l'usage des classes, des *Thèmes anglais* (1937) et prépare une vaste anthologie (1 154 pages !), restée manuscrite, intitulée *Les Beautés de l'anglais* et qui devait compléter *Les Mots anglais*. Mais le poète, rêvant du grand Œuvre ou du Livre qui rendrait compte de l'univers dans son intégralité, a surtout exprimé son rapport à la langue dans un texte en prose, « Crise de vers »[79], inclus dans le recueil d'articles et de poèmes en prose intitulé *Divagations* (1897). Après avoir constaté que « la littérature ici subit une exquise crise, fondamentale », Mallarmé élabore sa théorie des langues imparfaites : « Les langues imparfaites en cela que plusieurs, manque la suprême : penser étant écrire sans accessoires, ni chuchotement mais tacite encore l'immortelle parole, la diversité, sur terre, des idiomes empêche personne de proférer les mots qui, sinon se trouveraient, par une frappe unique, elle-même matériellement la vérité. [...] quelle déception, devant la perversité conférant à *jour* comme à *nuit*, contradictoirement, des timbres obscur ici, là clair. » Seule la poésie peut, selon Mallarmé, « corriger le défaut des langues ». Pour cela, le poète doit accepter de mettre de côté sa propre individualité pour laisser toute la place aux mots : « L'œuvre pure implique la disparition élocutoire du poète, qui cède l'initiative aux mots, par le heurt de leur inégalité mobilisés. » Et plus explicitement encore : « Le vers qui de plusieurs vocables refait un mot total, neuf, étranger à la langue et comme incantatoire, achève cet isolement de la parole : niant, d'un trait souverain, le hasard demeuré aux termes malgré l'artifice de leur retrempe alternée en le sens et la

79. « Crise de vers », dans Stéphane Mallarmé, *Œuvres complètes*, Paris, Gallimard, coll. « Bibliothèque de la Pléiade. 1966, p. 365 et suiv.

sonorité, et vous cause cette surprise de n'avoir ouï jamais tel fragment ordinaire d'élocution, en même temps que la réminiscence de l'objet nommé baigne dans une neuve atmosphère. » Cette fonction très haute dévolue à la poésie, Mallarmé la résumera dans un vers du « Tombeau d'Edgar Poe » : « Donner un sens plus pur aux mots de la tribu. » La pureté recherchée, ici, n'est pas la même que celle proposée par les écrivains du XVIIe siècle, qui avait partie liée avec la transparence du langage. Il s'agit plutôt, pour l'auteur d'*Igitur*, d'une poétique qui lui permet de doter le langage d'une vie singulière, surgie de « tel fragment ordinaire d'élocution », et d'atteindre ainsi une « neuve atmosphère », c'est-à-dire une connaissance supérieure ou un niveau de l'expérience humaine recréé par l'art.

Mallarmé aura été parmi les premiers à rendre compte de l'inadéquation fondamentale du langage et, à partir de cette constatation, à songer à lui donner sa propre autonomie. Ainsi serait née, d'après Michel Foucault, la conception moderne de la littérature : « De la révolte romantique contre un discours immobilisé dans sa cérémonie, jusqu'à la découverte mallarméenne du mot en son pouvoir impuissant, on voit bien quelle fut, au XIXe siècle, la fonction de la littérature par rapport au mode d'être moderne du langage. Sur le fond de ce jeu essentiel, le reste est effet ; la littérature se distingue de plus en plus du discours d'idées et s'enferme dans une intransitivité radicale[80]. » Pour Roland Barthes, cette spécificité de la littérature, et le refus qui l'accompagne de ne pas prendre son parti de l'absence de « parallélisme entre le réel et le langage », conduit à la création d'« utopies de langages » qui fondent la modernité littéraire. D'où l'exemplarité d'une

80. Michel Foucault, *Les Mots et les Choses*, Paris, Gallimard, coll. « Tel », 1966, p. 313.

œuvre qui, plus explicitement qu'aucune autre, se propose de dépasser le mur des signes, comme on dit le mur du son : « "Changer la langue", mot mallarméen, est concomitant de "changer le monde", mot marxien[81]. » Au XIXe siècle, la langue française vient à peine d'être constituée et célébrée à titre de langue universelle qu'il faut la brusquer, la trahir ou, mieux encore, selon l'expression barthienne, « tricher avec elle ». C'est à quoi s'appliqueront, en toute connaissance de cause, les écrivains du XXe siècle. Mais voyons d'abord quel a été l'apport, du point de vue de l'usage littéraire, des romanciers réalistes.

*

Repères bibliographiques

Balibar Renée, *L'Institution du français. Essai sur le colinguisme des Carolingiens à la République*, Paris, PUF, 1985.

Benjamin Walter, *Charles Baudelaire. Un poète lyrique à l'approche du capitalisme*, Paris, Petite Bibliothèque Payot, 1982.

Bollème Geneviève, *Le Peuple par écrit*, Paris, Éd. du Seuil, 1986.

Brunet Étienne, *Le Vocabulaire de Victor Hugo*, Paris/Genève, Champion/Slatkine, 1988.

Butor Michel, « Victor Hugo romancier », *Répertoire II*, Paris, Éd. de Minuit, coll. « Critique », 1964, p. 215-242.

Collot Michel, « L'esthétique baroque », L'Homme qui rit *de Victor Hugo*, Actes du colloque de la Société des études romantiques, Paris, Sedes, 1985, p. 99-121.

Gaudon Jean, « Les vicissitudes du savoir », L'Homme qui rit *de Victor Hugo*, Actes du colloque de la Société des études romantiques, Paris, Sedes, 1985, p. 25-34.

81. Roland Barthes, *Leçon*, Paris, Éd. du Seuil, 1978, p. 23.

GOLDIN Jeanne (dir.), *George Sand et l'écriture du roman, Actes du XIe Colloque international George Sand*, Montréal, Paragraphes/université de Montréal, Département d'études françaises, 1996.

GRUTMAN Rainier, « "Besos para golpes" : l'ambiguïté d'un titre hugolien », dans Gauvin Lise (dir.), *Les Langues du roman*, Montréal, Presses de l'université de Montréal, p. 37-51.

GUYAUX André, « Les niveaux de langue dans la poésie de Rimbaud », *Cahiers de l'Association internationale des études françaises*, Paris, Les Belles Lettres, n° 41, 1989, p .65-80.

HOFMANNSTHAL Hugo (von), *Victor Hugo*, Paris, La Différence, 1990.

KELLEY David, « Gautier et Baudelaire : *Émaux et Camées* et les *Petits Poèmes en prose* », *Baudelaire, Mallarmé, Valéry, New Essays in honour of Lloyd Austin*, Cambridge, Cambridge University Press, 1982, p. 58-79.

PRÉVOST Maxime, *Rictus romantiques. Politiques du rire chez Victor Hugo*, Montréal, Presses de l'université de Montréal, 2002.

RINCÉ Dominique, *Baudelaire et la modernité poétique*, Paris, PUF, coll. « Que sais-je ? », 1984.

THIESSE,Anne-Marie, « Écrivain/public(s) : les mystères de la communication littéraire », *Europe*, novembre-décembre 1982, p. 36-46.

THOMAS Jean-Jacques, « Littérature populaire/langue populaire », *Poétique*, n° 37, février 1979, p. 10-23.

VERNOIS Paul, *Le Roman rustique de George Sand à Ramuz. Ses tendances et son évolution (1869-1925)*, Paris, Nizet, 1962.

VINCENT Marie-Louise, *La Langue et le style de George Sand dans les romans champêtres* (1916), Genève, Slatkine Reprints, 1978.

CHAPITRE V

Les avatars du réalisme

« J'en conclus que les réalistes de talent devraient plutôt s'appeler des Illusionnistes. »

Guy de Maupassant, « Le roman »,
Préface à *Pierre et Jean*, 1882

Vers la fin du XIXe siècle, Zola constate que le genre romanesque a préséance sur tous les autres : « Aujourd'hui le roman s'est emparé de toute la place, il a absorbé tous les genres. Son cadre si souple embrasse l'universalité des connaissances. Il est la poésie et il est la science. Ce n'est plus seulement un amusement, une récréation ; c'est tout ce qu'on veut, un poème, un traité de pathologie, un traité d'anatomie, une arme politique, un essai de morale[1]. » La fortune du roman coïncide avec l'importance accrue accordée à l'histoire et aux historiens ainsi qu'avec l'ambition exprimée de décrire l'ensemble d'une société. L'œuvre de Michelet, notamment, se veut une « résurrection de la vie intégrale », qui s'appuie sur une vaste documentation tout en faisant appel à la sensibilité du chercheur. D'autre part, le développement des études scientifiques oriente les écrivains vers une observation minutieuse du monde qu'ils s'apprêtent à décrire. Une conception du récit naît alors, dite réaliste ou naturaliste, dont les principaux représentants sont, après Balzac, Flaubert, Zola et Maupassant.

1. Émile Zola, « Les romanciers contemporains », *Le Messager de l'Europe*, septembre 1878.

L'esthétique réaliste repose sur un certain nombre de principes qu'il n'est pas inutile de rappeler avant d'en analyser les implications dans le domaine de la représentation des langages. Historiquement, le nom même de réalisme a été utilisé pour la première fois en 1850 pour qualifier l'art de Courbet en peinture, et plus particulièrement un tableau qui avait fait scandale au Salon de 1849, *L'Après-dîner à Ornans*, donnant à voir des hommes assis autour d'une table dans la salle commune d'une ferme, avec un chien placé en premier plan. Il s'agit, pour Courbet, de représenter les gens du peuple dans une dimension « grandeur nature », sans chercher à les célébrer d'aucune façon ni à transformer leur indigence en vertu. Peu de temps après, le critique Champfleury définit le réalisme comme suit : « L'art vrai, ce qu'on pourchasse aujourd'hui sous le nom de réalisme [...], l'art simple, l'art qui consiste à prendre des idées sans "les faire danser sur la phrase", comme disait Jean-Paul Richter, l'art qui se fait modeste, l'art qui dédaigne les vains ornements du style, l'art qui creuse et qui cherche la nature comme les ouvriers cherchent l'eau dans un puits artésien[2]. » La comparaison avec l'ouvrier n'est pas fortuite, puisque ce personnage deviendra, dans bien des cas, la figure centrale du récit.

Les écrivains n'ont pas attendu ces éclats ni ces définitions pour revendiquer le droit d'exprimer le réel dans son intégralité. Déjà Stendhal, que Zola consacre héritier de Diderot parce qu'« il s'en tient à l'analyse exacte »[3], choisit comme exergue au *Rouge et le Noir* cette inscription : « La vérité, l'âpre vérité. » C'est dans ce même ouvrage qu'on trouve sa célèbre définition : « Hé, monsieur, un

2. Champfleury, « Lettre à M. Ampère touchant la poésie populaire », *Revue de Paris*, 15 novembre 1853 ; repris dans *Le Réalisme* (1857), cité par Colette Becker, *Lire le réalisme et le naturalisme*, Paris, Dunod, 1992, p. 50.

3. Émile Zola, *Le Figaro*, 17 janvier 1881.

roman est un miroir qui se promène sur une grande route. Tantôt il reflète à vos yeux l'azur des cieux, tantôt la fange des bourbiers de la route[4]. » Les récits stendhaliens s'inspirent de faits divers ou racontent des tranches d'Histoire ; ses héros, grâce au procédé de « restriction de champ » et à l'utilisation du monologue intérieur, font entendre leurs voix singulières. Contemporaine de celle de Stendhal, l'œuvre de Balzac s'érige sur des principes analogues de fidélité au réel, un réel que le romancier doit débusquer dans toutes les sphères de l'ordre social et dans les arcanes du cœur humain. L'ambition de l'auteur de *La Comédie humaine* est sans limite : « Les études de mœurs représenteront tous les effets sociaux sans que ni une situation de la vie, ni une physionomie, ni un caractère d'homme ou de femme, ni une manière de vivre, ni une profession, ni une zone sociale, ni un pays français, ni quoi que ce soit de l'enfance, de la vieillesse, de l'âge mûr, de la politique, de la justice, de la guerre ait été oublié. Cela posé, l'histoire du cœur humain tracée fil à fil, l'histoire sociale faite dans toutes ses parties, voilà la base. Ce ne seront pas des faits imaginaires : ce sera ce qui se passe partout[5]. » Obsession de la totalité donc, ou plus exactement tentation de démiurge qui habite à des degrés divers les romanciers réalistes, l'une et l'autre s'accommodant plutôt mal avec un art qui se veut « modeste », selon l'expression de Champfleury.

D'autres principes méritent d'être rappelés. Celui de l'objectivité et de l'impartialité, notamment, qui guide Flaubert dans l'élaboration de ses textes. Pour ce dernier en effet, l'artiste doit paraître absent de son œuvre, se transporter dans ses personnages et les décrire avec le

4. Stendhal, *Le Rouge et le Noir*, IIe partie, chap. XIX.

5. Honoré de Balzac, lettre à Mme Hanska, 26 octobre 1836, reproduite dans *Écrits sur le roman*, anthologie, textes choisis, annotés et présentés par Stéphane Vachon, Paris, Le Livre de poche, 2000, p. 82.

regard de clinicien qu'ont les scientifiques pour leurs objets d'analyse. L'objectivité suppose en corollaire que le réel acquière un statut de document. Selon les Goncourt, le romancier est un « historien du présent » et doit se renseigner de façon précise, par l'observation ou l'enquête, « comme l'histoire se fait avec des documents écrits »[6]. Pour cela, l'écrivain doit mettre en sourdine son imagination : « Le plus bel éloge que l'on pouvait faire autrefois d'un romancier était de dire : "Il a de l'imagination." Aujourd'hui, cet éloge serait presque regardé comme une critique. C'est que toutes les conditions du roman ont changé. L'imagination n'est plus la qualité maîtresse du romancier. [...] Aujourd'hui, la qualité maîtresse du romancier est le sens du réel[7]. » Ce réel scruté à la loupe, c'est aussi un réel qui se donne comme inventaire et comme encyclopédie. « Quand je m'attaque à un sujet, je voudrais y faire entrer le monde entier », précise encore Zola[8]. Cette tentative est orientée vers les mêmes fins que celles qui président à la recherche scientifique : « Inventorier l'univers, c'est moins le consacrer ou l'épeler que le dominer et déjà le transformer[9]. » Sous les postulats du réalisme perce le désir de comprendre le fonctionnement global de la société, d'en dévoiler les causes et, ultimement, de modifier l'ordre des choses. Cependant, selon Jacques Dubois, « ce n'est pas dans ses commentaires sociologisants [...], ni dans ses descriptions de "milieux" trop longuement tartinées qu'il [le texte réaliste] dit une vérité sur le monde ; c'est là où il

6. Edmond et Jules de Goncourt, *Journal*, 24 octobre 1864 ; repris dans Colette Becker, *Lire le réalisme et le naturalisme*, *op. cit.*, p. 92.

7. Émile Zola, « Le sens du réel », article recueilli dans *Le Roman expérimental* (1881), reproduit dans Colette Becker, *ibid.*, p. 148.

8. Émile Zola à Van Santen Kolff, cité dans Colette Becker, *ibid.*, p. 93.

9. François Dagognet, *Le Catalogue de la vie*, Paris, PUF, 1970, p. 8 ; cité dans Colette Becker, *ibid.*, p. 93.

invente un univers, là où il dit les rapports humains en des projections qui confinent à des allégories ; là où il s'approprie les paroles les plus triviales en artefacts linguistiques qu'il propose la grille la plus opératoire et la plus efficace de déchiffrement de la société »[10].

Bref, le projet réaliste se veut « un instrument d'exploration du réel, de figuration de l'Histoire, d'analyse de la société »[11]. Mais cet instrument, quoi qu'en disent ses utilisateurs, n'est pas neutre. Maupassant est l'un des premiers à avoir dénoncé ce qu'il appelle l'illusion réaliste et insisté sur l'aspect procédé que suppose pareille esthétique, ne serait-ce que par les choix que doit fatalement opérer le romancier parmi les événements à relater et les paroles à rapporter :

> « Le vrai peut quelquefois n'être pas vraisemblable.
> Le réaliste, s'il est un artiste, cherchera, non pas à nous montrer la photographie banale de la vie, mais à nous en donner la vision plus complète, plus saisissante, plus probante que la réalité même.
> Raconter tout serait impossible, car il faudrait alors un volume au moins par journée, pour énumérer les multitudes d'incidents insignifiants qui emplissent notre existence.
> Un choix s'impose donc – ce qui est une première atteinte à la théorie de toute la vérité.
> [...]
> Faire vrai consiste donc à donner l'illusion complète du vrai, suivant la logique ordinaire des faits, et non à les transcrire servilement dans le pêle-mêle de leur succession.
> J'en conclus que les Réalistes de talent devraient plutôt s'appeler des Illusionnistes[12]. »

10. Jacques Dubois, *Les Romanciers du réel. De Balzac à Simenon*, Paris, Éd. du Seuil, coll. « Points Essais », 2000, p. 12.
11. *Id., ibid.*, p. 9.
12. Guy de Maupassant, « Le roman », préface à *Pierre et Jean* (1887), Paris, Garnier-Flammarion, 1999, p. 21-22.

Là où Maupassant parlera d'« illusion complète du vrai », Barthes, un siècle plus tard, désignera le même phénomène sous le nom d'« effet de réel », fondement de ce « vraisemblable inavoué qui forme l'esthétique de toutes les œuvres courantes de la modernité »[13].

On conviendra, avec Roman Jakobson, de la « relativité de la notion de réalisme »[14]. Cependant, ce pacte implicite, « le vraisemblable inavoué », a conduit à l'élaboration d'une esthétique qui, toujours selon Barthes, signale par excellence l'artisanat du style : elle ne renverrait tout au plus qu'à une « convention du réel » et à une « fabrication de l'écriture ». L'écriture réaliste, précise-t-il encore, est « un combinat des signes formels de la littérature (passé simple, style indirect, rythme écrit) et des signes non moins formels du réalisme (pièces rapportées du langage populaire, mots forts, dialectaux, etc.) en sorte qu'aucune écriture n'est plus artificielle que celle qui a prétendu dépeindre au plus près la nature »[15]. L'utilisation des divers niveaux de langue fait ainsi partie des « connotateurs de mimésis » nécessaires au type de discours engendré par le « programme réaliste »[16]. Cette littérature à projet réaliste, tout en se voulant pur reflet du social dont elle émerge, entretient le mythe d'un narrateur distinct et distant de personnages dont il se garde bien de réfléchir les particularismes langagiers ailleurs que dans les discours rapportés, dans les transcriptions timides de quelques expressions ou dans des phrases fort circonspectes. Cela même lorsque le discours indirect, chez un

13. Roland Barthes (en coll.), « L'effet de réel » (1968), dans *Littérature et Réalité*, Paris, Éd. du Seuil, coll. « Points Essais » 1982, p. 89.

14. Roman Jakobson, *Essais de linguistique générale*, Paris, Éd. de Minuit, vol. I, 1963, p. 62.

15. Roland Barthes, *Le Degré zéro de l'écriture* (1953), Paris, Éditions Gonthier, 1965, p. 59.

16. Philippe Hamon, « Un discours contraint », dans *Littérature et Réalité*, *op. cit.*, p. 131.

Zola par exemple, superpose deux voix, deux tonalités, deux registres : car malgré tout en pareil cas, la voix narrative subordonne la seconde, à laquelle elle délègue tout au plus quelques passages expressifs. Les faits de langue sont alors encadrés et enchâssés dans un discours qui les subsume. Ce langage fort saturé de conventions ne donne « le réel qu'entre guillemets »[17]. L'*effet de langue* devient alors un pur « effet de réel ».

Ainsi le « désir de réalisme »[18] a-t-il généré, dans le domaine du roman, un certain nombre de constantes qui sont vite devenues des contraintes. Ce type de discours présuppose en effet que, d'une part, la « langue peut *copier* le réel » et que, d'autre part, « la langue est *seconde* par rapport au réel (elle l'exprime, elle ne le crée pas), elle lui est extérieure »[19]. Ce qui entraîne comme conséquence qu'« à la limite, le réel n'est plus qu'une *mosaïque linguistique* (il y a le latin du curé, le cliché des humbles, le mot d'esprit de l'homme du monde, l'argot du soldat, le mot d'enfant, etc.) ; le texte n'est plus qu'une répétition, toute manifestation d'idiolecte étant chargée de provoquer un effet de réel. [...] D'où ce trait paradoxal du discours réaliste, qui met beaucoup de soin à dissimuler le lieu d'où il parle ainsi que le statut pédagogique de son

17. Roland Barthes, *Le Degré zéro de l'écriture*, *op. cit.*, p. 77.

18. « Le désir de "réalisme" conduit à chercher de plus en plus puissants moyens de rendre. Le rendu mène à la technique. La technique mène à la classification, à l'ordre. L'ordre mène au systématique... » (Paul Valéry, cité par Philippe Hamon, « Un discours contraint », art. cit., p. 170.)

19. Philippe Hamon, « Un discours contraint », art. cit., p. 133. Sur cette question, je renvoie également aux analyses d'Erich Auerbach dans *Mimésis. La représentation de la réalité dans la littérature occidentale* (1946), Paris, Gallimard, coll. « Bibliothèque des idées », 1969. Texte fondamental que Hamon reprend et commente abondamment. Une analyse du « réalisme » en rapport avec le dialogue romanesque a été faite par Gillian Lane-Mercier dans *La Parole romanesque*, Ottawa/Paris, Presses de l'université d'Ottawa/Klincksieck, 1989.

auteur et les conditions de sa production »[20]. Cette esthétique se double ainsi d'une éthique de la forme masquée par une illusion de transparence[21].

Le deuxième postulat qui affecte la notion même de roman au même titre que celle du « vraisemblable inavoué » ou du « désir de réalisme » est celui qui veut que le roman soit un assemblage de langues, de styles, bref un plurilinguisme et un décentrement. La fortune qu'a connue le concept bakhtinien de plurilinguisme n'a pas été sans créer quelques malentendus. Contentons-nous ici de quelques rappels. Comme il est impensable de confondre dialogue et dialogisme, il serait aussi peu adéquat de confondre le plurilinguisme dont il est question dans *Esthétique et théorie du roman*[22] avec une simple juxtaposition de langues diverses dans un même texte. Le plurilinguisme bakhtinien est complexe et concerne aussi bien l'hétéroglossie ou diversité des langues, l'hétérophonie ou diversité des voix et l'hétérologie ou diversité des registres sociaux, des niveaux de langue. « Le roman pris comme un tout, écrit-il, c'est un phénomène pluristylistique, plurilingual, plurivocal[23]. » Et encore : « Le style du roman, c'est un assemblage de styles ; le langage du roman, c'est un système de langues[24]. » Dans le roman, précise Bakhtine, « l'homme est essentiellement un homme qui parle » et sa *parole* fait « l'objet d'une

20. Philippe Hamon, « Un discours contraint », art. cit., p. 141-142.

21. « En effet, la nature des conventions romanesques permet au narrateur de manipuler, à des degrés plus ou moins perceptibles, la forme, le contenu, les implicites de la parole actorielle pour qu'elle coïncide parfaitement avec les exigences diégétiques et idéologiques de l'œuvre, si bien que l'illusion d'innocence rejoint la problématique du réalisme. » (Gillian-Lane Mercier, *La Parole romanesque*, *op. cit.*, p. 42.)

22. Mikhaïl Bakhtine, *Esthétique et théorie du roman*, Paris, Gallimard, coll. « Bibliothèque des idées », 1978.

23. *Id.*, *ibid.*, p. 87.

24. *Id.*, *ibid.*, p. 88.

représentation verbale et littéraire »[25]. Ce locuteur est un individu social, historiquement concret et défini, son discours est un langage social, non un « dialecte individuel »[26]. Ce locuteur renvoie à rien de moins qu'à « une image du langage »[27].

Dans quelle mesure cette polyphonie est-elle compatible avec l'esthétique du roman réaliste et les effets de réel que ce dernier privilégie ? Dans quelle mesure s'accorde-t-elle avec un discours qui tend à une écriture « transparente », avec un discours « fortement démodalisé et assertif », qui emprunte ses procédés à l'énonciation historique et se trouve par là plus proche d'un monolinguisme atonal que d'une interaction véritable ? Si tout roman produit une « image du langage », nous examinerons comment, sur quelles mises en scène textuelles s'appuient ces fictions pour prendre en compte la vraisemblance langagière. Nous nous en tiendrons à quelques exemples clés parmi les œuvres de Balzac, de Flaubert et de Zola. Plus particulièrement encore, nous choisirons d'analyser chaque fois une œuvre considérée comme emblématique du traitement de la langue chez l'un ou l'autre de ces romanciers.

Balzac et les mises à distance

L'ambition balzacienne de faire l'inventaire des passions, vices et vertus qui gouvernent la société de son temps et, par là, d'« écrire l'histoire oubliée par tant d'historiens, celle des mœurs »[28], le conduit à créer une vaste

25. *Id.*, *ibid.*, p. 152.
26. *Id.*, *ibid.*, p. 153.
27. *Id.*, *ibid.*, p. 172.
28. Honoré de Balzac, Avant-propos à *La Comédie humaine* (1842), dans *Écrits sur le roman*, *op. cit.*, p. 287.

fresque dans le but avoué de « faire concurrence à l'état civil ». Projet totalisant s'il en est, celui de Balzac est de rendre compte de l'ensemble des manifestations sociales, sans en oublier aucune : « Comment, se demande-t-il, rendre intéressant le drame à trois ou quatre mille personnages que présente une Société ? Comment plaire à la fois au poète, au philosophe et aux masses qui veulent la poésie et la philosophie sous de saisissantes images ? Si je concevais l'importance et la poésie de cette histoire du cœur humain, je ne voyais aucun moyen d'exécution : car, jusqu'à notre époque, les plus célèbres conteurs avaient dépensé leur talent à créer un ou deux personnages typiques, à peindre une face de la vie [...][29] . » Celui qui se dit « le secrétaire de la Société » se propose de devenir « un peintre plus ou moins fidèle, plus ou moins heureux, patient ou courageux des types humains, le conteur des drames de la vie intime, l'archéologue du mobilier social, le nomenclateur des professions, l'enregistreur du bien et du mal »[30]. Mieux encore, il croit pouvoir « étudier la raison ou les raisons de ces effets sociaux, surprendre le sens caché dans cet assemblage de figures, de passions et d'événements »[31]. Un tel projet, qui donne au romancier le double rôle d'archiviste et d'initié, ne saurait s'accomplir sans une mise en scène complexe destinée à représenter les langages sociaux.

Sur ce point, le « système » balzacien doit beaucoup à celui de Walter Scott, dont il admire tout particulièrement les passages dialogués : « C'est par un dialogue vigoureux et dramatique qu'il [Walter Scott] établit le caractère de ses personnages »[32], écrit-il à propos de l'auteur anglais. Cette fonction dévolue à la parole est soulignée à plusieurs reprises : « Le dialogue, disons-le hautement,

29. *Id.*, *ibid.*, p. 284.
30. *Id.*, *ibid.*, p. 288.
31. *Id.*, *ibid.*
32. *Id.*, *ibid.*, p. 39.

est la dernière des formes littéraires, la moins estimée, la plus facile ; mais voyez jusqu'où Walter Scott l'a élevée[33]. » Son art consiste non pas à généraliser des particularités, mais plutôt à « particulariser des généralités »[34], ce que Balzac considère comme un « principe essentiel » et qu'il s'appliquera lui-même à réaliser à travers la large fresque que constitue *La Comédie humaine*. Voyons comment ce principe se met en place dans *Le Père Goriot*.

Les personnages balzaciens parlent abondamment et leur discours les particularise aussi bien dans leur être individuel que dans leur moi social, c'est-à-dire dans leur appartenance à une classe donnée. Le narrateur du *Père Goriot*, dès les premières pages du roman, présente madame Vauquer par sa manière de dire, insistant sur un défaut de prononciation qui la distingue, tout en l'associant au décor dans lequel elle évoluera : « Le long de chaque muraille, règne une étroite allée qui mène à un couvert de tilleuls, mot que madame Vauquer, quoique née de Conflans, prononce obstinément *tieuilles*, malgré les observations grammaticales de ses hôtes[35]. » Des hôtes qui appartiennent à la petite bourgeoisie parisienne, comme la propriétaire de la pension dont on précise : « Néanmoins, *elle est bonne femme au fond*, disent les pensionnaires, qui la croient sans fortune en l'entendant geindre et tousser comme eux. » (*PG*, p. 56.) Le procédé de la citation indirecte, signifiée par l'italique, sert également au narrateur pour qualifier le même personnage : « Âgée d'environ cinquante ans, madame Vauquer ressemble à toutes *les femmes qui ont eu des malheurs*. » (*PG*, p. 55.) Il s'agit alors d'une expression populaire, d'une parole-cliché

33. *Id.*, *ibid.*, p. 179
34. *Id.*, *ibid.*, p. 183.
35. *Id.*, *Le Père Goriot*, Introduction, notes et dossier de Stéphane Vachon, Paris, Le Livre de poche, coll. « Classiques de poche », 1995, p. 51. Désormais indiqué par *PG* suivi de la page.

dont le romancier fera un usage limité. Plus fréquent sera le recours à certaines particularités lexicales qui à la fois révèlent les néologismes d'une époque et les détours métaphoriques empruntés par madame Vauquer pour suggérer des habitudes peu recommandables : « Lorsque son hôtesse l'accusa d'être un *galantin*, il laissa errer sur ses lèvres le gai sourire du bourgeois dont on a flatté le dada. » (*PG*, p. 68.) Et encore : « Elle s'aperçut alors que son pensionnaire avait déjà, selon son expression, ses *allures*. » (*PG*, p. 73.) La formule « selon son expression » dénote un écart que le romancier tient à souligner par le recours à l'italique. Mais le plus souvent les paroles de madame Vauquer, évoquées de manière oblique par le narrateur, se distinguent assez peu de la grisaille générale de l'environnement, représentée par une pièce de sa maison dont on apprend qu'elle « exhale une odeur sans nom dans la langue et qu'il faudrait appeler *l'odeur de pension* ». Tout au plus cette femme est-elle capable d'enfiler « une suite de phrases insignifiantes » (*PG*, p. 258) provoquées par un événement tragique. On peut supposer que Balzac prend appui sur cette langue sans relief pour mieux mettre en évidence les contrastes avec celles que pratiquent les autres personnages du récit.

Le langage populaire est présent, tout au long du roman, dans les conversations des domestiques. On y retrouve les élisions, contractions et suppressions révélatrices d'un français peu châtié : « M. Vautrin qu'est un bon homme tout de même » (*PG*, p. 89) ; « C'te farce ! » (*PG*, p. 90) ; « faut que j'y aille » (*PG*, p. 91). Cela jusqu'à l'incorrection flagrante : « Qué qui fait donc ? » (*PG*, p. 90.) Le lexique parisien est encore mis à contribution pour désigner « le patron-jacquette », que madame Vauquer corrige en « patron-minette » (*PG*, p. 91). Mais cette dernière, malgré son souci de correction, n'est pas à l'abri des fautes de langage puisque, en parlant du vin, elle déclare : « C'est bon à l'*estomaque*. » (*PG*, p. 244.)

À l'autre extrémité de l'échelle sociale, l'aristocratie est représentée par un langage tout en litotes, en sous-entendus, en formules de familiarité ambiguës : « Aussi la comtesse disait-elle à madame Vauquer, en l'appelant *chère amie*, qu'elle lui procurerait la baronne de Vaumerland. » (*PG*, p. 71.) Les pensionnaires, pour leur part, s'amusent à des joutes verbales, en additionnant par exemple « rama » – emprunté à panorama – à chacun de leurs mots, en inventant des dérivés au mot « corbeau » ou en répétant les cris de Paris : « Ce fut des rires féroces, au milieu desquels éclatèrent quelques imitations des diverses voix d'animaux. L'employé au Muséum s'étant avisé de reproduire un cri de Paris qui avait de l'analogie avec le miaulement du chat amoureux, aussitôt huit voix beuglèrent simultanément les phrases suivantes : – À repasser les couteaux ! – Mo-ron pour les p'tits oiseaulx ! – Voilà le plaisir, mesdames, voilà le plaisir ! – À raccommoder la faïence ! – À la barque, à la barque ! – Battez vos femmes, vos habits ! – Vieux habits, vieux galons, vieux chapeaux à vendre ! – À la cerise, à la douce ! La palme fut à Bianchon avec l'accent nasillard avec lequel il cria : – Marchand de parapluies ! » (*PG*, p. 245-246.) Le mot « imitation » rend compte mieux que tout autre de l'intention qui anime ce passage, choisi pour son pittoresque et ses sons rythmés.

On n'a encore rien dit des particularités langagières du *Père Goriot* si on ne mentionne la grande liberté avec laquelle Vautrin use et abuse de tous les styles et niveaux de langue : « Vautrin manie en virtuose une parole à la hauteur de son intelligence et de sa faconde. Le personnage est tout entier dans sa façon de s'exprimer », écrit Éric Bordas dans son étude sur l'énonciation romanesque chez Balzac[36]. Ce qui amène l'ancien forçat à utiliser

36. Éric Bordas, *Balzac, discours et détours. Pour une stylistique de l'énonciation romanesque*, Toulouse, Presses universitaires du

aussi bien « le langage de la galanterie française » (*PG*, p. 252) que l'argot : « Si j'avais été ici, lui disait alors Vautrin, ce malheur ne vous serait pas arrivé ! Je vous aurais joliment dévisagé cette farceuse-là. » (*PG*, p. 73.) Ou encore, au moment de son arrestation : « Si j'avais seulement levé la main, dit-il aux pensionnaires, ces trois mouchards-là répandaient tout mon *raisiné* sur le *trimar* domestique de maman Vauquer. » (*PG*, p. 269.) L'effet d'argot, présent dans cet extrait et dans les tirades qui lui succèdent, se trouve intensifié par les italiques. « Paroles tenues à distance »[37], celles-ci le sont à la fois par le marquage typographique et par leur utilisation dans le cadre d'un passage dialogué. Il s'agit bien d'un *effet de réel* destiné à assurer l'authenticité du langage du personnage, à en garantir l'origine.

Le narrateur, de son côté, se permet quelques néologismes, comme de qualifier un personnage de « Poiret *l'idémiste* » (*PG*, p. 97), soulignant par là le manque d'originalité de ses propos, et de mentionner une « nation plumigère » (*PG*, p. 228). Ou encore des métaphores du genre : « Elle rêva tout l'Eldorado des petits ménages parisiens. » (*PG*, p. 65.) À d'autres moments, il traduit : « la Veuve (nom plein de terrible poésie que les forçats donnent à la guillotine) » (*PG*, p. 270) ou explique : « Ces menus suffrages, suivant une jolie expression de nos ancêtres. » (*PG*, p. 237.) Parfois l'explication va jusqu'à la glose lexicale, attribuée à un commentaire du directeur de la police judiciaire : « Sorbonne et tronche sont deux énergiques expressions du langage des voleurs… » (*PG*, p. 255.) Le plus souvent toutefois, le narrateur se contente

Mirail, 1997, p. 75. Cet ouvrage nous a servi de guide dans nos analyses.

37. Selon l'expression de Jacqueline Authier-Revuz, « Paroles tenues à distance », *Matérialités discursives*, Lille, Presses universitaires de Lille, 1981, p. 127-142.

de céder la parole avec l'autorité d'un chef d'orchestre soucieux de faire entendre un certain nombre de solos bien sentis mais dont il est seul à connaître la partition d'ensemble.

La pension Vauquer renvoie au monde réel, dont elle constitue le microcosme. La parole citée est, par excellence, le procédé choisi par Balzac pour reproduire le discours d'autrui tout en le gardant à une distance circonspecte. L'altérité ainsi montrée est inscrite dans une forme narrative qui fait en sorte que le « narrateur-scripteur s'efface derrière des énonciations qu'il n'entend pas assumer »[38]. La virtuosité langagière des dialogues balzaciens masque tant bien que mal une hiérarchie qui assigne au narrateur la fonction de régisseur suprême, fonction qui lui permet de distribuer les paroles, de les rectifier, voire de les traduire ou de les commenter lorsque l'occasion s'en présente. Le texte ainsi construit donne à voir un état de langue propre à la première moitié du XIXe siècle, avec ses expressions idiomatiques, ses néologismes, ses jeux de mots et sa verdeur lexicale. Il donne à voir également une conjonction de langages représentative d'une forme romanesque dans laquelle se déploie une vaste « scénographie des discours »[39], mais une scénographie dominée par la voix narrative et sa prise en charge du récit. Le mimétisme langagier auquel renvoie l'esthétique balzacienne s'affiche de manière d'autant plus manifeste qu'il est circonscrit dans les limites d'une polyphonie dont on peut à loisir identifier le mode d'emploi.

38. Éric Bordas, *Balzac, discours et détours…*, *op. cit.*, p. 19.
39. *Id.*, *ibid.*, p. 158.

Flaubert et la parole narrativisée

Dans une lettre qu'il lui adressait en 1871, Flaubert reprochait à Zola d'avoir écrit une préface à un roman, ce qui, selon lui, vient gâter une « œuvre qui est si impartiale et si haute ». Et d'ajouter : « Vous y dites votre secret, ce qui est trop candide, et vous exprimez votre opinion, chose que, dans ma poétique (à moi), un romancier n'a pas le droit de faire[40]. » S'il n'a pas publié de préface, l'écrivain n'en a pas moins précisé sa poétique en une série de lettres qui livrent, à défaut de la clé, les principes fondamentaux de son œuvre. Ce discours d'accompagnement révèle un Flaubert avant tout attentif à valoriser l'observation et soucieux de bannir toute tentation de lyrisme. Au moment où il commence l'écriture de *Madame Bovary*, l'écrivain précise à Louise Colet : « Je suis dans l'observation attentive des détails les plus plats. J'ai le regard penché sur les mousses et moisissures de l'âme. Il y a loin de là aux flamboiements mythologiques et théologiques de Saint Antoine[41]. » Observer, c'est aussi, pour Flaubert, se documenter à la manière de l'historien : « L'histoire et l'histoire naturelle ! Voilà les deux muses de l'âge moderne[42]. » Mais c'est encore et surtout « représenter » ce qui a été vu sans « conclure », ainsi que l'ont fait les plus grands génies et les plus grandes œuvres et « montrer la nature telle qu'elle est » de façon que la littérature puisse prendre « les allures de la science »[43].

40. Lettre à Émile Zola, 17 novembre 1871, dans Gustave Flaubert, *Préface à la vie d'écrivain. Extraits de la correspondance*, présentation et choix par Geneviève Bollème, Paris, Éd. du Seuil, 1990, p. 251. Zola vient alors de publier *La Fortune des Rougon*, premier volet de la série des Rougon-Macquart.

41. Lettre à Louise Colet, 8 février 1852, *ibid.*, p. 65.

42. Lettre à Mlle Leroyer de Chantepie, 29 octobre 1863, *ibid.*, p. 230.

43. Lettre à Louise Colet, 6 avril 1853, *ibid.*, p. 11.

La suite est bien connue. Il s'agit de viser l'« impersonnalité » la plus totale et surtout de « ne pas s'écrire » : « L'artiste doit être dans son œuvre comme Dieu dans la création, invisible et tout-puissant, qu'on le sente partout, mais qu'on ne le voie pas[44]. » Flaubert reviendra plusieurs fois sur ce point : « Nul lyrisme, pas de réflexions, personnalité de l'auteur absente. Ce sera triste à lire ; il y aura des choses atroces de misères et de fétidité[45]. » Mais le pari n'est pas tenu et le romancier d'avouer en toute franchise avoir mis beaucoup de lui-même dans ses œuvres : « Je me suis toujours défendu de rien mettre de moi dans mon œuvre et pourtant j'en ai mis beaucoup[46]. » Il avoue avec une égale candeur : « Il y a en moi, littérairement parlant, deux bonshommes distincts : un qui est épris de *gueulades*, de lyrisme, de grands vols d'aigle, de toutes les sonorités de la phrase et des sommets de l'idée ; un autre qui fouille et creuse le vrai tant qu'il peut, qui aime à accuser le petit fait aussi puissamment que le grand, qui voudrait vous faire sentir presque matériellement les choses qu'il reproduit ; celui-là aime à rire et se plaît dans les *animalités* de l'homme[47]. » Ces deux hommes le font considérer avec la même attention le détail sordide et la passion, l'objet infime et l'événement spectacle. Car il n'y a pas, pour Flaubert, d'insignifiance dès que l'écriture s'en mêle : « C'est pour cela qu'il n'y a ni beaux ni vilains sujets et qu'on pourrait presque établir comme axiome, en se posant au point de vue de l'Art pur, qu'il n'y en a aucun, le style étant à lui tout seul une manière absolue de voir les choses[48]. » Amoureux de la forme, le romancier tentera de « donner à la prose le

44. Lettre à Mlle Leroyer de Chantepie, 18 mars 1857, *ibid.*, p. 188.
45. Lettre à Louise Colet, 1er février 1852, *ibid.*, p. 63.
46. Lettre à Louise Colet, 15 août 1946, *ibid.*, p. 39.
47. Lettre à Louise Colet, 16 janvier 1852, *ibid.*, p. 61.
48. *ibid.*, p. 62-63.

rythme du vers (en la laissant prose et très prose) » et d'« écrire la vie ordinaire comme on écrit l'histoire ou l'épopée (sans dénaturer le sujet) »[49]. Ce qui le conduit à se demander « comment faire du dialogue trivial qui soit bien écrit »[50]. Question de mise en scène, de « choix de mots », de « pureté du son », dira-t-il, ou encore d'« illusion », de cette illusion qui s'appelle la poétique.

Pour concilier le lyrique et le vulgaire, Flaubert invente une forme qui est aussi une interrogation sur la forme et une expérimentation permanente. Chez lui, le récit obéit aux grands principes du roman naturaliste tels qu'identifiés par Zola, soit « la reproduction exacte de la vie », l'absence de héros, c'est-à-dire de « personnages grandis outre mesure » et la disparition du romancier derrière l'histoire qu'il raconte puisqu'il « est le metteur en scène caché du drame »[51]. Alors que chez Balzac, la parole des personnages est surtout confinée aux passages dialogués, et procède ainsi d'une mise à distance, elle intervient chez Flaubert dans le tissu narratif qu'elle infléchit subrepticement.

Ce qui frappe d'emblée le lecteur de *Madame Bovary*, c'est la présence fréquente des italiques qui viennent à point nommé trouer la narration par des mots ou des expressions renvoyant à une parole entendue. Effet d'oralité qui apparaît dès l'incipit : « Nous étions à l'étude, quand le Proviseur entra, suivi d'un *nouveau* habillé en bourgeois… » Le narrateur cède ainsi la place au vocabulaire des collégiens. Celui-ci, cité de façon implicite, ajoute à la nouveauté du personnage l'inscription d'un procédé qui deviendra le fondement de la technique flau-

49. Lettre à Louise Colet, 27 mars 1853, *ibid.*, p. 107.
50. Lettre à Louise Colet, 13 septembre 1852, *ibid.*, p. 87.
51. Émile Zola, « Gustave Flaubert », *Le Messager de l'Europe*, 1875, art. cité par Colette Becker, *Lire le réalisme et le naturalisme*, *op. cit.*, p. 150-152.

bertienne. L'italique sert à faire entendre un fragment de discours associé à l'idiolecte d'un personnage : « Mais, à tout cela, M. Bovary, peu soucieux des lettres, disait que *ce n'était pas la peine* ! [...] D'ailleurs, *avec du toupet, un homme réussit toujours dans le monde*[52]. » Dans ce passage, l'effet d'oralité déjà donné par l'italique se trouve intensifié par le discours indirect qui l'enchâsse. Mais il s'agit par là de marquer également les expressions empruntées à la sagesse populaire, ou à cette pseudo-sagesse qui, dans les œuvres de Flaubert, se confond souvent avec les idées reçues. Ainsi, dans une scène reproduisant un échange entre Emma et sa belle-mère, les mots cités en italique désignent une parole d'autant plus accusatrice qu'elle se voile sous l'apparence de l'anonymat : « Elle lui trouvait *un genre trop relevé pour leur position de fortune* ; le bois, le sucre et la chandelle *filaient comme dans une grande maison.* » (*B*, p. 108.) Cette parole collective, née de la rumeur publique, appartient à la fois au personnage qui la profère et à celui qui l'entend, créant ainsi une forme de complicité ou de « lieu commun » du langage que l'expression « comme on dit » vient souligner de manière explicite : « [...] et elle apprit que Mlle Rouault, élevée au couvent, chez les Ursulines, avait reçu, comme on dit, *une belle éducation*, qu'elle savait, en conséquence, la danse, la géographie... » (*B*, p. 75). Flaubert choisit de contaminer le récit par l'utilisation systématique du discours indirect, ce dernier étant serti à son tour de paroles qui prennent valeur de citations au second degré. Celui qui disait se méfier par-dessus tout des métaphores et des comparaisons utilise les mots « dans leur costume ordinaire » (*B*, p. 106), ainsi qu'il qualifie lui-même la conversation de Charles, à cette

52. Gustave Flaubert, *Madame Bovary*, Paris, Le Livre de poche, coll. « Classiques de poche », Préface, notes et dossier par Jacques Neefs, 1999, p. 61. Désormais indiqué par *B*, suivi de la page.

différence près que dans sa prose la platitude, comme l'ennui, est le résultat d'une savante recherche.

Les passages dialogués, relativement peu nombreux, sont aussi le fruit d'un labeur. Au moment où il écrit la longue scène d'auberge placée au début de la deuxième partie de *Madame Bovary*, Flaubert fait part à Louise Colet des difficultés qu'il rencontre : « Je n'ai jamais de ma vie rien écrit de plus difficile que ce que je fais présentement, du dialogue trivial[53] ! » Il n'en reste pas moins que la trivialité, chez le romancier, est toujours littérarisée : « Il me faut faire parler en style écrit des gens du dernier commun[54]. » Restituer la parole n'a jamais signifié pour lui la reproduire telle quelle, mais bien plutôt en donner la tonalité, le relief, le rythme. Cette parole reconstruite, articulée aux savoirs de son temps, on la retrouve exemplifiée dans le personnage d'Homais.

Personnage qui se donne à voir tout entier dans la parole, le pharmacien est reconnaissable au fait qu'il a « le privilège de parler au style direct, procédé dont Flaubert était plutôt avare, et nul ne parle autant que lui »[55]. Cette parole a encore ceci d'exceptionnel que « jamais elle ne doute d'elle-même »[56] : « – Quelle épouvantable catastrophe, s'écria l'apothicaire, qui avait des expressions congruentes à toutes les circonstances imaginables. » (*B*, p. 131-132.) Dans son ouvrage consacré à *Flaubert et le Pignouf*, Philippe Dufour a bien montré à quel point son langage, qui semble pouvoir rendre compte de tout et discuter des sujets les plus variés, est en même temps le plus vide. Parole d'apothicaire ou d'épicier faci-

53. *Id.*, lettre à Louise Colet, 13 septembre 1852. Citée par Jacques Neefs, dans *Madame Bovary*, *op. cit.*, note 1, p. 167.

54. *Id.*, *ibid.*

55. Philippe Dufour, *Flaubert et le Pignouf. Essai sur la représentation romanesque du langage*, Paris, Presses universitaires de Vincennes, 1993, p. 16.

56. *Id.*, *ibid.*

lement séduits par les nouvelles inventions terminologiques, celle-ci n'en devient que plus suspecte aux yeux d'un narrateur doutant de la capacité du langage à exprimer le réel, un narrateur pour qui toute « parole humaine est un chaudron fêlé où nous battons des mélodies à faire danser des ours, quand on voudrait attendrir les étoiles » (*B*, p. 301).

Si on l'examine d'un peu plus près, le style Homais définit le personnage par son goût des formules et des proverbes, par son étalage d'érudition et de mots techniques, mais aussi par ses tournures emphatiques ou familières, voire argotiques, dont le but ultime est d'« éblouir les bourgeois ». La langue d'Homais est un résumé des langages qui ont cours dans son temps : « Comme si à travers lui Flaubert avait voulu passer en revue tous les sociolectes. Homais est comme le résumé de l'état de langue qu'une époque lègue à Flaubert, avec lequel, contre lequel il va falloir écrire. Le propre du langage d'Homais est de transgresser les frontières : son syncrétisme embrasse tous les vocabulaires. Le langage d'Homais est un langage kitsch, au goût de l'époque. Mais dans cette diversité perce l'unité de ce qui constitue le "style Homais", à savoir un refus du degré zéro du langage. Homais fait de l'écart la norme[57]. » Le pharmacien va jusqu'à utiliser des expressions argotiques pour mieux attirer l'attention : « [...] il donnait maintenant dans un genre folâtre et parisien qu'il trouvait du meilleur goût ; et, comme madame Bovary, sa voisine, il interrogeait le clerc curieusement sur les mœurs de la capitale, même il parlait argot afin d'éblouir... les bourgeois, disant *turne*, *bazar*, *chicard*, *chicandard*, *Breda-street*, et *Je me la casse* pour : Je m'en vais » (*B*, p. 414). Ce langage centré sur lui-même, « congruent dans toutes les circonstances », mais embarrassé dans ses répétitions, ses redondances et ses hésitations, est plus attentif

57. *Id.*, *ibid*, p. 24

à sa propre rhétorique qu'à rendre compte de la réalité. Bavard impénitent et collectionneur de mots, Homais reste malgré tout le premier destinataire de ses énoncés : « La parole d'Homais n'apparaît pas dans le roman comme une parole d'échange : sa parole répétitive est une parole réflexive[58]. » Parole autotélique bien rendue par l'expression : « Homais parlait. » (*B*, p. 188.) Flaubert aura été l'un des premiers, sinon le premier, à thématiser le langage et à en faire le principal enjeu du roman : « Jamais Balzac n'aurait pu dire : "Rastignac parlait." Le héros balzacien parle sans crier garer et sans qu'on y prenne garde : en son monde la parole est naturelle. Pour écrire "Homais parlait", il faut que quelque dérèglement se soit produit. Avec cet Homais vu en train de parler, c'est le statut même de la parole qui change : au lieu de s'accomplir en passant inaperçue, elle devient objet de récit[59]. » La parole d'Homais, indifférente aux contenus, est l'incarnation d'un « langage en crise »[60].

Tout en le donnant à voir dans ses registres les plus variés, du sublime au vulgaire, du savant au trivial, le romancier fait le procès du langage, de son aptitude à dire le réel. Qu'il s'agisse des expressions figées qu'il intègre aux passages narrés, ou des discours emphatiques du pharmacien, les effets de langue deviennent à la limite le sujet de *Madame Bovary*, dont ils court-circuitent l'anecdote. Comme le constate Émile Faguet, « la description des choses se mêle, tout de suite et sans confusion, à celle des personnes, et les personnages agissent dès qu'ils paraissent, et leurs entours se présentent à nos yeux en même temps qu'ils s'y présentent eux-mêmes »[61]. Ces

58. *Id.*, *ibid.*, p. 48.
59. *Id.*, *ibid.*, p. 60.
60. *Id.*, *ibid.*, p. 61.
61. Émile Faguet, *Flaubert*, Paris, Hachette, coll. « Les grandsécrivains français », 1899, p. 70. Cité par Jacques Neefs, dans Madame Bovary, *op. cit.*, Préface, p. 9.

entours, on les repère d'abord dans les mots dits ou évoqués, souvent par allusion, par bribes, ou par le recours au style indirect libre, « cette parole qui n'est de personne, qui flotte entre le narrateur et le personnage »[62]. Les personnages de Flaubert sont d'abord des êtres de langage, participant pour la plupart des manières de dire stéréotypées d'une classe, celle de la bourgeoisie du XIXe siècle. Le romancier n'hésite pas devant les provincialismes, le vocabulaire médical ou technique, les formules ou expressions devenues clichés. Effets de langue qui sont avant tout des effets de texte dont l'objectif est de donner « une image exacte de la vie » (Maupassant).

Dans *Bouvard et Pécuchet*, le langage est de nouveau pris à partie. Commencé en 1874, cet ouvrage parut un an après la mort de l'auteur, survenue en 1880. Œuvre monumentale, constituée en partie de citations, elle se fonde sur une documentation considérable, soit plus de mille cinq cents ouvrages réunis par Flaubert. Le projet, si l'on en croit la correspondance de l'auteur, s'apparente à un jeu de massacre : « Je médite une chose où j'exhalerai ma colère. Je vomirai sur mes contemporains le dégoût qu'ils m'inspirent, dussé-je m'en casser la poitrine. Ce sera large et violent[63]. » Cette histoire de deux Parisiens installés dans le petit village de Chavignolles est à la fois un répertoire de la bêtise humaine, une « espèce d'encyclopédie critique en farce »[64] et une « anthologie de Flaubert par lui-même »[65]. On retrouve chez Bouvard et Pécuchet,

62. Jacques Neefs, Préface de *Madame Bovary*, *op. cit.*, p. 42.
63. Lettre à Mme Roger des Genettes, 5 octobre 1872, citée par Gisèle Séginger, *Flaubert. Une éthique de l'art pur*, Paris, Sedes, 2000, p. 135.
64. Lettre à Mme Roger des Genettes, 19 août 1872, citée par Yvan Leclerc, *La Spirale et le Monument. Essai sur* Bouvard et Pécuchet *de Gustave Flaubert*, Paris, Sedes, 1988, p. 65.
65. Yvan Leclerc, *La Spirale et le Monument*..., *op. cit.*, p. 23.

comme chez Homais, « le goût des inscriptions, des étiquettes, le bonnet grec, le laboratoire, l'intérêt pour les "grandes questions", la lecture du journal où, moins heureux que leur aîné, ils n'ont pas le plaisir de lire leur nom »[66]. Comme Homais encore, Bouvard et Pécuchet font un usage abondant de la parole et font entendre, à travers leur discours, la rumeur de leur époque. Il leur arrive même de faire porter leurs débats sur la littérature. À la suite d'une discussion sur la valeur d'une œuvre théâtrale, ils se demandent en quoi consiste le style et « comment on obtient le majestueux, le tempéré, le naïf, les tournures qui sont nobles, les mots qui sont bas »[67]. Puis, étudiant la grammaire, ils se rendent compte des pièges qu'elle recèle et en soulignent l'arbitraire : « Doit-on dire : "Cette femme a l'air bon" ou "l'air bonne" ? Une "bûche de bois sec" ou "de bois sèche"[68] ? » Ce qui les amène à conclure que « la syntaxe est une fantaisie et la grammaire une illusion » puisque les grammairiens « admettent des principes dont ils repoussent les conséquences, proclament les conséquences dont ils refusent les principes »[69]. Dans les extraits cités, les questions de style ou de langue sont ramenées à leur plus petit commun dénominateur, soit à la valeur d'une convention. Même chose lorsque Pécuchet conclut un passage sur la moralité de l'art par ces mots : « Trouvez-vous ses ouvrages bien écrits ? » Ce qui provoque de la part de son interlocutrice une réponse banale à souhait : « Sans doute, fort intéressants[70]. » Il est difficile d'aller plus loin dans l'expression d'un cliché.

Le village de Chavignolles est une image exemplifiée de l'étroitesse d'esprit de la bourgeoisie française de pro-

66. Gustave Flaubert, *Bouvard et Pécuchet*, dans *Œuvres*, t. II, Paris, Gallimard, coll. « Bibliothèque de la Pléiade », 1982, p. 838.
67. *Id.*, *ibid.*
68. *Id.*, *ibid.*, p. 839.
69. *Id.*, *ibid.*, p. 839.
70. *Id.*, *ibid.*, p. 844.

vince et de son discours pétrifié. Invités à fêter la réélection prochaine de M. de Favergues au conseil régional du Calvados, les notables du pays se lancent des répliques du genre : « Le moyen âge avait du bon. [...] Ainsi nos cathédrales !... – Cependant, monsieur, les abus !... – N'importe, la Révolution ne serait pas arrivée[71] !... » Et la conversation de se poursuivre ainsi sur différents sujets, alignant les formules toutes faites et provoquant chez Bouvard un certain agacement : « Bouvard était surpris par le contraste des choses qui l'entouraient avec celles que l'on disait, car il semble toujours que les paroles doivent correspondre aux milieux, et que les hauts plafonds soient faits pour les grandes pensées[72]. » Les échanges verbaux, dans un pareil contexte, prennent l'aspect d'un dialogue de sourds, et la contradiction, lorsqu'elle se manifeste (« cependant »), est le plus souvent neutralisée par un « n'importe ! » qui en annule la portée[73]. Mais voilà que, après s'être initiés à la philosophie, les « deux bonshommes », comme les désigne le romancier, attirés par le scepticisme, osent émettre des opinions scandaleuses et controversées et se retrouvent exclus de la bonne société locale. En mettant en doute « la probité des hommes, la chasteté des femmes, l'intelligence du gouvernement, le bon sens du peuple », ils « sapaient les bases »[74] de l'équilibre social. De manière analogue, Flaubert, en choisissant d'exhiber les poncifs du langage

71. *Id., ibid.*, p. 862.

72. *Id., ibid.*, p. 863.

73. Pour les différents usages de cette interjection, voir Philippe Dufour, *Flaubert et le Pignouf...*, *op. cit.*, p. 116 et suiv. Dans *Le Dictionnaire des idées reçues*, le mot revient à l'article « Principes » : « Toujours indiscutables : on ne peut en dire ni la nature, ni le nombre ; n'importe, sont sacrés. » Selon Dufour, par ce « toujours indiscutables », « le dictionnaire stipule l'impossibilité du dialogue et, refusant les insidieuses questions sur l'origine, fonde en droit la tyrannie de l'opinion, quelle qu'elle soit » (p. 119).

74. Gustave Flaubert, *Bouvard et Pécuchet*, *op. cit.*, p. 915.

et de les étaler au grand jour, aussi bien dans *Bouvard et Pécuchet* que dans *Le Dictionnaire des idées reçues*, ce prodigieux inventaire du déjà-dit qui en constitue le prolongement[75], sape les bases d'une certaine conception – lieu commun – de la langue fondée sur la transparence et la clarté.

« L'art est une représentation, nous ne devons penser qu'à représenter »[76], déclare Flaubert. On sait qu'il y a mille manières de représenter. Entre les tenants du réalisme et ceux de l'art pour l'art, l'écrivain n'a pas choisi. Disons plutôt qu'il a refusé de choisir. Il veut concilier le trivial et le bien écrit ou, comme le dit Pierre Bourdieu, « bien écrire le médiocre »[77], ce qui l'amène à transformer la banalité en exercice de style, à « conjuguer une revendication formaliste avec la volonté de représenter le Monde »[78]. Ce qui conduit Flaubert surtout à entretenir la tension entre les deux projets : « Toute la valeur de mon livre, s'il en a une, sera d'avoir su marcher droit sur un cheveu, suspendu entre le double abîme du lyrisme et du

75. On lit, dans *Le Dictionnaire des idées reçues*, la définition suivante : « Genre épistolaire. Genre de style exclusivement réservé aux femmes. » Or, dans *Bouvard et Pécuchet*, on lit : « Sans vouloir en faire un écrivain, il serait commode pour Victor de savoir trousser une lettre. Une réflexion les arrêta : le style épistolaire ne peut s'apprendre, car il appartient exclusivement aux femmes. » (*Op. cit.*, p. 973.) L'article « Bases de la société » se lit comme suit : « *Id est* la propriété, la famille, la religion, le respect des autorités. En parler avec colère si on les attaque. » (*ibid.*, p. 1001).

« Il faudrait, écrit Flaubert, que, dans tout le cours du livre, il n'y eût pas un mot de mon cru, et qu'une fois qu'on l'aurait lu on n'osât plus parler, de peur de dire naturellement une des phrases qui s'y trouvent. » (Lettre à Louise Colet, 16 décembre 1852.)

76. Lettre à Louise Colet, 13 septembre 1852, dans Gustave Flaubert, *Préface à la vie d'écrivain…*, *op. cit.*, p. 88.

77. Pierre Bourdieu, *Les Règles de l'art. Genèse et structure du champ littéraire*, Paris, Éd. du Seuil, 1992, coll. « Libre examen », p. 140. Cité par Jacques Dubois, *Les Romanciers du réel…*, *op. cit.*, p. 216.

78. Jacques Dubois, *Les Romanciers du réel…*, *op. cit.*, p. 21.

vulgaire (que je veux fondre dans une analyse narrative) [79]. » Ce vertige du double abîme, qu'il arrive à unifier – fondre – dans sa prose narrative, le porte à rêver d'un livre sur rien, « un livre sans attache extérieure, qui se tiendrait par la force interne de son style » [80]. C'est par cette définition implicite du roman comme problématique du langage, par cette ombre portée sur les possibles de la parole, par cette mise en doute de sa capacité communicative que Flaubert est reconnu, aussi bien par Baudelaire que par Sarraute et par Barthes, comme l'un des premiers romanciers de la modernité.

Zola et le langage du peuple

Alors que Flaubert a fait de la bourgeoisie son univers de référence privilégié, Zola se tourne vers les classes laborieuses, dont il entreprend de décrire avec force détails les misères, les souffrances, et, par-dessus tout, le langage. Les grands principes de son art, il les expose dans plusieurs textes qui constituent l'essentiel de l'esthétique naturaliste. Empruntant à la méthode scientifique, telle qu'exposée dans l'*Introduction à l'étude de la médecine expérimentale* de Claude Bernard (1865), il accorde au romancier la double fonction d'« observateur » et d'« expérimentateur » : « L'observateur chez lui donne les faits tels qu'il les a observés, pose le point de départ, établit le terrain solide sur lequel vont marcher les personnages et se développer les phénomènes. Puis, l'expérimentateur paraît et institue l'expérience, je veux dire fait mouvoir les personnages dans une histoire parti-

79. Lettre à Louise Colet, 21 mars 1852, dans Gustave Flaubert, *Préface à la vie d'écrivain…*, *op. cit.*, p. 67.
80. Lettre à Louise Colet, 16 janvier 1852, *ibid.*, p. 62.

culière, pour y montrer que la succession des faits y sera telle que l'exige le déterminisme des phénomènes mis à l'étude. [...] En somme, toute l'opération consiste à prendre les faits dans la nature, puis à étudier le mécanisme des faits, en agissant sur eux par les modifications des circonstances et des milieux, sans jamais s'écarter des lois de la nature[81]. »

Peindre d'après nature, cela veut dire d'abord, pour Zola, revendiquer la liberté de choisir ses sujets là où il le désire et de mettre en scène des personnages qui n'ont plus rien de l'idéalisation romantique ou des « pantins grandis en colosses » : « Au contraire, les bonshommes se rapetissent et se mettent à leur rang, lorsqu'on éprouve la seule préoccupation d'écrire une œuvre vraie, pondérée, qui soit le procès-verbal fidèle d'une aventure quelconque[82]. » Les termes « procès-verbal » et « aventure quelconque » sont à retenir : en donnant les clés du naturalisme, ils expliquent le parti pris de Zola et de ses contemporains pour la représentation du monde ouvrier.

C'est ce monde que le romancier se propose de décrire avec la rigueur d'un chirurgien ou l'objectivité d'un « metteur en scène caché du drame », ainsi qu'il l'observe chez son contemporain Flaubert : « Jamais il ne se montre au bout d'une phrase. On ne l'entend ni rire ni pleurer avec ses personnages, pas plus qu'il ne se permet de juger leurs actes. C'est même cet apparent désintéressement qui est le trait le plus distinctif[83]. » Au cas où ces préceptes ne seraient pas suffisamment clairs, voilà qu'il insiste encore : « Quant au romancier, il se tient à l'écart, surtout par un motif d'art, pour laisser à son œuvre son unité impersonnelle, son caractère de procès-verbal écrit à

81. Émile Zola, *Le Roman expérimental* (1880), préface d'A. Guedj, Paris, Garnier-Flammarion, 1971, p. 63.

82. *Id.*, « Gustave Flaubert », art. cit., p. 151.

83. *Id.*, *ibid.*, p. 152.

jamais sur du marbre[84]. » Et l'auteur de comparer cette attitude à celle d'un Balzac qui ne cesse d'intervenir dans le récit par des commentaires ou des réflexions d'auteur. Conscient tout de même de l'artifice nécessaire à toute œuvre, Zola avoue sa préférence pour ce qu'il nomme « l'écran réaliste », tout en admettant que le mythe de la transparence qu'il véhicule est irréalisable[85]. Au moment où il fait paraître *L'Assommoir*, en 1877, après l'avoir donné en feuilleton, le romancier explique une fois de plus ses intentions en mettant en évidence la facture de son récit : « *L'Assommoir* est à coup sûr le plus chaste de mes livres. Souvent j'ai dû toucher à des plaies autrement épouvantables. La forme seule a effaré. On s'est fâché contre les mots. Mon crime est d'avoir eu la curiosité littéraire de ramasser et de couler dans un moule très travaillé la langue du peuple. Ah ! la forme, là est le grand crime. Des dictionnaires de cette langue existent pourtant, des lettrés l'étudient et jouissent de sa verdeur, de l'imprévu et de la force de ses images. Elle est un régal pour les grammairiens fureteurs. N'importe, personne n'a entrevu que ma volonté était de faire un travail purement philologique, que je crois d'un vif intérêt historique et social[86]. » Qu'y avait-il de si révolutionnaire dans cette forme et ces mots ? De quelles innovations s'agit-il ? En quoi consiste le travail philologique auquel s'est livré l'écrivain ? Pour le comprendre, il est nécessaire de le contextualiser dans l'économie générale du roman.

Le titre même, *L'Assommoir*, annonce le milieu qui sera décrit. Il s'agit là du nom d'un établissement, celui du

84. *Id.*, *ibid.*
85. *Id.*, lettre à Antony Valabrègue, 18 août 1864, citée dans Colette Becker, *Lire le réalisme et le naturalisme*, *op. cit.*, p. 141.
86. *Id.*, Préface, *L'Assommoir*, éd. établie et annotée par Henri Mitterand, Paris, Gallimard, coll. « Folio classique », 1978, p. 17-18. Désormais indiqué par *A* suivi de la page.

père, où se réunissent les ouvriers pour boire une absinthe qui a fort justement la réputation d'assommer. Symboliquement, le mot renvoie aussi à une certaine société dont Gervaise souhaite s'évader : « Son rêve était de vivre dans une société honnête, parce que la mauvaise société, disait-elle, c'était comme un coup d'assommoir, ça vous cassait le crâne, ça vous aplatissait une femme en moins de rien. » (*A*, p. 68.) Ainsi le mot en vient-il à représenter, en même temps que le bistrot et l'alcool, les forces du mal. *L'Assommoir*, septième des vingt romans qui composent le cycle des Rougon-Macquart, cette « histoire naturelle et sociale d'une famille sous le second Empire », relate la lente dégradation d'une destinée humaine placée sous le joug d'une hérédité fatale. Mais c'est aussi, imbriquée dans le récit des malheurs de celle qu'on a désignée comme « la petite sœur prolétarienne d'Emma Bovary »[87], une large fresque décrivant les habitudes, les manières de penser et, mieux encore, les paroles des classes laborieuses d'une époque. Afin d'actualiser le portrait de cette société, Zola pousse l'enquête jusqu'à consulter les dictionnaires de français non conventionnels de son époque, en particulier le *Dictionnaire de la langue verte* de Delvau[88], dont il tire une liste de six cents mots. Le vocabulaire argotique, déjà présent dans certaines œuvres d'Hugo, de Sue et de Balzac, bien que de manière restreinte, fait alors son entrée de plain-pied dans le monde romanesque, qu'il envahit de diverses façons. Et l'auteur de *L'Assommoir* a raison d'affirmer qu'il a eu la « curiosité de ramasser et de couler dans un moule très travaillé la langue du peuple », opération qui, en aucune

87. Jacques Dubois, *L'Assommoir de Zola. Société, discours, idéologie*, Paris, Larousse université, coll. « Thèmes et textes », 1973, p. 21.

88. Alfred Delvau, *Dictionnaire de la langue verte. Argots parisiens comparés*, Paris, Dentu, 1866 ; rééd., Genève, Slatkine, 1972.

façon toutefois, ne peut se ramener à un « travail purement lexicologique ».

Ce « moule très travaillé », le romancier l'invente au moyen d'une expérimentation qui laisse la place à l'orchestration des voix individuelles. Celle du narrateur d'abord, témoin « objectif » de « la simple vie de Gervaise Macquart », ainsi que Zola avait d'abord titré son livre : « Gervaise avait attendu Lantier jusqu'à deux heures du matin. Puis, toute frissonnante d'être restée en camisole à l'air vif de la fenêtre, elle s'était assoupie, jetée en travers du lit, fiévreuse, les joues trempées de larmes. » (*A*, p. 19.) Par cet incipit, la tonalité d'ensemble ainsi que le rythme de l'action sont posés en même temps que le rapport d'inégalité entre les personnages. Gervaise, Lantier, et ensuite Coupeau occuperont le centre du roman et leurs allées et venues seront l'objet de l'attention du narrateur, un narrateur soucieux de rendre leurs paroles dans son intégralité et sa verdeur : « Dis donc ! le forgeron te fait de l'œil, s'écria Coupeau en riant, quand il apprit l'histoire. Oh ! je suis bien tranquille, il est trop godiche… On le lui rendra, son argent. Mais, vrai, s'il avait affaire à de la fripouille, il serait joliment jobardé. » (*A*, p. 157.) On reconnaît là un procédé courant de l'esthétique réaliste, à cette différence près qu'aucun des mots non conventionnels n'est reproduit en italique, comme c'est le cas chez Balzac. Pour Zola, le discours direct sert à rendre les lexiques et accents propres à chacun des locuteurs, sans censure normative. Il n'y aurait eu que cette technique, l'invention du romancier aurait été peu remarquée. Mais les choses deviennent vite plus complexes.

Par le recours fréquent au style indirect et au style indirect libre, qu'il contribue à légitimer, Zola bouleverse un certain ordre du discours romanesque fondé sur la répartition des voix. L'indirect libre se distingue par l'absence d'éléments énonciatifs, mais aussi par des éléments stylistiques qui renvoient au langage parlé. Il permet d'atténuer, sinon de faire disparaître, les frontières entre les zones de narration et de dialogue. En faisant intervenir la parole des personnages dans le tissu narratif, sans toutefois en changer les pronoms ni les temps des verbes, le discours indirect crée l'impression de pénétrer l'intérieur des consciences : « Le texte du roman, écrit Jacques Dubois, devient le théâtre d'une rivalité entre plusieurs "paroles", parmi lesquelles un certain dire des personnages possède une action marquante[89]. » Et le romancier de se servir de cet « outil magique », l'indirect libre, pour faire entendre la langue du peuple, passant sans transition d'une énonciation impersonnelle à celle d'une voix collective marquée par le registre populaire. L'épisode de la visite au musée illustre bien ce procédé : « Alors, sans s'arrêter, les yeux emplis de l'or des cadres, ils suivirent l'enfilade des petits salons, regardant passer les images, trop nombreuses pour être bien vues. Il aurait fallu une heure devant chacune, si l'on avait voulu comprendre. Que de tableaux, sacredié ! Ça ne finissait pas. Il devait y en avoir pour de l'argent. Puis, au bout, M. Madinier les arrêta brusquement devant le *Radeau de la Méduse* ; et il leur expliqua le sujet. Tous, saisis, immobiles, se taisaient. Quand on se remit à marcher, Boche résuma le sentiment général : c'était tapé. » (*A.*, p. 100.) Le résumé final ne fait que préciser un « sentiment » qui s'était déjà clairement exprimé par les réflexions mentionnées quelques lignes plus haut. Parole collective encore que celle identifiée sous le « on » du cortège : « Et le cortège alla sous le Pont-Royal. On y était joliment bien. Par exemple, on pouvait appeler ça une idée chouette. » Ou personnifiée sous l'appellation « la noce » : une noce parfois « muette, boudeuse » mais dont la rumeur se fait entendre en autant de formules brèves, bien frappées : « La société, qui l'attendait, se tordit de nouveau. Ça la

89. Jacques Dubois, L'Assommoir *de Zola…*, *op. cit.*, p. 9.

lui coupait au gargotier ! Quel sacré zig tout de même, ce Mes-Bottes ! » (*A*, p. 109-110.) Dans l'un et l'autre de ces exemples, on passe insensiblement du discours du narrateur à celui d'une collectivité dont les dits forment une sorte de chœur à la fois reconnaissable et indifférencié.

Le discours indirect libre offre encore la possibilité de pénétrer à l'intérieur des pensées des personnages, de les faire parler en toute confidence, dans des réflexions qu'ils adressent d'abord à eux-mêmes, mais auquel le lecteur a aussi accès : « Un jour, elle revenait justement de la forge, lorsqu'elle crut reconnaître Coupeau dans L'Assommoir du père Colombe, en train de se payer des tournées de vitriol, avec Mes-Bottes, Bibi-la-grillade et Bec-Salé, dit Boit-sans-Soif. Elle passa vite, pour ne pas avoir l'air de les moucharder. Mais elle se retourna : c'était bien Coupeau qui se jetait son petit verre de schnick dans le gosier, d'un geste familier déjà. Il mentait donc, il en était donc à l'eau-de-vie, maintenant ! Elle rentra désespérée ; toute son épouvante de l'eau-de-vie la reprenait. Le vin, elle le pardonnait, parce que le vin nourrit l'ouvrier ; les alcools, au contraire, étaient des saletés, des poisons qui ôtaient à l'ouvrier le goût du pain. Ah ! Le gouvernement aurait bien dû empêcher la fabrication de ces cochonneries ! » (*A*, p. 232.) On note ici un passage insensible d'un niveau de narration à un autre, à tel point qu'il est difficile de savoir s'il faut attribuer le verbe « moucharder » au lexique du narrateur ou à celui de Gervaise. Dans cet entrecroisement de discours, les niveaux narratifs sont dotés de contours fluides, impossibles à identifier avec précision, l'un contaminant l'autre, jusqu'à faire disparaître les clivages entre les registres.

S'agit-il pour autant d'abolir toute hiérarchie ? Comme le constate Jacques Dubois, « on observera cependant que ce *continuum* ne tranche pas nettement sur le récit d'auteur, qu'il a même tendance à s'y intégrer, à s'y soumettre »[90]. Ce va-et-vient entre le style oral et le style littéraire reste dominé par la fonction narrative, qu'il déploie dans toute sa dimension romanesque, une dimension qui, somme toute, respecte les conventions du genre et, même lorsqu'elle laisse le personnage soliloquer, s'arrête au seuil du monologue intérieur : « Il ne s'agit donc plus d'une traduction des faits du récit en discours parlé, mais d'un discours qui donne au personnage l'essentiel de sa réalité et de son épaisseur[91]. » Une telle « phénoménologie de la parole », qui fait du roman le « lieu d'une expérimentation linguistique »[92], n'est pas exempte des effets oratoires qui rapprocheraient le style zolien, par son utilisation même de la langue parlée et de l'argot, d'une tradition romantique plus que réaliste. À ce titre, elle procède tout autant du code écrit que du code oral et signifie un réel distancié par l'artifice de la forme.

Écriture artiste et déformations ubuesques

Le mouvement naturaliste, dont la visée était de rendre justice aux « basses classes » et de faire entrer ce « monde sous un monde » dans la sphère littéraire, a eu comme porte-parole privilégié les frères Edmond et Jules de Goncourt qui, dans leurs préfaces, expliquent leurs intentions. « Nous nous sommes demandé s'il y avait encore, pour l'écrivain et pour le lecteur, en ces années d'égalité où nous sommes, des classes indignes, des malheurs trop bas, des drames trop mal embouchés, des catastrophes d'une terreur trop peu noble », écrivent-ils en préface à

90. *Id.*, *ibid.*, p. 143.
91. *Id.*, *ibid.*, p. 173.
92. *Id.*, *ibid.*, p. 178.

Germinie Lacerteux (1865)[93]. Le roman décrit l'histoire d'une domestique qui, d'employée modèle le jour, devient dévoyée la nuit et s'emploie à des plaisirs illicites. Aucun détail n'est épargné au lecteur, qui assiste en témoin à la déchéance physique et morale d'une « vieille fille » de quarante ans. Il s'agit là d'un des premiers exemples d'une méthode qui consiste à colliger « d'innombrables notes prises à coups de lorgnons » et à amasser ainsi « une collection de *documents humains*, semblable à ces montagnes de calepins de poche qui représentent, à la mort d'un peintre, tous les croquis de sa vie »[94]. Ces rappels, faits par Edmond de Goncourt à l'occasion de la parution des *Frères Zemganno* s'accompagnent toutefois de l'énoncé d'un programme signalant un changement de cap par rapport aux sujets initiaux. L'auteur y précise sa définition de l'écriture artiste, une écriture qui se propose de concilier réalisme et élégance ou, plus exactement, de devenir « le roman réaliste de l'élégance » : « Le Réalisme, pour user du mot bête, du mot drapeau, n'a pas en effet l'unique mission de décrire ce qui est bas, ce qui est répugnant, ce qui pue, il est venu au monde aussi, lui, pour définir dans de l'écriture artiste, ce qui est élevé, ce qui est joli, ce qui sent bon, et encore pour donner les aspects et les profils des êtres raffinés et des choses riches : mais cela, en une étude appliquée, rigoureuse, et non conventionnelle et non imaginative de la beauté, une étude pareille à celle que la nouvelle école vient de faire, en ces dernières années, de la laideur[95]. » Le romancier poursuit, en s'adressant aux générations futures, qu'il est temps de s'éloigner du « canaille littéraire » pour s'engager dans la mise en œuvre d'une « réalité poétique ».

93. Cité par Pierre Chartier, *Introduction aux grandes théories du roman*, Paris, Bordas, 1990, p. 131.

94. Edmond de Goncourt, *Les Frères Zemganno* (1879), Naples / Paris, Liguori editore/A. G. Nizet, 1981, p. 26-27.

95. *Id., ibid.*, p. 25.

La nouveauté du style artiste consiste, selon Paul Bourget, à « porter à son extrême le développement de la partie descriptive » et, par une « minutieuse peinture d'états successifs »[96], à donner à voir une variété de points de vue, de cadres, de rythmes. C'est d'abord le « style d'une optique, d'une manière nouvelle de voir et de représenter la nature »[97], que l'on retrouve aussi chez le Zola de *L'Assommoir* ou chez le Flaubert de *L'Éducation sentimentale*. Sous l'influence du mouvement impressionniste en peinture, ces romanciers paysagistes tentent de décrire l'immédiat de la perception tout en procurant l'impression de la durée[98]. D'où l'usage de certains temps, tel l'imparfait, dont l'effet est de rendre « l'idée de l'événement indéfini, en train de se réaliser et cependant inachevé »[99]. Parmi les procédés les plus fréquemment utilisés pour traduire l'éclatement de la vision, on note l'accumulation de participes ou d'adjectifs, les phrases nominales et l'inversion du sujet. L'écriture artiste se distingue encore par « mille singularités de syntaxe et de vocabulaire » (Bourget), par des alliances de termes surprenants, des néologismes et, surtout, par une substantivation systématique de l'adjectif (« le luisant des parapets »). À titre d'exemple, cette phrase tirée des *Frères Zemganno :* « C'était cette fois dans cette lumière, où les choses n'avaient plus pour ainsi dire de couleur, et où elles miroitaient avec les brillants glaceux et crystallins des figures et des sujets gravés dans les miroirs de Venise[100]... » Du même roman encore, citons ce passage

96. Paul Bourget, *Essais de psychologie contemporaine. Études littéraires* (1899), Paris, Gallimard, coll. « Tel », 1993, p. 326-327.

97. Henri Mitterand, « De l'écriture artiste au style décadent », dans Gérald Antoine et Robert Martin (dir.), *Histoire de la langue française : 1880-1914*, Paris, CNRS éditions, 1985, p. 471.

98. Voir à ce sujet Jacques Dubois, *Romanciers français de l'instantané au* XIXe *siècle*, Bruxelles, Palais des académies, 1963.

99. *Id., ibid.*, p. 327.

100. Edmond de Goncourt, *Les Frères Zemganno*, *op. cit.*, p. 207.

dans lequel la simultanéité des images et des sensations est rendue par un vocabulaire recherché : « C'étaient et ce sont sur ces tableaux rapides, sur ces continuels déplacements de gens éclaboussés de gaz, ce sont, en ce royaume du clinquant, de l'oripeau, de la peinturlure des visages, de charmants et bizarres jeux de lumière. » (P. 135.) À d'autres endroits, il sera question de « l'alternative de soleils rayonnants ou de nuages au ciel » (p. 187), de « machines tourneboulantes » (p. 62) ou de la « saltimbanquerie » (p. 92), d'un « dialogue musicant » ou de la « virtuosité bohémienne » (p. 148)... L'écriture artiste rend compte d'un raffinement que Jules Lemaitre désigne sous le nom de « sensualisme de la forme »[101]. Mais les « finesses de l'écriture artiste » le cèderont assez tôt aux « extravagances de l'écriture décadente »[102].

Dans *À rebours*, Joris-Karl Huysmans s'en prend à l'idée de la nature bienfaisante, qu'il écarte au profit d'un paysage artificiel, car « l'artifice paraissait à Des Esseintes la marque distinctive de l'homme »[103]. Forte de cette prémisse, la rhétorique de Huysmans tend à valoriser l'intériorité, à préférer le faux, à cultiver le rêve[104]. La perversion de la nature s'opère également par l'emploi de figures d'excès, de dégénérescence, par des analogies avec des références artificielles : ainsi de l'art des parfums que Des Esseintes admire comme modèle de « la précision factice »[105]. Accumulations, comparaisons nombreuses et inattendues, phrases quasi interminables caractérisent cette prose et rappellent la logique de l'inventaire qui

101. Cité par Henri Mitterand, « De l'écriture artiste au style décadent », art. cit., p. 472.

102. *Id.*, *ibid*, p. 473.

1034. Joris-Karl Huysmans, *À rebours*, Bruxelles/Arles, Labor/Actes Sud, 1992, p. 61.

104. Voir Mireille Dereu, « La nature dans *À rebours*. Fragments d'une rhétorique décadente », *Joris-Karl Huysmans,* À rebours, Paris, Sedes, 1990, p. 335-352.

105. Joris-Karl Huysmans, *À rebours*, *op. cit.*, p. 175.

domine *Bouvard et Pécuchet*. L'esthète apprécie également, chez les plantes naturelles, celles qui imitent le mieux les objets et motifs construits par l'homme : « Des Esseintes regardait, effaré, écoutant sonner les noms rébarbatifs des plantes vertes : *l'Encephalartos horridus*, un gigantesque artichaut de fer, peint en rouille, tel qu'on en met aux portes des châteaux, afin d'empêcher les escalades ; le *Cocos Micania*, une sorte de palmier, dentelé et grêle, entouré de toutes parts par de hautes feuilles semblables à des pagaies et à des rames[106]. » Selon Henri Mitterand, à partir des années 1880, l'écriture artiste, « tombée aux mains de dandys fatigués et raffinés, qui en aiguiseront les gammes extrêmes, deviendra le parfait instrument d'expression du spleen et de l'ironie fin de siècle »[107]. Elle rejoint alors le « style de la décadence », défini par Paul Bourget comme celui « où la page se décompose pour laisser la place à l'indépendance de la phrase, et la phrase pour laisser la place à l'indépendance du mot »[108]. Ce style décadent est, « pour une bonne part, un exercice de philologie et d'érudition grammaticale »[109].

Maupassant, dans sa préface à *Pierre et Jean*, attaque l'écriture artiste du point de vue de la langue et oppose la posture du styliste à celle du collectionneur : « Il n'est pas besoin du vocabulaire bizarre, compliqué, nombreux et chinois qu'on nous impose aujourd'hui sous le nom d'écriture artiste, pour fixer toutes les nuances de la pensée ; mais il faut discerner avec une extrême lucidité toutes les modifications de la valeur d'un mot suivant la place qu'il occupe. Ayons moins de noms, de verbes et

106. *Id.*, *ibid.*, p. 149.

107. Henri Mitterand, « De l'écriture artiste au style décadent », art. cit., p. 475.

108. Paul Bourget, *Essais de psychologie contemporaine…*, *op. cit.*, p. 14.

109. Henri Mitterand, « De l'écriture artiste au style décadent », art. cit., p. 474.

d'adjectifs aux sens presque insaisissables, mais plus de phrases différentes, diversement construites, ingénieusement coupées, pleines de sonorités et de rythmes savants. Efforçons-nous d'être des stylistes excellents plutôt que des collectionneurs de termes rares[110]. » Et le romancier d'en conclure, par un retour explicite à l'esthétique classique, que « la langue française, d'ailleurs, est une eau pure que les écrivains maniérés n'ont jamais pu et ne pourront jamais troubler ». En oubliant de mentionner les hardiesses de syntaxe et en s'en tenant au seul vocabulaire, Maupassant ne rend pas justice aux innovations langagières des romanciers « artistes ». Mais il n'en souligne pas moins le paradoxe qui consiste à vouloir transcrire les réalités les plus banales par une recherche effrénée d'originalité dans l'expression.

Quelque vingt ans après l'esthétisme mis en avant par les Goncourt, un groupe de poètes qui se disent « décadents », voire « zutistes », comme Charles Cros, attaque les bienséances littéraires et publie des textes iconoclastes et burlesques. Parmi ceux-ci, Alfred Jarry, au théâtre, bouscule les usages convenus et obtient un succès de scandale en parodiant dans *Ubu Roi* (1896) le langage du pouvoir et de la monarchie. La pièce s'ouvre sur un juron retentissant : « Merdre ! », aussitôt suivi d'une réplique de la mère Ubu : « Oh, voilà du joli, Père Ubu, vous estes un fort grand voyou. » Ce qui entraîne aussitôt la répartie suivante : « Que ne vous assom'je, Mère Ubu ! » Ainsi se trouvent posés, d'entrée de jeu, « les principaux traits des trois isotopies dominantes du texte : le thème excrémentiel (merdre), celui de la violence (assom'je), la primauté des formes aberrantes (merdre) »[111]. En mélangeant ainsi

110. Guy de Maupassant, « Le roman », préface à *Pierre et Jean*, *op. cit.*, p. 28.
111. Michel Arrivé, *Les Langages de Jarry*, Paris, Klincksieck, 1972, p. 171.

archaïsme et néologisme, Jarry affiche de manière non équivoque l'importance que prendra le langage dans la pièce, un langage inspiré par une rhétorique de l'excès et de la grossièreté. Le mot « merdre », qui revient comme un leitmotiv, est parfois associé à une autre interjection (« Bougre de merdre, merdre de bougre »), parfois employé seul comme un signal de guerre, parfois intégré à un juron (« De par ma merdre »). Dans le vocabulaire de la mère Ubu, il devient une interpellation insultante qui s'adresse au père Ubu. Ce mot nouveau, auquel certains ont trouvé « un accent neuf et la plus affirmative des sonorités »[112], s'inscrit dans un réseau de vocables inventés ou déformés, parmi lesquels on retrouve : le « bâton à phynances », la « gidouille », la « bouzine », la « bouffre » et leurs dérivés tels que « giborgne », « cornegidouille », « bouffresque », et ainsi de suite[113]. Sous cette luxuriance verbale et ce comique de mots, qui reprennent la tradition de la farce ou de la commedia dell'arte et qui rappellent l'impertinence rabelaisienne, percent la critique du naturalisme au théâtre aussi bien que celle d'une société fin de siècle et de son « hénaurme » bêtise.

L'appropriation des divers registres de la vie sociale, au XIXe siècle, s'est accompagnée d'une exploration des modalités d'intégration de la langue parlée dans le récit, modalités dont le but avoué était de rendre avec le plus de justesse possible les tonalités particulières des voix et des discours. Si l'un et l'autre des romanciers réalistes ou naturalistes auraient pu acquiescer au souhait de Flaubert de « se transporter dans les personnages », leur manière d'y arriver varie en fonction des procédés choisis et du rôle assigné à l'instance narrative. Autoritaire et toute-

112. Rachilde, cité par Michel Arrivé, *ibid.*, p. 220.
113. Pour un répertoire plus complet, voir Gérard Damerval, Ubu Roi. *La bombe comique de 1896*, Paris, Nizet, 1984.

puissante chez Balzac, celle-ci apparaît beaucoup plus ambiguë chez Flaubert, alors que chez Zola le recours systématique au discours indirect libre se traduit par une déflagration dans le tissu narratif de la parole populaire, plus particulièrement des expressions argotiques des ouvriers parisiens du second Empire. Dans chacun des cas cependant, le romancier délègue à son narrateur la maîtrise du récit, ce qui lui permet de mesurer le degré d'écart qu'il entend garder avec la parole de l'autre, d'en déterminer les contours, d'en délimiter les frontières avec plus ou moins de netteté. « D'où, selon Philippe Hamon, le “nappé” stylistique du discours réaliste, et le côté souvent indécidable de l'attribution de ses fragments d'énoncés et sociolectes juxtaposés. [...] D'où une contradiction entre la volonté de présenter le texte comme un raboutage par collage, un patchwork linguistique de fragments de discours “copiés” dans la réalité [...] et la transformation du texte en un vaste monologue détonalisé, défocalisé, atopique, neutre[114]. » Cette contradiction, nous l'avons vue à l'œuvre dans un certain nombre de romans fondateurs de cette tradition dite réaliste.

Dans un article de 1956, Roman Jacobson écrit : « Suivant la voie des relations de contiguïté, l'auteur réaliste opère des digressions métonymiques de l'intrigue à l'atmosphère et des personnages au cadre spatio-temporel. Il est friand de détails synecdochiques[115]. » La même définition s'applique aux *faits de langue* qui, dans le système général de l'œuvre, deviennent des *effets de langue* ayant valeur de synecdoques par rapport au réel ainsi convoqué. De ce point de vue, on pourrait tout aussi bien désigner sous le nom d'« allusionnistes » ceux que Maupassant décrivait comme des « illusionnistes »

114. Philippe Hamon, « Un discours contraint », art. cit., p. 151.
115. Roman Jacobson, *Essais de linguistique générale*, *op. cit.*, p. 62.

puisque, tout en insistant sur la nécessité de reproduire la totalité du réel, ces romanciers ont mis en scène, de façon partielle et en les littérarisant, les langages de leur époque.

*

REPÈRES BIBLIOGRAPHIQUES

ARRIVÉ Michel, *Les Langages de Jarry*, Paris, Klincksieck, 1972.

BAKHTINE Mikhaïl, Esthétique et théorie du roman, Paris, Gallimard, coll. « Bibliothèque des idées », 1978.

BALZAC Honoré de, *Écrits sur le roman*, anthologie, textes choisis, annotés et présentés par Stéphane Vachon, Paris, Le Livre de poche, 2000.

—, *Le Père Goriot,* Introduction, notes et dossier de Stéphane Vachon, Paris, Le Livre de poche, coll. « Classiques de poche », 1995.

BARTHES Roland, (en coll.), *Littérature et Réalité* (1968), Paris, Éd. du Seuil, coll. « Points Essais », 1982.

BECKER Colette, *Lire le réalisme et le naturalisme*, Paris, Dunod, 1992.

BORDAS Éric, *Balzac, discours et détours. Pour une stylistique de l'énonciation romanesque*, Toulouse, Presses universitaires du Mirail, 1997.

CHARTIER Pierre, *Introduction aux grandes théories du roman*, Paris, Bordas, 1990.

DAMERVAL Gérard, Ubu Roi. *La bombe comique de 1896*, Paris, Nizet, 1984.

DUBOIS Jacques, *Romanciers français de l'instantané au XIXe siècle*, Bruxelles, Palais des académies, 1963.

—, *L'Assommoir de Zola. Société, discours, idéologie*, Paris, Larousse université, coll. « Thèmes et textes », 1973.

—, *Les Romanciers du réel*, Paris, Éd. du Seuil, coll. « Points Essais », 2000.

DUFOUR Philippe, *Essai sur la représentation romanesque du langage*, Paris, Presses universitaires de Vincennes, 1993.

LANE-MERCIER Gillian, *La Parole romanesque*, Ottawa/ Paris, Les Presses de l'Université d'Ottawa/ Klincksieck, 1989.

LECLERC Yvan, *La Spirale et le Monument. Essai sur* Bouvard et Pécuchet *de Gustave Flaubert*, Paris, Sedes, 1988.

MITTERAND Henri, « De l'écriture artiste au style décadent », dans Gérald Antoine et Robert Martin (dir.), *Histoire de la langue française : 1880-1914*, Paris, CNRS éditions, 1985, p. 467-477.

SÉGINGER Gisèle, *Flaubert. Une éthique de l'art pur*, Paris, Sedes, 2000.

ZOLA Émile, *L'Assommoir*, Préface de Jean-Louis Bory, édition établie et annotée par Henri Mitterand, Paris, Gallimard, coll. « Folio classique », 2001.

CHAPITRE VI

La modernité expérimentale

> « Rien n'est plus difficile que de diriger, dominer, transposer la langue parlée, le langage émotif, le seul sincère. »
>
> Louis-Ferdinand Céline,
> *Bagatelles pour un massacre*

« Toute une partie de la Littérature moderne est traversée par les lambeaux plus ou moins précis de ce rêve : un langage littéraire qui aurait rejoint la naturalité des langages sociaux », affirme Roland Barthes [1]. Ce rêve, déjà présent jusqu'à un certain point chez les écrivains du XIXe siècle, prend, au cours du siècle suivant, une dimension nouvelle. Alors que l'instruction obligatoire a mis en place une certaine norme du français écrit, on se rend compte d'un écart toujours plus grand entre la langue littéraire et la langue parlée. En 1909 déjà, Charles Bally, dans son *Traité de stylistique française*, souligne le danger qui menace la littérature de tomber dans l'alexandrinisme si elle s'éloigne trop de la pensée collective. Le sentiment d'une langue littéraire non plus seulement fixée mais figée dans son évolution est partagé par une bonne partie des romanciers, au début du XXe siècle, et incite ceux-ci à élaborer de nouveaux modes de fiction. La parole reprend ses droits et se libère peu à peu de la dimension ornementale qu'elle avait connue dans certaines

1. Roland Barthes, *Le Degré zéro de l'écriture* (1953), Paris, Éd. Gonthier, 1965, p. 71.

fresques de type réaliste pour devenir l'enjeu même du récit. En contrepoint de la fable s'élabore un discours sur la langue destiné à rendre compte des bouleversements opérés et à en témoigner. Les auteurs que nous avons choisi de présenter dans ce chapitre sont ceux qui, de façon délibérée, ont bousculé les usages du français littéraire, en tentant de faire coïncider langue parlée et langue écrite et d'échapper ainsi aux « français fictifs », selon l'expression de Renée Balibar[2], jusque-là tenus pour légitimes. Ce sera le rôle de Louis-Ferdinand Céline, de Raymond Queneau et de Nathalie Sarraute de faire éclater les frontières entre les registres de la parole. Mais d'abord une halte s'impose du côté de chez Proust, dont l'œuvre de critique aussi bien que de romancier abonde en aperçus généraux concernant la langue.

La langue « étrangère » de Proust

Sa conception des rapports qu'entretient l'écrivain avec la langue, Proust l'énonce clairement dans sa correspondance. Sur ce sujet, sa lettre datée de 1908, dont nous avons déjà cité quelques fragments dans notre introduction, est révélatrice :

> « Les seules personnes qui défendent la langue française (comme L'Armée pendant l'Affaire Dreyfus), ce sont celles qui l'attaquent. Cette idée qu'il y a une langue française, existant en dehors des écrivains et qu'on protège, est inouïe. Chaque écrivain est obligé de se faire sa langue, comme chaque violoniste est obligé de se faire son "son". [...] Je ne veux pas dire que j'aime les écrivains originaux qui écrivent bien. Mais ils ne commencent à écrire bien qu'à condition d'être originaux, de faire eux-mêmes leur

2. Renée Balibar, *Les Français fictifs*, Paris, Hachette littérature, 1974.

> langue. La correction, la perfection du style existe, mais au-delà de l'originalité, après avoir traversé les faits, non en deçà. La correction en deçà, "émotion discrète", "bonhomie souriante", "année abominable entre toutes", cela n'existe pas. La seule manière de défendre la langue, c'est de l'attaquer. Parce que son unité n'est faite que de contraires neutralisés, d'une immobilité apparente qui cache une vie vertigineuse et perpétuelle. Car on ne "tient", on ne fait bonne figure, auprès des écrivains d'autrefois, qu'à condition d'avoir cherché à écrire tout autrement. Et quand on veut défendre la langue française, en réalité on écrit tout le contraire du français classique. Exemple : les révolutionnaires Rousseau, Hugo, Flaubert, Maeterlinck "tiennent" à côté de Bossuet[3]. »

On ne saurait être plus explicite. L'art de l'écrivain, comparé à celui du musicien, consiste à trouver sa propre originalité dans la langue commune et, pour cela, à se démarquer de ce qui a été fait avant lui en cherchant à écrire « autrement ». La vie de la langue est à ce prix, celle de l'œuvre également. Et Proust de citer ceux qu'il désigne sous le nom de « révolutionnaires » de la langue, les écrivains qui n'ont pas craint d'ébranler celle-ci dans ses fondements et, par là, de la renouveler. Pour le jeune écrivain qu'il est alors, la correction est une abstraction si elle n'est pas soutenue par une écriture singulière, écriture qui ne peut s'élaborer qu'en rupture avec le français classique. Précisons encore que dans ce texte, ce qui est en jeu n'est pas le style mais bien la langue des écrivains, une langue qu'il qualifie d'étrangère par rapport à la langue commune : « Les beaux livres sont écrits dans une langue étrangère. Sous chaque mot, chacun de nous met son sens ou du moins son image qui est souvent un contre-sens[4]. »

3. Marcel Proust, lettre à Mme Straus, 6 novembre 1908, dans *Correspondance générale*, Paris, Plon, t. VI, 1936, p. 92-94.

4. *Id.*, « Notes sur la littérature et la critique », *Contre Sainte-Beuve*, Paris, Gallimard, coll. « Bibliothèque de la Pléiade », 1972, p. 305.

Ces principes, Proust les retrouvera chez les auteurs qu'il admire, tel Flaubert, en qui il voit une sorte de « génie grammatical »[5]. Dans le long article qu'il lui consacre[6], il précise que la « correction grammaticale est une qualité utile mais négative » et qu'« il y a une beauté grammaticale [dans son œuvre] qui n'a rien à voir avec la correction ». Proust reconnaît au romancier un « usage entièrement nouveau et personnel [...] du passé défini, du passé indéfini, du participe présent, de certains pronoms et de certaines prépositions ». Cet « emploi nouveau des temps des verbes, des prépositions, des adverbes » se vérifie tout particulièrement par l'importance que prend l'imparfait dans *L'Éducation sentimentale*, « cet imparfait qui sert à rapporter non seulement les paroles mais toute la vie des gens ». Alors que les changements de temps, chez Balzac, « ont un caractère actif ou documentaire, Flaubert le premier les débarrasse du parasitisme des anecdotes et des scories de l'histoire. Le premier, il les met en musique ». Et Proust de poursuivre en montrant que la conjonction « et », chez ce même auteur, « n'a nullement l'objet que la grammaire lui assigne », car « elle commence toujours une phrase secondaire et ne termine presque jamais une énumération ». Ce qui donne à ses phrases un rythme particulier et lui permet de traiter la langue comme un instrument dont la maîtrise technique, « la correction en deçà », doit être dépassée afin d'atteindre l'« au-delà de l'originalité ». Par cette prise de position, Proust devient le porte-parole de ce que Gilles Philippe appelle le « moment grammatical de la littérature française », moment qui consiste à concevoir le discours critique en termes de grammaire et à penser la littérarité d'un texte en fonction de l'invention syntaxique dont il fait preuve[7].

5. *Id.*, *ibid.*, p. 299.

6. *Id.*, « À propos du "style" de Flaubert », *Essais et articles*, Paris, Gallimard, coll. « Folio essais », 1971, p. 282-296.

7. Voir Gilles Philippe, *Sujet, verbe, complément. Le moment*

Les qualités que Proust admire chez Flaubert, un auteur que par ailleurs il n'aime pas, sent-il le besoin de préciser, ce sont aussi celles que l'on retrouve dans son œuvre. Là encore, la correction de la langue a été mise en cause par les premiers critiques qui ont observé certaines fautes dans ses premières publications. Proust impute celles-ci aux conditions déplorables dans lesquelles il a dû relire ses épreuves tout en spécifiant que la correction littérale est une « qualité négative ». Mais le Proust traducteur de John Ruskin[8] et pasticheur de talent n'en admire pas moins la rigueur grammaticale, car il fait dire à l'un de ses personnages, Charlus : « J'ai toujours honoré ceux qui défendent la grammaire, ou la logique. On se rend compte, cinquante ans après, qu'ils ont conjuré de grands périls[9]. »

À l'instar de Flaubert, Proust manifeste à travers ses écrits une sensibilité toute particulière à la grammaire, au lexique et, de façon générale, aux questions de langue, ainsi qu'en témoignent les nombreuses digressions linguistiques dont il parsème la *Recherche*. Comme son prédécesseur, il a compris la valeur de l'imparfait et son pouvoir évocateur lié à l'imprécision de sa durée. Rappelons l'incipit de la *Recherche* : « Longtemps je me suis couché de bonne heure », formé par un adverbe de temps aussitôt suivi d'un passé composé, qui annonce une série

---

grammatical de la littérature française (1890-1940), Paris, Gallimard, 2002, p. 56 et suiv. « La petite révolution qu'apporte Proust dans le paysage théorique du temps n'est pas seulement méthodologique ; et les critiques l'ont compris : c'est l'idée même de "littérarité" qu'il porte à son insu sur les fonts baptismaux. » (P. 60.)

8. Proust a traduit *La Bible d'Amiens* et *Sésame et les Lys*, de Ruskin. Ses *Pastiches et Mélanges* ont été publiés pour la première fois chez Gallimard en 1919.

9. Marcel Proust, *À la recherche du temps perdu* [désormais désigné *RTP*], t. III, *Le Temps retrouvé*, Paris, Gallimard, coll. « Bibliothèque de la Pléiade, 1954, p. 797. Cité par Marc Wilmet, « Marcel Proust : du côté de la grammaire », *Le Français moderne*, 40e année, n° 2, avril 1972, p. 128.

d'imparfaits destinés à rendre « les plus simples, les plus élémentaires des gestes, les plus enfantinement quotidiens, nuit après nuit répétés, qui avec eux s'ébranlent, avec lenteur se redéploient et se prolongent »[10]. Ce qui donne : « Parfois, à peine ma bougie éteinte, mes yeux se fermaient si vite que je n'avais pas le temps de me dire : "Je m'endors." Et, une demi-heure après, la pensée qu'il était temps de chercher le sommeil m'éveillait ; je voulais poser le volume que je croyais avoir encore dans les mains et souffler ma lumière ; [...] il me semblait que j'étais moi-même ce dont parlait l'ouvrage[11]... » Ainsi se construit dès les premières phrases l'univers langagier d'un « nouvel écrivain », quelqu'un que Proust décrit dans sa Préface à *Tendres Stocks*, de Paul Morand, comme un auteur « généralement assez fatigant à lire et difficile à comprendre parce qu'il unit les choses par des rapports nouveaux »[12].

Celui qui écrit à son ami Jean Cocteau : « Je préfère la concentration, même dans la longueur »[13], pratique une syntaxe étoilée en autant de segments et de fragments interdépendants. Il avoue à Robert Dreyfus être incapable de faire court : « J'ai pensé que toi qui sais dire tant de choses dans une demi-ligne, les phrases qui en ont une centaine t'exaspéreraient. Ah ! Comme j'aimerais savoir écrire comme Mme Straus ! Mais je suis bien obligé de tisser ces longues soies comme je les file, et si j'abrégeais mes phrases cela ferait des petits morceaux de phrases, pas des phrases[14]. » Cette « esthétique du déploiement »,

10. Jacques Borel, « Bonheur de l'imparfait », *La Nouvelle Revue française*, n° 227, 1971, p. 2.

11. Marcel Proust, *RTP*, *op. cit.*, t. I, *Du côté de chez Swann*, p. 3.

12. *Id.*, Préface, *Essais et Articles*, *op. cit.*, p. 311.

13. Lettre du 11 février 1919, citée par Jean Milly, *La Phrase de Proust*, Paris, Larousse université, 1975.

14. Lettre à Robert Dreyfus, 1905, dans *Correspondance générale*, *op. cit.*, t. IV, 1933, p. 201. Citée par Jean Milly, *Proust et le style*, Paris, Minard, 1970, coll. « Lettres modernes », p. 118.

selon l'expression de Jean Milly, donne naissance à des pages savamment agencées au cours desquelles les notations descriptives accompagnent le déroulement narratif :

> « Comme quand, dans un pays qu'on ne croit pas connaître et qu'en effet on a abordé par un côté nouveau, après avoir tourné un chemin, on se trouve tout d'un coup déboucher dans un autre dont les moindres coins vous sont familiers, mais seulement où on n'avait pas l'habitude d'arriver par là, on se dit tout d'un coup : “Mais c'est le petit chemin qui mène à la petite porte du jardin de mes amis ; je suis à deux minutes de chez eux” ; et leur fille en effet est là qui est venue vous dire bonjour au passage ; ainsi, tout d'un coup, je me reconnus, au milieu de cette musique nouvelle pour moi, en pleine sonate de Vinteuil ; et, plus merveilleuse qu'une adolescente, la petite phrase, enveloppée, harnachée d'argent, toute ruisselante de sonorités brillantes, légères et douces comme des écharpes, vint à moi, reconnaissable sous ces parures nouvelles[15]. »

L'expansion de la phrase, ses nombreuses ramifications, son rythme lent et répétitif inscrivent l'œuvre proustienne dans le registre du scriptural et du littéraire, le seul capable de laisser voir, par « transparence », le moi profond et le chant intérieur des êtres : « Fugitive, disloquée et étendue, la phrase proustienne *est la structure* de ces intermittences du cœur dont elle nous délivre, parallèlement et explicitement, le sens[16]. »

L'ensemble des récits proustiens témoigne aussi d'une recherche d'un niveau de langue et d'un lexique, voire d'un « accent », adaptés à chacun des personnages. « On trouve dans son œuvre, écrit Roland Barthes, une véritable encyclopédie du langage ; [...] des pastiches caractérisés (la lettre de Gisèle, qui mime la dissertation scolaire, le

15. Marcel Proust, *RTP*, *op. cit.*, t. III, *La Prisonnière*, p. 249.
16. Julia Kristeva, *Le Temps sensible. Proust et l'expérience littéraire*, Paris, Gallimard, 1994, p. 355.

Journal des Goncourt), des idiolectes de personnages, chaque partenaire de *la Recherche du temps perdu* ayant son langage, à la fois caractériel et social (le seigneur médiéval Charlus, le snob Legrandin), des langages de clan (le langage des Guermantes), un langage de classe (Françoise et le "populaire", il est vrai, reproduit ici surtout en raison de sa fonction passéiste), un catalogue des *anomalies* linguistiques (le langage déformant, "métèque", du directeur du Grand Hôtel de Balbec), le relevé soigneux de phénomènes d'acculturation (Françoise contaminée par le langage "moderne" de sa fille) et de diaspora linguistique (le langage Guermantes "essaime"), une théorie des étymologies et du pouvoir fondateur du nom comme signifiant[17]. » À cet inventaire s'ajoutent les remarques métalinguistiques du narrateur, qui commente telle ou telle expression de Françoise : « "Mais on peut bien dire que c'est un vrai feignant que cet Antoine, et son 'Antoinesse' ne vaut pas mieux que lui", ajoutait Françoise qui, pour trouver au nom d'Antoine un féminin qui désignât la femme du maître d'hôtel, avait sans doute dans sa création grammaticale un inconscient ressouvenir de chanoine et de chanoinesse[18]. » C'est ce même narrateur qui médite sur les prétendues « fautes » de Françoise et les attribue à une forme de syncrétisme langagier : « Le génie linguistique à l'état vivant, l'avenir et le passé du français, voilà ce qui eût dû m'intéresser dans les fautes de Françoise. L'"estoppeuse" pour la "stoppeuse" n'était-il pas aussi curieux que ces animaux survivants des époques lointaines, comme la baleine ou la girafe, et qui nous montrent les états que la vie animale a traversés[19] ? » Cependant, la langue du narrateur reste à l'écart de cette mimésis verbale,

17. Roland Barthes, *Le Bruissement de la langue*, Paris, Éd. du Seuil, coll. « Points Essais », 1984, p. 122.

18. Marcel Proust, *RTP*, *op. cit.*, t. II, *Le Côté de Guermantes*, p. 23-24.

19. *Id.*, *ibid.*, *Sodome et Gomorrhe*, p. 736-737.

ce qui a pour effet de mettre davantage en évidence les langages rapportés qui deviennent ainsi des langages exceptionnels : « Le langage de l'*autre* est encadré, l'auteur [...] en parle en situation d'extraterritorialité[20]. » Ainsi l'œuvre proustienne n'échappe-t-elle pas à une forme de « vue folklorique » et à une esthétique qui reproduit, comme celle du roman réaliste, « la division des langages »[21].

Parmi les écrivains qui ont modifié en profondeur l'horizon romanesque en donnant à leurs personnages une intériorité qui prend en compte leur complexité langagière, Proust fait figure de modèle. Toutefois, si l'on peut considérer la *Recherche* comme une longue variation sur la société et les représentations qu'elle se donne d'elle-même, on doit aussi reconnaître que l'invention dont elle fait preuve touche moins les codes de la langue écrite que la texture de la phrase et sa syntaxe, ainsi que la forme narrative dans sa totalité. C'est ce style tout en arabesques, en circonvolutions et en retours sur lui-même que Jean Mouton rapproche de l'art baroque[22]. Dans son observation des faits de langue et dans sa mise en scène des types de discours, Proust n'en reste pas moins tributaire d'un mimétisme qui s'arrête à leur distribution hiérarchique. Quelques années plus tard, un Louis-Ferdinand Céline proposera une façon radicale de défendre la langue en l'attaquant.

20. Roland Barthes, *Le Bruissement de la langue*, *op. cit.*, p. 116.
21. *Id.*, *ibid.*
22. Jean Mouton, *Le Style de Marcel Proust*, Paris, Nizet, 1973. Voir p. 228-229.

Céline et le « rendu émotif »

D'autres romanciers avaient, avant Céline, tenté de revaloriser la parole et d'échapper ainsi à la langue académique, annonçant « l'âge du roman parlant », un roman qui naît, comme le cinéma du même nom, à la charnière des années 1920 et 1930, et « qui donne l'illusion que l'on vous parle directement à l'oreille »[23]. L'un des premiers représentants de cette tendance est Henri Barbusse (*Le Feu*, 1916) pour l'importance qu'il accorde à la langue populaire dans le récit, mettant ainsi en œuvre le principe – énoncé par Poulaille dans son manifeste *Le Nouvel Âge littéraire* (1931) – qui consiste à « faire entrer le peuple en littérature, non plus en tant qu'objet d'observation, mais en tant que sujet d'énonciation »[24]. Vers la même époque, un Giono et un Ramuz attaquent une certaine norme du français écrit. Dans sa préface à *Colline* (1929), Giono s'en prend à la doctrine du purisme : « Voilà un mâle [le français parlé en Provence] qui n'est pas allé s'user dans les "cours d'amour", [...] il ne s'inquiète pas de purisme. Vaugelas a dit... oui ; mais, moi je dis... d'ailleurs, il ne connaît pas Vaugelas[25]. » Quant à Ramuz, il met en évidence les circonstances historiques qui ont présidé à la codification du français académique : « [Au cours du XVIIe siècle], la langue française prenait sa forme définitive parmi tant de langages français par ailleurs subsistants, j'entends une langue littéraire parmi tant de langues qui auraient pu être littéraires, mais que la prééminence d'une d'entre elles et ses constants perfectionnements condamnaient à n'être plus que des dia-

23. Jérôme Meizoz, *L'Âge du roman parlant (1919-1938)*, Genève, Droz, 2001, p. 16.

24. *Id.*, *ibid.*, p. 22.

25. Jean Giono, cité par Jean Meizoz, *L'Âge du roman parlant ...*, *op. cit.*, p. 29.

lectes et des patois[26]. » Claudel, parmi les premiers, saluera en l'auteur vaudois « l'un des meilleurs ouvriers de notre langue, où il a apporté tant de nouveauté, vocabulaire, syntaxe, tant d'invention dans les tours, les dessins et l'emploi de tous les temps au lieu de l'éternel imparfait »[27]. La contestation du « bon usage » générera ainsi des œuvres qui, bien que différentes de sujets et de formes, ont en commun de revendiquer un nouveau rapport au langage. Elle correspond à un moment de la littérature caractérisé par son « autonomie », « où les écrivains, qui deviennent à eux-mêmes leur propre mesure, refusent toute allégeance extérieure quant à leur pratique »[28]. Cette poétique de la langue, parce qu'elle remet en cause le cloisonnement des voix et leur distribution conventionnelle, s'accompagne d'une nouvelle éthique de la production romanesque. Ainsi en est-il de la subversion célinienne, dont les effets dépassent largement les seuls énoncés verbaux.

D'entrée de jeu, Céline provoque. La première phrase du *Voyage au bout de la nuit* (« Ça a débuté comme ça. ») annonce une liberté langagière qui se confirmera tout au long des quelque cinq cents pages qui lui font suite. Dans l'un de ses textes réflexifs, le romancier se compare à Malherbe, ce « Bouleverseur des Lettres Françaises »[29], et avoue que son but en écrivant est de « resensibiliser la langue », pour « qu'elle palpite plus

26. Charles-Ferdinand Ramuz, « Lettre à Bernard Grasset », *Deux lettres*, Lausanne, Éditions l'âge d'homme, 1992, p. 29.

27. Témoignage de Paul Claudel dans *Pour ou contre C.-F. Ramuz*, cité par Jérôme Meizoz, *L'Âge du roman parlant ...*, *op. cit.*, p. 93.

28. Jérôme Meizoz, *ibid.*, p. 31. Voir à ce sujet Pierre Bourdieu, *Les Règles de l'art. Genèse et structure du champ littéraire*, Paris, Éd. du Seuil, 1992, et plus particulièrement le chap. « La conquête de l'autonomie ».

29. Louis-Ferdinand Céline, *Entretiens avec le professeur Y*, Paris, Gallimard, 1955, p. 95.

qu'elle ne résonne »[30]. Pour cela, il a dû « rendre le français écrit plus sensible, plus émotif, le désacadémiser »[31]. Il se déclare petit inventeur et son invention aura été de traduire « l'émotion du "parlé" à travers l'écrit »[32]. Dans ses *Entretiens* [fictifs] *avec le professeur Y*, il revient sans cesse à ce qu'il appelle son « truc », « *l'émotif* », « le style "rendu émotif" »[33]. Car au commencement n'était pas le Verbe « mais l'émotion ». Pour arriver à redonner cette vie à la langue, il est nécessaire d'user de tous les moyens de l'art et de ruser avec eux. L'impression de spontanéité, de langage parlé, suppose un travail qui ne va pas de soi : « Faire passer le langage parlé en littérature – ce n'est pas la sténographie. Il faut imprimer aux phrases, aux périodes une certaine déformation, un artifice tel que lorsque vous lisez le livre, il semble que l'on vous parle à l'oreille. Cela s'obtient par une transposition de chaque mot qui n'est jamais tout à fait celui qu'on attend[34]. »

À plusieurs reprises, Céline insiste sur la nécessité de trouver la technique la mieux adaptée à cette transposition de façon à créer un *effet* d'oralité. Comme le bâton que l'on plonge dans l'eau doit être au préalable tordu pour paraître droit, « pour rendre sur la page l'effet de la vie parlée spontanée, il faut tordre la langue en tout, rythme, cadence, mots et c'est une sorte de poésie qui donne le meilleur sortilège – l'impression, l'envoûtement, le dynamisme – et puis il faut aussi choisir son sujet. Tout n'est pas transposable. Il faut des sujets "à vif" »[35]. Et même avec ces sujets, « rien n'est plus difficile que de diriger,

30. *Id.*, lettre à Milton Hindus, 15 mai 1947, dans Milton Hindus, *L.-F. Céline tel que je l'ai connu*, Paris, Éditions de L'Herne, 1969, p. 138.

31. *Id.*, *ibid.*, p. 137.

32. *Id.*, *Entretiens avec le professeur Y*, *op. cit.*, p. 23.

33. *Id.*, *ibid.*, p. 40.

34. *Id.*, lettre à Milton Hindus, 16 [avril] [1947 ?], dans Milton Hindus, *L.-F. Céline tel que je l'ai connu*, *op. cit.*, p. 135.

35. *Id.*, lettre à Milton Hindus, 15 mai 1947, *ibid.*, p. 138.

dominer, transposer la langue parlée, le langage émotif, le seul sincère »[36]. Il faut pour cela trouver une certaine façon « de forcer les phrases à sortir légèrement de leur signification habituelle, de les sortir des gonds pour ainsi dire, les déplacer, et forcer le lecteur à lui-même déplacer son centre »[37]. Les mots, Céline les considère à la manière des impressionnistes, comme des taches de couleur : « Les idées, rien n'est plus vulgaire. Les encyclopédies sont pleines d'idées, il y en a quarante volumes, énormes, remplis d'idées. Très bonnes, d'ailleurs. Excellentes. Qui ont fait leur temps. Mais ce n'est pas la question. Ce n'est pas mon domaine, les idées, les messages. Je ne suis pas un homme à message. Je ne suis pas un homme à idées. Je suis un homme à style[38]. » Et de préciser ce qu'il entend par style : « Je suis un styliste, un coloriste de mots mais non comme Mallarmé de mots de sens extrêmement rares – Des mots de tous les jours – Ni la vulgarité ni la sexualité n'ont rien à faire dans cette histoire ce ne sont que des accessoires[39]. » Ces mots, il les trouve en travaillant la langue en profondeur, appelant à sa rescousse l'image du métro et des rails, les rails du « rendu émotif » qui ont l'air droit et ne le sont pas, des « rails biseautés "spécial" ! profilés "spécial" »[40], les seuls qui permettent au métro d'aller à destination sans verser.

Coloriste, mais aussi musicien par l'importance qu'il accorde au rythme, Céline s'intéresse à « la langue rien que la langue ». « Tout ce qu'on peut dire d'autre » ne l'intéresse pas, car « ça traîne partout. Dans les manuels de

36. *Id.*, *Bagatelles pour un massacre*, nouvelle éd. 1937. Cité par Raymond Queneau dans *Bâtons, chiffres et lettres* (1950 et 1965), Paris, Gallimard, 1965, p. 18.
37. *Id.*, « Ma grande attaque contre le verbe » (1957), *Le Style contre les idées*, Bruxelles, Complexe, 1987.
38. *Id.*, *ibid.*, p. 67.
39. *Id.*, lettre à Milton Hindus, 15 mai 1947, dans Milton Hindus, *L.-F. Céline tel que je l'ai connu*, *op. cit.*, p. 138.
40. *Id.*, *Entretiens avec le professeur Y*, *op. cit.*, p. 112.

littérature, et puis lisez l'*Encyclopédie* »[41]. Ces déclarations à l'emporte-pièce, fort pertinentes pour comprendre à quel point le texte célinien est le résultat d'un choix délibéré, sont postérieures au *Voyage*, qu'elles contribuent à éclairer sans toutefois en donner le mode d'emploi.

Voyons maintenant les choses d'un peu plus près. Dès la première phrase du *Voyage au bout de la nuit* (1932), l'effet d'oralité est assuré par la répétition du « ça », l'utilisation du passé composé, la brièveté de la phrase et le recours à des termes du langage quotidien, voire aussi par le hiatus qui, en principe, doit être évité dans la prose dite littéraire : « Ça a débuté comme ça. » Des procédés analogues se retrouvent dans les phrases suivantes : « Moi, j'avais jamais rien dit. Rien. C'est Arthur Ganate qui m'a fait parler. Je l'écoute. "Restons pas dehors ! Qu'il me dit. Rentrons !" Je rentre avec lui, Voilà. "Cette terrasse, qu'il commence, c'est pour les œufs à la coque ! Viens par ici !" Alors, on remarque encore qu'il n'y avait personne dans les rues, à cause de la chaleur ; pas de voitures, rien. Quand il fait très froid, non plus, il n'y a personne dans les rues ; c'est lui, même que je m'en souviens, qui m'avait dit à ce propos… » On constate la répétition du pronom sujet, « moi, je », les phrases juxtaposées, souvent nominales, les gallicismes (« C'est qui »), les tournures familières (« qu'il me dit », « même que je m'en souviens »), et le rythme haché, fragmenté d'un texte qui intègre, sans la moindre rupture de ton, les paroles citées à la prose monologuée du narrateur, une prose qui dès le départ s'énonce pourtant dans une forme dialogique. Tout au long de cette fresque qu'on a qualifiée d'anti-épopée, le lecteur sera pris à témoin des mésaventures du héros Bardamu dans un monde où l'absurde et le tragique se livrent sous le masque du dérisoire.

41. *Id.*, « Rabelais, il a raté son coup » (1957), *Le Style contre les idées*, *op. cit.*, p. 123.

Céline subvertit le français littéraire par le recours systématique à un français parlé populaire qui s'exprime aussi bien par des tournures syntaxiques considérées comme fautives (« Après s'avoir bien soulagé », « Quand je lui ai eu raconté »[42]) que par un lexique emprunté au registre familier ou à l'argot. Ainsi trouve-t-on couramment dans son œuvre les mots « trimer », « tapiner » ou « marner » pour travailler, « turf » et « tapin » pour travail, « buter » pour tuer, et ainsi de suite. Ces mots, associés au vocabulaire de l'obscénité et de la scatologie, ne manquent pas d'attirer l'attention. Mais là encore, il s'agit bien davantage d'un *effet d'argot* que d'un répertoire systématique, et on est surpris par le pourcentage relativement faible d'expressions argotiques dans le *Voyage*, soit 31 % des unités lexicales et 35 % des occurrences[43]. Leur

42. *Id.*, *Voyage au bout de la nuit*, dans *Romans*, t. I, Paris, Gallimard, coll. « Bibliothèque de la Pléiade », p. 440 et p. 178. Nous avons choisi de privilégier le premier roman de Céline qui affirme d'emblée l'originalité de son traitement de la langue. Les relevés qui suivent se retrouvent dans l'analyse d'Henri Godard, *Poétique de Céline*, Paris, Gallimard, coll. ; « Bibliothèque des idées », 1985, ou dans celle de Danièle Latin, *Le* Voyage au bout de la nuit *de Céline : roman de la subversion et subversion du roman. Langue, écriture, fiction*, Bruxelles, Palais des académies, 1988. Ce dernier ouvrage contient un Lexique de la langue parlée dans le *Voyage au bout de la nuit*. Le lecteur pourra se référer également à Yves de la Quérière, *Céline et les Mots. Étude stylistique des effets de mots dans le* Voyage au bout de la nuit, Lexington, The University Press of Kentucky, 1973.

43. Selon le relevé effectué par Danièle Latin. Et la critique de préciser : « D'après la terminologie de Mikhaël Riffaterre, le phénomène peut se définir comme suit : la présence, même très relative, de marques argotiques suffit à créer aux yeux du lecteur un "pattern" pertinent à partir duquel des expression non argotiques, mais présentant des affinités avec l'ethos expressif déjà manifesté, seront identifiées comme telles. C'est dans cette acception très lâche qu'on peut parler d'un argot populaire marqué dans le *Voyage* et reconnaître l'impact de ce ton dominant sur l'ensemble du *Voyage*, identifiable de ce fait à une forme originale de français non conventionnel (Note : selon la notion désormais consacrée par le dictionnaire

importance n'en est pas moins réelle : « Il n'y a pas lieu de chercher dans ses romans l'attestation ou l'authentification de mots d'argot, mais bien une inimitable mise en valeur, à des fins littéraires, de toutes leurs virtualités[44]. » De plus, cet argot est le même pour chacun des personnages, c'est-à-dire qu'il ne varie pas en fonction de milieux spécifiques : « À quelques exceptions près, le langage parlé y est de l'un à l'autre interchangeable. Il s'agit donc moins d'argot que d'une sorte de *koiné* populaire dont la valeur différentiatrice joue, non pas de façon interne mais à titre exogène, par rapport à la langue bourgeoise et par rapport à elle seulement[45]. » Céline utilise l'argot avec une certaine prudence, sachant que « c'est un piment qui perd sa force si on y recourt constamment »[46]. L'argot est pour lui le langage des classes populaires, qui ont trouvé par là la manière d'exprimer leur révolte : « C'est la haine qui fait l'argot, L'argot est fait pour exprimer les sentiments vrais de la misère[47]. »

La langue célinienne est aussi faite d'un savant dosage de vocabulaires spécialisés, de français écrit non marqué, voire d'archaïsmes qui, associés aux tournures argotiques, à la fois dépaysent le lecteur et le ramènent en territoire connu. Même lorsqu'il invente des mots, Céline le fait selon des procédés de dérivation qui les rendent immédiatement compréhensibles, tel ce « foutrissure », mot-valise dont la provenance est facile à détecter. Parmi les nombreux verbes qu'il a créés, citons : « bafouillir »,

---

de Jacques Cellard et Alain Rey *Dictionnaire du français non conventionnel*, Masson-Hachette, 1980). » (Danièle Latin, *Le* Voyage au bout de la nuit *de Céline…*, *op. cit.*, p. 50.)

44. Henri Godard, *Poétique de Céline*, *op. cit.*, p. 75.

45. *Id.*, *ibid.*, p. 271.

46. Louis-Ferdinand Céline, *Entretiens avec le professeur Y*, *op. cit.*, p. 74.

47. *Id.*, « L'argot est né de la haine » (1957), *Le Style contre les idées*, *op. cit.*, p. 144.

« enfurier », « odorer », « pétuler », « puruler », etc. De manière analogue, il n'hésite pas au besoin à changer la syntaxe et à faire passer un verbe du mode transitif à l'intransitif : « Elle n'avait pas chagriné longtemps[48]. » Mais ce qu'il est intéressant de noter chez le romancier, c'est moins l'inventaire de ses particularités lexicales que l'utilisation qu'il en fait dans la texture du récit. Comme le signale à juste titre Danièle Latin, il subvertit à la fois le langage littéraire par la parole et la langue populaire par la norme littéraire : « Ce qui distingue l'entreprise célinienne en matière de langue de toutes les tentatives préexistantes de la littérature romanesque, c'est qu'elle répond moins au dessein d'introduire les registres de la langue parlée dans l'écriture littéraire qu'à la volonté de se *distinguer* de l'une ou l'autre parlure en les exploitant *conjointement*[49]. » Cette « utilisation alternée de deux modes d'expression », selon l'expression de Claude Lévi-Strauss[50], mais également conjointe puisque la forme adoptée est celle de l'autobiographie, s'opère même parfois aux dépens de la vraisemblance narrative. La langue célinienne est une langue sous tension, nourrie par une multiplicité de langages sociaux et de termes empruntés à différents registres de parole, une langue dont le plurivocalisme ira en s'accentuant : on remarque, par exemple, que du *Voyage au bout de la nuit* à *Mort à crédit*, les guillemets qui servent à signaler l'altérité d'un vocable disparaissent au profit d'une intégration plus directe des particularismes au tissu narratif et d'une mixité des codes de plus en plus affichée.

48. *Id.*, *Voyage au bout de la nuit*, *op. cit.*, p. 393. Ces exemples sont empruntés à Henri Godard, *Poétique de Céline, op. cit.*

49. Danièle Latin, *Le* Voyage au bout de la nuit *de Céline…*, *op. cit.*, p. 185.

50. *L'étudiant socialiste*, janvier 1933. Cité par Danièle Latin, *ibid.*, p. 19.

On n'a encore rien dit du traitement très particulier que Céline fait subir au français si, à côté de ses innovations lexicales et syntaxiques, on ne mentionne pas le détournement du système de la ponctuation qu'il opère par un usage phénoménal des points de suspension[51]. Usage pour lequel il ne cessera de se justifier : « Bon !… Les trois points ! Me les a-t-on assez reprochés ! Qu'on m'en a bavé de mes “trois points”… Ah, ses trois points !… Ah, ses trois points !… Il sait pas finir ses phrases. » Ces fameux trois points, parfois accompagnés d'un point d'exclamation qui en accentue encore l'intensité, font partie de la langue célinienne et lui donnent son rythme, créant « ce drôle de langage d'écorché »[52] que certains lui reprochent de son vivant et qui a fait sa notoriété. Mais Céline ne se contente pas d'un emploi conventionnel des trois points. À partir de *Mort à crédit* (1936), il les systématise et les insère là où on attendait une virgule. Ou encore là où aucun signe de ponctuation ne s'impose : « Entre eux, les trois points établissent une discontinuité de tous les instants mais aussi une continuité qui tend à faire du texte de sa première à sa dernière ligne un seul discours, constamment suspendu, jamais arrêté[53]. » Ainsi le texte célinien reproduit-il les inflexions et hésitations de l'élocution orale, entraînant le lecteur dans le mouvement d'une pensée qui semble s'élaborer sous ses yeux. De plus, cette façon de trouer la prose afin de reproduire la respiration même du parlé crée l'impression d'une sorte de fondu enchaîné, paradoxalement constitué dans ce cas de fragments en cascade. Comme si le français parlé populaire, mâtiné d'argot, contaminait et modulait

51. Voir à ce sujet l'article de Guy Laflèche « Céline, d'une langue l'autre », *Études françaises*, vol. X, n° 1, février 1974, p. 13-40.

52. Louis-Ferdinand Céline, « Qu'on s'explique », Postface au *Voyage au bout de la nuit*, *op. cit.*, p. 1112.

53. Henri Godard, *Poétique de Céline*, *op. cit.*, p. 48.

de façon permanente un texte qui s'alimente à différents lexiques et qui, grâce à de subtils déplacements, produit des effets d'autant plus efficaces qu'ils reposent sur des alliances de mots inattendues.

Céline est conscient du fait que tout style reste malgré tout un phénomène d'époque, donc par le fait même daté. En s'identifiant au langage d'une classe à un moment donné de son histoire, l'écrivain sait qu'il est voué à l'éphémère. Peu lui importe au fond puisqu'il aura réussi, le temps de ses livres, à la faire vivre, cette langue : « Une langue, c'est comme le reste. Ça meurt tout le temps. Ça doit mourir. Il faut s'y résigner, la langue des romans habituels est morte, syntaxe morte, tout mort. Les miens mourront aussi, bientôt sans doute[54]. » Bravade ou fausse modestie ? Une autre façon de mourir serait d'être imité à un point tel que son « truc passera bientôt "chromo" » ! Il imagine même l'Académie ne recevant « plus qu'en "émotif" », c'est-à-dire les écrivains qui se seront mis à l'école célinienne. Le romancier met en garde contre le danger de n'imiter d'un auteur que ce qui peut s'apparenter à des procédés[55]. En attendant cette – fausse – gloire posthume, il s'attache à travailler la langue en « poète » ou, selon les jours, en boulanger, comme une pâte que l'on pétrit dans tous les sens : « C'est en empoignant les deux côtés que nous travaillons, tiraillons, étirons cette pâte de vie, dangereuse et refaite, par chapitres… C'est le moment bien pénible, en vérité… La voici torturée par le travers et par le large, cette drôle de chose, presque jusqu'à ce qu'elle en craque[56]… » S'il faut rattacher l'entreprise de Céline à quelque prédécesseur, c'est le nom de Rabelais qui s'impose en tout premier

54. Louis-Ferdinand Céline, lettre à André Rousseau (1936), citée dans *Le Style contre les idées*, *op. cit.*, p. 55.

55. *Id.*, *Entretiens avec le professeur Y*, *op. cit.*, p. 40.

56. *Id.*, « Qu'on s'explique », Postface (1933) au *Voyage au bout de la nuit*, *op. cit.*, p. 1112.

lieu. À ceux qui ont voulu le comparer à Joyce, il répond que, « comme Rabelais », il a « tout trouvé dans le français même »[57]. Ce qui n'empêche pas le lecteur de reconnaître une étrange parenté entre le traitement que Céline fait subir à cette langue et l'attitude de Joyce par rapport à l'anglais : « Maint fait linguistique qui se retrouve chez l'un et chez l'autre atteste la communauté des préoccupations sous-jacentes : la variété des registres, secteurs, états historiques de la langue mis concurremment à contribution ; l'insertion de discours autres que celui du locuteur ; le parti tiré d'une déformation de mots existants, qu'elle soit morphologique, grammaticale ou sémantique ; la formation de mots nouveaux, y compris de ceux que Lewis Carrol a baptisés les mots-valises ; l'usage fait des onomatopées et de mots obscènes exclus de la langue littéraire courante ; la volonté de faire place à des langues étrangères au sein de celle que l'on écrit, etc.[58]. » Quant à Rabelais, il aurait, toujours selon Céline, « raté son coup » parce que, précisément, la langue s'est formée sans tenir compte des efforts de l'écrivain pour développer le français dans toute ses potentialités : « Non, la France peut plus comprendre Rabelais : elle est devenue précieuse. Ce qui est terrible à penser, c'est que ça aurait pu être le contraire, la langue de Rabelais aurait pu devenir la langue française[59]. » Bref, « on a fait un français maigre alors qu'il avait un français gras ». L'héritage était à prendre. Le romancier s'en est chargé avec brio, qui a rectifié l'usage du français littéraire en lui offrant comme matière première les tournures d'un parler populaire associé aux figures du retournement carnavalesque. La langue célinienne s'appuie sur une rhétorique toute « spéciale » (comme les rails) qui a fait scandale parce

57. *Id.*, « Rabelais, il a raté son coup », art. cit., p. 121.
58. Henri Godard, *Poétique de Céline*, *op. cit.*, p. 23.
59. Louis-Ferdinand Céline, « Rabelais, il a raté son coup », art. cit., p. 123.

qu'elle a pris à rebours les « rituels linguistiques »[60] admis en son temps, donnant ainsi ses lettres de noblesse à l'argot. Mais un argot recherché, transposé, littérarisé, comme l'ensemble de sa « prose parlée », par le travail du styliste.

La « vision du monde » de Bardamu dans le *Voyage au bout de la nuit* est intimement liée à la langue qui la véhicule. Le parcours annoncé par l'auteur en exergue – « Notre voyage à nous est entièrement imaginaire » – est d'abord et avant tout un voyage dans l'espace de la langue et l'aventure narrée, celle du langage. Avec Céline, la langue devient, à la limite, le sujet même de l'œuvre. À tel point que les nombreuses réflexions de l'auteur qui portent sur cette question en sont comme le prolongement naturel. Il en va de même pour Queneau, aussi disert sur son usage du français qu'habile à en déployer les ressources.

Les jeux de langage de Queneau

L'année suivant celle où Céline publie *Voyage au bout de la nuit*, Queneau fait paraître *Le Chiendent* (1933). Du roman de Céline, il dira que c'est « le premier livre d'importance où pour la première fois le style oral marche à fond de train »[61]. Mais outre l'influence de Céline, celle de Rabelais se fera sentir tout au long de son œuvre. Le romancier ne cessera en effet de faire référence de manière plus ou moins directe à l'auteur de *Pantagruel* et de s'en inspirer dans son mode d'écriture. Parallèlement

60. Cette notion de « rituel linguistique » est empruntée à P. R. Léon, cité par Danièle Latin, *Le* Voyage au bout de la nuit *de Céline…*, *op. cit.*, p. 66.

61. Raymond Queneau, « Écrit en 1937 », *Bâtons, chiffres et lettres*, *op. cit.*, p. 17. Désormais indiqué par *BCL* suivi de la page.

à son œuvre de fiction, Queneau publie des réflexions sur la langue qui constituent un diagnostic sévère sur l'état du français de son temps. « On ne peut soigner la France, écrit-il, sans lui dire : "Tire ta langue." Elle la tire. Moi, je la trouve un peu blanchâtre. Ces sacrés habits verts la soignent mal. Il faudrait qu'elle soit un peu plus rose, cette langue. » (*BCL*, p. 50.) Dans une préface écrite en 1955, l'écrivain signale l'écart qui existe entre le français écrit et le français parlé : « Ce n'est pas un paradoxe de soutenir qu'il existe actuellement deux langues, celle qui continue à être enseignée (plus ou moins mal) dans les écoles et à être défendue (plutôt mal que bien) par des organismes officiels, comme l'Académie Française, et la langue parlée, je ne dis même pas la langue populaire. » (*BCL*, p. 66.) Cette langue nouvelle, Queneau la désigne sous le nom de « néo-français », une langue qu'il ne faudrait pas non plus confondre avec l'argot : « Non, il s'agit de donner une existence littéraire au français tel qu'il se parle maintenant, langue absolument différente du français du XVIIIe siècle que l'on continue à écrire – plus ou moins mal. Je dis XVIIIe siècle, car, de fait, le français n'a que peu bougé depuis l'époque où il était devenu langue internationale. » (*BCL*, p. 70.) Et Queneau d'en conclure : « Ce français langue morte a un rejeton qui est le français parlé vivant, langue méprisée par les doctes et les mandarins, mais qui a parfaitement le droit d'être élevée à la dignité de langue de civilisation et de langue de culture, comme autrefois le dialecte italique des cambrousards du Latium ou le babillage des Carolingiens. » (*BCL*, p. 74.) À l'encontre du principe de Chénier, qui laissait entendre que l'on pouvait renouveler la pensée sans toucher aux structures de la langue, l'écrivain croit qu'« un langage nouveau suscite des idées nouvelles et [que] des pensers nouveaux veulent une langue fraîche. Il ne s'agit pas de "forger de toutes pièces un nouveau langage" […], mais bien de donner forme à ce qui ne saurait se couler dans le moule cabossé d'une grammaire défraîchie » (*BCL*, p. 74). Il en appelle donc à un renouvellement de la langue, car « c'est dans l'emploi d'un nouveau "matériau" que surgirait une nouvelle littérature, vivante, jeune et vraie. L'usage même d'une langue encore intacte des souillures grammairiennes et de l'emprise des pédagogues devrait créer les idées elles-mêmes » (*BCL*, p. 62).

Le néo-français auquel il aspire doit s'inspirer du français oralisé sans en être le calque. Queneau précise à ce sujet : « [...] je ne veux pas dire qu'il faut ramener la littérature, et la poésie, à une simple sténographie de ce qu'on appelle méprisamment le langage "concierge" [...] Il s'agit [...] de donner un style au langage parlé » (*BCL*, p. 32-33.). Son propre style, l'écrivain l'a trouvé dans des modèles peu académiques, tels « des journaux comme *l'Épatant* avec leurs *Pieds nickelés* » (*BCL*, p. 12), et en prenant en compte les considérations émises par Joseph Vendryes dans son ouvrage *Le Langage*[62], notamment en ce qui concerne l'orthographe : « On ne peut qu'applaudir aux efforts de ceux qui tentent de remédier aux inconvénients de l'orthographe, écrit Vendryes. Le raisonnement qu'ils tiennent est le suivant. L'orthographe française est un système conventionnel établi de toutes pièces par la volonté de quelques savantasses. Ce qu'une convention a fait, une convention peut le détruire. Ce n'est pas porter

62. Joseph Vendryes, *Le Langage. Introduction linguistique à l'histoire*, Paris, La Renaissance du livre, 1921. Cet ouvrage est également donné en référence par Alphonse Boudard et Étienne Luc dans *La Méthode à Mimile* (La Jeune Parque, 1970 ; Le Livre de Poche, 1975 ; Éd. du Rocher, 1998), dédiée à Queneau. Dans ce livre, Boudard cite la définition de l'argot donnée par Denise François dans *Le Langage*, sous la direction d'André Martinet, « Bibliothèque la Pléiade », 1968, p. 627 (*Le Langage* est le vol. XXV de l'Encyclopédie de la Pléiade dirigée par Queneau) : « Nous parlerons d'argot quand, dans le cadre d'une langue commune, existe, créé à des fins crypto-ludiques, un vocabulaire partiel, qui double sans l'évincer le vocabulaire usuel. »

atteinte à la langue que de corriger son orthographe. C'est la débarrasser d'un mal qui la ronge. » (Cité dans *BCL*, p. 21.) Le romancier ne se prive pas à son tour de souligner l'illogisme de l'orthographe, puisque des sons identiques sont transcrits dans des graphies différentes (seau, sceau, sot) et puisque par ailleurs des graphies identiques commandent des prononciations différentes (abdomen, examen). L'explication par l'étymologie suffit rarement à justifier pareilles incohérences[63]. L'auteur du *Chiendent* (1933), des *Exercices de style* (1949), de *Zazie dans le métro* (1959) et des *Fleurs bleues* (1965), qui est aussi cofondateur de l'Oulipo[64] (OUvroir de LIttérature POtentielle), scénariste et mathématicien, tentera pour sa part de restituer le rythme et la syntaxe de la langue parlée, mais aussi son vocabulaire et ses sonorités en ayant recours à des formes fantaisistes de transcriptions phonétiques.

Queneau ne se contente pas de théoriser : il met en pratique dans ses romans les principes qu'il énonce dans ses autres textes. Le romancier n'hésite pas devant les phrases interrompues et apparemment incorrectes, imitant en cela l'allure de la conversation « où les phrases ne se terminent presque jamais, où les verbes manquent

63. Voir à ce sujet, *Jean-Yves Pouilloux présente* les Fleurs bleues *de Raymond Queneau*, Paris, Gallimard, coll. « Foliothèque », 1997, p. 41.

64. Fondé par Queneau et François Le Lionnais, l'Oulipo réunit un certain nombre d'écrivains dans le but de poser « les problèmes de l'efficacité et de la viabilité des structures littéraires (et, plus généralement, artistiques) artificielles ». « L'efficacité d'une structure – c'est-à-dire l'aide plus ou moins grande qu'elle peut apporter à un écrivain – dépend d'abord de la plus ou moins grande difficulté d'écrire des textes en respectant des règles plus ou moins contraignantes. » (François Le Lionnais.) D'où une exploration des contraintes, qui conduit Queneau à écrire *Cent Mille Milliards de poèmes*, à partir du matériau fourni par dix sonnets, ou encore à décrire, en quatre-vingt-dix-neuf versions différentes, dans ses *Exercices de style*, la même scène observée dans un autobus parisien. (Voir la présentation de Jean-Yves Pouilloux, p. 11-12).

souvent, où l'essentiel n'est pas dit, exprimé, mais sous-entendu, suggéré par la rencontre des deux ou trois personnes qui parlent »[65]. Il malaxe les propositions, juxtapose ou entrecroise sujet et complément, comme dans l'incipit du *Dimanche de la vie :* « Il ne se doutait pas que chaque fois qu'il passait devant sa boutique, elle le regardait, la commerçante, le soldat Brû[66]. » Il étend son lexique jusqu'à des expressions argotiques et pratique l'usage systématique du néologisme. Il faudrait citer presque chaque page de son œuvre pour avoir une idée exacte de l'ampleur du travail lexical ainsi accompli. Les procédés qu'il favorise sont la dérivation (« la manifestaille »), la fabrication de verbes (« néologiser », « littératurer »), d'adjectifs (« charivarique », « infirmeux »), d'adverbes (« barbarement », « capitalistement »). Il utilise allègrement la substantivation (les « ératépistes », « les vécés »), la duplication (« sa petite gueugueule ») ou l'agrégation de mots (« pleurire aux larmes »). Il donne à l'adverbe « presque » une série de composés (« presquoser » « presquiste »). La verve populaire n'est pas la seule à l'inspirer : il forge ainsi le mot « euréquation » qui vient du grec *euréka* comme il ne craint pas d'utiliser l'archaïsme en « moult » occasions. L'imagination de l'écrivain semble ne connaître aucune borne. En plus du lexique, il néologise la sémantique (« elle bégaya quelques pas sur le sable ») et la grammaire (« je buvis », « il closit », « ils foutirent »). Il va même jusqu'à inventer une nouvelle ponctuation, dans *Le Chiendent*, qu'il appelle « le point d'indignation » et qui s'écrit par deux points d'exclamation renversés « ¡¡ »[67]. Queneau s'amuse

65. *Jean-Yves Pouilloux présente* les Fleurs bleues , *op. cit.*, p. 35.

66. Raymond Queneau, *Le Dimanche de la vie*, Paris, Gallimard, 1952, p. 15.

67. Ces exemples sont tirés de Albert Doppagne, « Le néologisme

également à faire des emprunts aux langues étrangères, notamment à des mots anglais qu'il accommode à la prononciation française (les célèbres « bloudjinnes » de Zazie, les « campignes » des *Fleurs bleues*...). Ces emprunts vont parfois jusqu'à donner un dialogue entier écrit en néo-babélien, comme celui de Cidrolin, dans *Les Fleurs bleues*, s'entretenant avec des visiteurs d'un « campigne » :

> « Esquiouze euss, dit le campeur mâle, mà wie sind lost.
> – Bon début, répliuque cidoli.
> – Capito ? Egarrirtes... lostes.
> – Triste sort.
> – Campigne ? Lontano ? Euss smarriti...
> – Il cause bien, murmura Cidrolin, mais parle-t-il l'européen vernaculaire ou le néo-babélien[68] ? »

Dans ce roman qui juxtapose diverses temporalités, Queneau reproduit également un dialogue en latin et transforme son personnage médiéval, le duc d'Auge, en véritable étymologiste :

> « – Sieste... mouchoir... péniche... qu'est-ce que c'est que tous ces mots-là ? Je ne les entrave point.
> – Ce sont des mots que j'ai inventés pour désigner des choses que je vois dans mes rêves.
> – Vous pratiqueriez donc le néologisme, messire ?
> – Ne néologise pas toi-même : c'est là privilège de duc. Aussi de l'espagnol pinaça je tire pinasse puis péniche, du latin sexta hora l'espagnol siesta suis sieste et, à la place de mouchenez que je trouve vulgaire, je dérive du bas-latin mucare un vocable bien françoué selon les règles les plus acceptées et les plus diachroniques.

---

chez Queneau », *Cahiers de l'Association internationale des études françaises*, Paris, n° 25, mai 1973, p. 91-107.

68. Raymond Queneau, *Les Fleurs bleues* (1965), Paris, Gallimard, coll. « La bibliothèque Gallimard », 1999, p. 33.

– Nous voilà bien loin de l'onirologie sapientiale et chrétienne. Votre science sémantique, messire, a fumet d'hérésie[69]. »

Il s'agit là, pour le duc d'Auge, d'anachronismes auxquels se mêle un mot d'argot (« entrave » pour « comprendre »). Autre élément à noter : en affirmant que néologiser est « un privilège de duc », le romancier ironise sur le langage de la cour qui, un temps, a eu préséance sur le langage du peuple[70]. En spécialiste de la langue, l'écrivain utilise également les termes anciens pour ruisseau (« ru »), foule (« flote »), et ainsi de suite. Autre exemple qui renvoie à un travail de linguiste : le pluriel de « cheval » en « chevals », puis « chevaus » et enfin « chevaux », qui accompagne les différentes époques évoquées dans le roman *Les Fleurs bleues* est tout à fait conforme à l'évolution réelle de l'idiome. Une remarque analogue s'applique au commentaire du mot « nostalgie », dont l'origine est évoquée d'un ton doctoral par les chevaux Stèphe et Sthène, personnages du même récit.

En ce qui concerne l'orthographe, l'écrivain iconoclaste s'en donne à cœur joie. Le premier mot de *Zazie dans le métro* donne le ton de ce qui s'observera tout au long du roman. Après le « doukipudonktan » initial[71], le lecteur devra s'accommoder de « bin nonnêtes », de « vzètes zun mélancolique » (p. 21), de « que ça neu teu plaiseu pas » (p. 28), de « bicose » (p. 22), de « çui-la » (p. 20)… Il devra s'accommoder aussi de l'absence du x dans « esprès » et de son retour dans « exeuprès ». On pourrait sans peine allonger la liste et énumérer une série d'écarts par rapport à une norme plus ou moins explicite. Mais l'œuvre de Queneau ne s'en tient pas à ces seules inven-

69. *Id.*, *ibid.*, p. 65.
70. *Jean-Yves Pouilloux présente* les Fleurs bleues, *op. cit.*, p. 49.
71. Raymond Queneau, *Zazie dans le métro* (1959), Paris, Gallimard, coll. « Folio », 1972, p. 9.

tions et jeux de mots. Les remarques de Cidrolin sur l'accord du participe passé dans *Les fleurs bleues* participent de la fiction au même titre que les aventures du personnage entre deux siestes. À une jeune fille d'origine iroquoise – « ire au quoi », une « iroquoiselle » –, l'homme fait la leçon en modifiant la règle connue. De façon analogue, le romancier, dès le premier mot de *Zazie dans le métro*, envoie promener des siècles de codification orthographique et installe la langue comme sujet de sa fiction.

Pour l'auteur oulipien, « les mots sont aussi des objets fabriqués. On peut les envisager indépendamment de leur sens »[72]. Il s'agit donc d'expérimenter le langage, de le déjouer, de le traiter à la manière d'une chose et de mettre ainsi en évidence, par effet de contraste, son aspect conventionnel. À la différence de Céline dont le travail consiste à redonner à l'écrit la force expressive de la parole, il y a chez Queneau une « volonté de désacraliser toute croyance langagière »[73]. Le mélange des tons et des styles qui en résulte, associé à des procédés empruntés au grotesque et au burlesque, à une dérision qui n'épargne ni les grands faits d'une histoire écrite en minuscule ni les personnages qui la vivent, évoque encore la figure de Rabelais, dont l'ombre est sans cesse présente dans l'œuvre de Queneau, ce dernier poussant l'admiration jusqu'à reprendre la formule de l'écolier limousin pour décrire Paris : « Alme et inclyte cité[74]. » Au-delà des références ponctuelles, c'est l'esprit rabelaisien dans son entier qui anime les romans de l'auteur de *Zazie*, un esprit gouailleur et licencieux, décidé à bouleverser l'ordre des choses en attaquant en tout premier lieu les conventions qui servent à les nommer. « Il assume le masque

72. *Id.*, *Le Chiendent* (1933), Paris, Gallimard, coll. « Folio », 1974, p. 186.

73. Jean-Pierre Martin, *La Bande sonore*, Paris, José Corti, 1997, p. 105.

74. Raymond Queneau, *Les Fleurs bleues*, *op. cit.*, p. 31.

littéraire, écrit Roland Barthes, mais en même temps il le montre du doigt[75]. » Les innovations de Queneau, si elles restent malgré tout respectueuses d'un certain degré de lisibilité – le lecteur finit toujours par s'y retrouver –, n'en instaurent pas moins une nouvelle manière de considérer la langue littéraire : quatre siècles après Rabelais, le romancier, à l'instar de Céline son contemporain, s'arroge de plein droit la fonction de créateur de langue et fait prendre un grand bol d'air au français écrit.

Sarraute et les paroles vives

D'une autre façon, Nathalie Sarraute remet en cause le statut de la parole et entreprend dans ses œuvres une démarche expérimentale qu'elle accompagne d'une importante réflexion théorique. Lors de la parution de *Portrait d'un inconnu*, en 1948, Jean-Paul Sartre signale la nouveauté de cette entreprise, qui échappe à toute définition : « C'est la "parlerie" de Heidegger, le "on" et, pour tout dire, le règne de l'inauthenticité[76]. » Mais cette inauthenticité n'est montrée que pour mieux suggérer le vrai rapport entre les autres et avec soi-même. « Pour moi, poursuit Sartre, je pense qu'en laissant deviner une authenticité insaisissable, en montrant ce va-et-vient incessant du particulier au général, en s'attachant à peindre le monde rassurant et désolé de l'inauthentique, elle a mis au point une technique qui permet d'atteindre, par-delà le psychologique, la réalité humaine, dans son existence même[77]. » Une telle technique s'appuie sur une

75. Roland Barthes, « Zazie et la littérature », *Essais critiques*, Paris, Éd. du Seuil, 1964, p. 131.
76. Jean-Paul Sartre, Préface, dans Nathalie Sarraute, *Portrait d'un inconnu* (1948), Paris, Gallimard, coll. « Folio », 1989, p. 12.
77. *Id., ibid.*, p. 15.

analyse des procédés mis à la disposition du romancier pour distribuer les voix narratives et faire du dialogue « le centre de gravité du roman »[78].

Pour Sarraute en effet, il s'agit d'inventer une forme qui fasse apparaître les paroles dans leurs « mouvements souterrains à la fois impatients et craintifs » (*ES*, p. 121), dans cette frontière ténue qui sépare la conversation de la sous-conversation. Ce qu'elle appelle *tropismes*, ce sont « ces mouvements indéfinissables, qui glissent très rapidement aux limites de notre conscience : ils sont à l'origine de nos gestes, de nos paroles, des sentiments que nous manifestons, que nous croyons éprouver et qu'il est possible de définir »[79]. Or ces tropismes ne peuvent être rendus par les procédés du roman traditionnel qui, malgré le soin que portent les écrivains à varier les formules introductives, n'en marquent pas moins une distance entre la voix narrative et celle des personnages. Ces formules « sont en quelque sorte le symbole de l'ancien régime, le point où se séparent avec le plus de netteté la nouvelle et l'ancienne conception du roman. Elles marquent la place à laquelle le romancier a toujours situé ses personnages : en un point aussi éloigné de lui-même que des lecteurs ; à la place où se trouvent les joueurs d'un match de tennis, le romancier étant à celle de l'arbitre juché sur son siège, surveillant le jeu et annonçant les points aux spectateurs (en l'occurrence les lecteurs), installés sur les gradins » (*ES*, p. 129). Or les paroles constituent, « par le jeu d'actions et de réactions qu'elles permettent », « le plus précieux des instruments » (*ES*, p. 123) du romancier. Le

78. « Un des meilleurs romanciers anglais actuels, note Sarraute, Henry Green, fait observer que le centre de gravité du roman se déplace : le dialogue y occupe une place chaque jour plus grande. » Nathalie Sarraute, « Conversation et sous-conversation », *L'Ère du soupçon. Essais sur le roman*, Paris, Gallimard, 1956, p. 108. Désormais indiqué par *ES* suivi de la page.

79. Nathalie Sarraute, Préface, *L'Ère du soupçon*, *op. cit.*, p. 8.

dialogue, « qui tend de plus en plus à prendre dans le roman moderne la place que l'action lui abandonne, s'accommode mal des formes que lui impose le roman traditionnel » (*ES*, p. 124). Il appartient dès lors à l'écrivain d'abandonner les conventions du genre – deux-points, alinéas, guillemets, tirets ou formules introductives –, qui sont pour lui ce que la perspective est à la peinture.

Certains devanciers ont réussi à échapper jusqu'à un certain point à leur position d'arbitre. Les romanciers behavioristes, par exemple, en privilégiant la narration dialoguée, ont rapproché le roman du théâtre, sans renouveler vraiment son esthétique. Quant à Proust, que Sarraute reconnaît comme l'un des plus subtils analystes des sentiments, il ne livre toutefois au lecteur les images et sensations de ses personnages qu'« après qu'ils ont eu accompli leur course, au repos, et comme figés dans le souvenir » (*ES*, p. 116). Il en va de même des dialogues, qui ne sont presque jamais reproduits au présent et rarement abandonnés à « la libre interprétation des lecteurs » : « Qu'il y ait entre la conversation et la sous-conversation le plus léger décalage, qu'elles ne se recouvrent pas tout à fait, et aussitôt il intervient, tantôt avant que le personnage parle, tantôt dès qu'il a parlé, pour montrer tout ce qu'il voit, expliquer tout ce qu'il sait, et il ne laisse au lecteur d'autre incertitude que celle qu'il est forcé d'avoir lui-même, malgré tous ses efforts, sa situation privilégiée, les puissants instruments d'investigation qu'il a créés. » (*ES*, p. 136.) Et Sarraute d'expliquer également que le monologue intérieur suppose un certain degré de conscience puisqu'il correspond à des impressions ayant déjà accédé à la pensée : « Dans mes livres, explique-t-elle, il y a du monologue intérieur mais précédé par ces mouvements, ces tropismes qui poussent les mots et amènent la phrase intérieure[80]. »

80. Simone Benmussa, *Nathalie Sarraute. Qui êtes-vous ?*, Paris, La Manufacture, 1987, p. 64.

Bref, ce qu'elle tente de faire, c'est de passer insensiblement du dedans au dehors, de la sous-conversation à la conversation « par un changement de rythme ou de forme » (*ES*, p. 140). Elle précise toutefois qu'il s'agit là de recherches, d'espoirs, d'« expériences de laboratoires »[81].

Déjà dans *Tropismes*, commencé en 1932, l'année même de la publication de *Voyage au bout de la nuit*, la parole joue le rôle de catalyseur du récit. Comme dans la plupart des textes de Sarraute, les personnages sont identifiés par des pronoms et soumis à l'emprise des mots courants, des expressions figées, du langage-simulacre : « Il n'y avait rien à faire. Rien à faire. Se soustraire était impossible. Partout, sous des formes innombrables, "traîtres" ("c'est traître le soleil d'aujourd'hui, disait la concierge ; c'est traître et on risque d'attraper du mal. Ainsi, mon pauvre mari, pourtant il aimait se soigner…"), partout, sous les apparences de la vie elle-même, cela vous happait au passage, quand vous passiez en courant devant la loge de la concierge, quand vous répondiez au téléphone, déjeuniez en famille, invitiez des amis, adressiez la parole à qui que ce fût[82]. » Mais la parole, dans ce premier groupe de récits, aussi déterminante soit-elle, reste encadrée par des signaux qui la délimitent. Le texte, qui décrit des femmes dans un salon de thé (« Elles, elles, elles, elles, toujours elles, voraces, pépiantes et délicates »), utilise des procédés traditionnels pour faire entendre leur discours : « Elles allaient dans des thés. Elles restaient là, assises pendant des heures pendant que des après-midi entières s'écoulaient. Elles parlaient : "Il y a entre eux des scènes lamentables, des disputes à propos de rien. Je dois dire que c'est lui que je plains dans tout cela quand même[83]." » À d'autres moments, on passe du

81. Nathalie Sarraute, Préface, *L'Ère du soupçon*, *op. cit.*, p. 7.
82. *Id.*, *Tropismes* (1939), Paris, Éd. de Minuit, 1957, p. 17.
83. *Id.*, *ibid.*, p. 64.

discours indirect libre à une citation : « Elle y retournait. Vraiment, elle aimait tant ce pays. Les Anglais, quand on les connaissait… Mais il interrompait : “L’Angleterre. Ah ! oui, l’Angleterre… Shakespeare ? Hein[84] ? » Les lieux communs conversationnels sont reproduits dans le cadre d’un tissu narratif qui les enchâsse, les explique, en prévoit l’effet. Ils sont encore, somme toute, tributaires des techniques traditionnelles de la citation.

Avec *Portrait d’un inconnu*, un narrateur-enquêteur prend en charge le récit et a comme mission de débusquer les mots sous les mots, la sous-conversation qui se masque sous les paroles convenues. Ce narrateur, Sarraute le décrit comme « celui qui cherche les tropismes », qui « essaye de se glisser à l’intérieur des consciences des personnages. Il essaye de se mettre à leur place. Il essaye de voir ce qui se passe dans chacun d’eux. […] il ne raconte pas du dehors »[85]. Celui-ci avoue d’entrée de jeu : « J’ai essayé d’abord, comme je fais parfois, en m’approchant doucement, de les surprendre[86]. » Ce narrateur reconnaît ne plus pouvoir demeurer à l’écart : « […] je dois tenir mes distances, – mais je ne pouvais plus m’arrêter, c’était déjà, je le sentais, cette attraction qu’ils exercent toujours sur moi, comme un déplacement d’air qui happe, ce vertige, cette chute dans le vide… »[87]. Il entre ainsi en relation avec les personnages dont il cite les confidences, les jugements. Les guillemets lui servent aussi à marquer les expressions figées qui traversent son esprit : « Cela me donne toujours un peu l’air, ce genre de sorties-là, de “prendre la porte”[88]. » Réfléchissant à sa propre situation, il constate : « Avec eux, je peux me laisser aller. Rien ne

84. *Id.*, *ibid.*, p. 94.
85. Simone Benmussa, *Nathalie Sarraute. Qui êtes-vous ?*, *op. cit.*, p. 58.
86. Nathalie Sarraute, *Portait d’un inconnu*, *op. cit.*, p. 17.
87. *Id.*, *ibid.*, p. 31.
88. *Id.*, *ibid.*, p. 20.

leur paraîtra jamais inconvenant, “littéraire”, fabriqué[89]. » Il lui arrive encore de résumer ce qu'il entend : « Ils rient, l'air enchanté, ils prennent et ils me jettent, de plus en plus excités, des racontars stupides, de vieilles réminiscences de faits divers, de grosses “tranches de vie” aux couleurs lourdes, trop simples, absolument indignes d'eux, de moi, mais ils se contentent maintenant de n'importe quoi, ils prennent n'importe quoi et ils l'étalent sur moi, ils m'empoignent n'importe comment, ils nous empoignent, moi, elle, le vieux, ils nous tiennent tous ensemble, pressés les uns contre les autres, ils nous serrent les uns contre les autres, ils se serrent contre nous, nous étreignent[90]. » Tout au long du récit, le discours du narrateur cherche à se fondre dans la parole collective des « ils » indifférenciés, témoins et complices du couple formé par le vieux et sa fille. Cette parole entrecroisée, trouée de lieux communs, ne prend son sens qu'avec le mouvement d'aller-retour entre l'anonymat du narrateur, des personnages, et l'intensité du regard qui les observe et les traque. Ainsi le langage du banal et du convenu se trouve-t-il porté par cet écho qui le prolonge et l'amplifie.

De nouvelles audaces se font jour avec *Martereau* (1953). À un certain moment, par exemple, le narrateur imagine Martereau et sa femme échangeant quatre fois la même phrase : « Ne m'attends pas, je vais aller faire un tour, couche-toi, ne m'attends pas. » Et Sarraute d'expliquer : « Je montre, en quatre scènes qui précèdent chaque fois cette phrase, comment ces mots sont remplis différemment. Ces mots identiques sont complètement transformés par la sous-conversation qui les produit dans chaque scène. Ils n'ont plus la même signification[91]. »

89. *Id.*, *ibid.*

90. *Id.*, *ibid.*, p. 24.

91. Simone Benmussa, *Nathalie Sarraute. Qui êtes-vous ?*, *op. cit.*, p. 62.

Dans *Le Planétarium*, la disparition du narrateur-personnage entraîne une oscillation entre les divers registres de paroles ainsi qu'un passage insensible entre les mots et leurs doubles : « Un nouveau type de récit de paroles s'invente, dans lequel la narration équivaut strictement à la relation intersubjective telle qu'elle est éprouvée par les protagonistes. Corrélativement, les personnages se réduisent à des pronoms et sont réduits au statut de voix. L'histoire, dès lors, se résume aux paroles échangées, l'action aux actes de parole et à leurs effets[92]. » Les personnages des premiers récits étaient pourvus encore d'une certaine dimension romanesque, malgré leur anonymat. À partir du *Planétarium*, le langage devient l'objet du récit et le texte sarrautien « pur jeu d'affrontement entre une conversation et une sous-conversation »[93]. Dans *Les Fruits d'or* (1963), le lecteur suit l'orchestration subtile des voix autour d'une situation narrative minimale et des phrases-clichés que disent les uns et les autres à propos d'un livre qui vient de paraître. *Vous les entendez* (1972) est un roman construit à partir d'une seule phrase, procédé qui sera repris dans la suite de récits que constitue *L'Usage de la parole* (1980).

Le recueil *L'Usage de la parole* représente à la fois un résumé et une mise en abyme de la manière particulière qu'a Sarraute de traiter le langage. Chacun des récits s'élabore autour d'une expression ou d'un mot, énoncés le plus souvent en titre (« Ich sterbe », « Et pourquoi pas ? », « Le mot Amour », « Eh bien quoi, c'est un dingue… »[94]) puis interrogés, creusés, travaillés dans l'espace d'un discours

92. Laurent Adert, *Les Mots des autres. Flaubert, Sarraute, Pinget*, Villeneuve-d'Ascq, Presses universitaires du Septentrion, 1996, p. 198.

93. *Id., ibid.*

94. Nathalie Sarraute, *L'Usage de la parole*, Paris, Gallimard, 1980. Désormais indiqué par *UP* suivi de la page.

qui interpelle directement le lecteur. Dès l'ouverture du livre, une relation dialogique s'installe à partir d'une phrase en langue étrangère : « Ich sterbe. [...] Ce sont des mots allemands. Ils signifient je meurs. Mais d'où, mais pourquoi tout à coup ? Vous allez voir, prenez patience. » Chacun des récits commence ainsi par une question, voire une énigme, parfois même par une formule de politesse comme « À bientôt », dont l'aspect inquiétant se dévoile peu à peu. Tout au long du parcours, les réflexions métalinguistiques se glissent : « Ce ne sont là, vous le voyez, que quelques légers remous, quelques brèves ondulations captées parmi toutes celles, sans nombre, que ces mots produisent. » (*UP*, p. 16.) Ou encore : « Je vais, moi-même, opérer... ne suis-je pas médecin aussi ?... la mise en mots... Une opération qui va dans ce désordre sans bornes mettre de l'ordre. » (*UP*, p. 11.) Parfois la mise en mots se transforme en interrogation : « "Nous sommes pareils... logés à la même enseigne..." À la même enseigne ?... Qu'a-t-il dit ? » (*UP*, p. 30.) Parfois en drame autour de l'expression « mon petit », parfois en recette (« "Eh bien quoi" faites-le suivre de... », *UP*, p. 115), parfois en conseil (« Écoutez-les, ces paroles... elles en valent la peine, je vous assure... », *UP*, p. 149), parfois en jeu (« Ne me parlez pas de cela », *UP*, p. 127), parfois en aventure risquée (« Ne comprends pas », *UP*, p. 154). Ainsi se trouvent concentrés les principes sur lesquels se fonde la poétique de Sarraute : ne pas se fier à l'apparente clarté des phrases toutes faites, les faire résonner, les écouter jusqu'à ce qu'ils laissent entrevoir leur opacité, leur sens secret. Toujours le lecteur est pris à partie et sollicité dans l'investigation : « Le discours n'est jamais monologue : il va vers l'autre, réclame sa présence et sa complicité. La voix narratrice ne peut pas plus se passer de cet effet d'adresse constant. [...] *L'Usage de la parole* ne nous donne qu'un cadre abstrait, minimal. L'indispensable schéma pour que l'échange – en tant qu'échange – puisse être suivi comme un jeu dramatique[95]. » Mis en cause, scrutés et contextualisés, les mots les plus ordinaires s'entourent d'un halo de mystère, de sous-entendus, de sous-conversations qui les restituent dans leur dimension singulière : « Il ne s'agit en effet pas de fixer ces petites scènes langagières mais de faire sentir leur tremblement, la lutte d'un indicible avec les mots quotidiens[96]. »

« Mes véritables personnages, mes seuls personnages, confesse Sarraute, ce sont les mots[97]. » La romancière aura réussi à faire entendre la parole sous les mots, à en débusquer la force expressive, la dimension imaginaire : « Si l'œuvre de Nathalie Sarraute mérite indéniablement de figurer comme l'une des plus originales de notre siècle, écrit Dominique Rabaté, c'est parce qu'elle met en forme un imaginaire de la parole absolument inédit. Elle donne à voir un travail du langage qu'aucun écrivain n'avait auparavant éclairé de cette façon[98]. » En choisissant de privilégier les lieux communs, Sarraute les déploie pour mieux les faire éclater : « Le lieu commun est à tout le monde et il m'appartient, écrit Sartre en préface à *Portrait d'un inconnu*, il est la présence de tout le monde en moi[99]. » Ce qui intéresse la romancière, c'est moins l'expression figée que ce qu'elle cache, comment elle peut signifier des choses différentes : « Il y a un travail préliminaire infini parce que tout est écrasé par les lieux communs, les sensations toutes faites qui viennent tout aplatir[100]. » Le lieu

95. Dominique Rabaté, « Le présent de la parole », *Critique*, n° 656-657, janvier-février 2002, p. 52 ; *Poétiques de la voix*, Paris, José Corti, 1999.

96. *Id.*, *ibid.*, p. 55.

97. Nathalie Sarraute, interview avec Lucette Finas, *La Quinzaine littéraire*, n° 292, 16-31 décembre 1978, p. 170.

98. Dominique Rabaté, « Le présent de la parole », art. cit., p. 51.

99. Jean-Paul Sartre, Préface, dans Nathalie Sarraute, *Portrait d'un inconnu*, *op. cit.*, p. 10.

100. Simone Benmussa, *Nathalie Sarraute. Qui êtes-vous ?*, *op. cit.*, p. 117.

commun convoqué par Sarraute est sorti de sa gangue, libéré des contraintes qui l'immobilisent. Il est littérarisé par les tropismes qui l'enchâssent et le déterminent : « C'est la sensation dont il est chargé, qu'il exprime et qu'il dégage par chacun de ses mots, qui donne au langage littéraire les qualités qui le séparent du langage commun »[101], affirme encore la romancière. Le lieu commun ainsi recontextualisé et revitalisé devient « parole vive »[102]. Les mots de tous les jours ne sont plus les mêmes. Ils sont réinventés, à partir des codes de la langue courante, par l'usage littéraire qui en est fait.

À ces exemples emblématiques d'une modernité expérimentale s'ajoutent les variations de Robert Pinget, les intensités de Marguerite Duras, les interrogations de Samuel Beckett, les jeux de Georges Perec. Pour Pinget, le romancier sera d'abord un « metteur en voix », car l'œuvre aura pour « première matière le magma confus des paroles d'autrui, contradictoires »[103]. La langue de Duras est une langue rythmée par des répétitions, des juxtapositions, des refrains. La romancière la décrit comme « une façon d'aller à l'os, au plus pauvre de la phrase ». Car « c'est là, ajoute-t-elle, que la force se tient »[104]. Procédés minimalistes qui bouleversent l'ordre des mots, la grammaire (le récit fait parfois alterner les modes indicatif et conditionnel), voire la syntaxe. À partir d'un vocabulaire restreint, Duras entreprend un travail sur la voix (fait entendre une voix) qui est « une conquête sur l'abstraction, sur l'indifférence (l'imprécision, la généralité)

101. Nathalie Sarraute, « Le langage dans l'art du roman », dans Simone Benmussa, *ibid.*, p. 191.

102. Expression empruntée à Simone Benmussa, « Les paroles vives », dans *L'Arc*, « Nathalie Sarraute », n° 95, 1984, p. 76-82.

103. Robert Pinget, *L'Ennemi*, Paris, Éd. de Minuit, 1987, p. 16. Cité par Jean-Pierre Martin, *La Bande sonore*, *op. cit.*, p. 169.

104. Citée dans Dominique Noguez, *Duras, Marguerite*, Paris, Flammarion, 2001, p. 26.

de l'abstraction »[105] : « Long silence. Ils marchent. Ils s'arrêtent. Et puis ils parlent encore[106]. » La voix beckettienne est une voix tout en sourdine, qui se remet en question, se déclare innommable, mensongère, une voix qui se fait entendre pour enfin pouvoir se taire, hors de toute ambiguïté : « Cette voix qui parle, se sachant mensongère, indifférente à ce qu'elle dit, trop vieille peut-être et trop humiliée pour pouvoir jamais dire enfin les mots qui la fassent cesser, se sachant inutile, pour rien, qui se s'écoute pas, attentive au silence qu'elle rompt, par oz peut-être un jour lui reviendra le long soupir clair d'avent et d'adieu, en est-elle une[107] ? » L'œuvre de Beckett est une longue méditation sur le langage, ses impasses, les illusions qu'il véhicule. Cet auteur venu d'une autre langue explore à travers plusieurs genres l'expressivité du français interpellé à même les tensions de l'écriture. Ici l'invention consiste en une réverbération, un éclairage, une mise en forme de mots soudain investis de pouvoirs ou de pièges insoupçonnés. Mentionnons encore, dans la perspective d'un renouvellement de la langue, le travail d'Albert Camus qui, avec *L'Étranger*, a choisi l'indétermination du passé composé pour rendre « l'indifférence clairvoyante »[108] de son personnage. Transformations subtiles, déplacements narratifs qui, hors de toute invention lexicale, puisent dans les possibles de la langue, dans sa grammaire et dans sa sémantique, pour l'orienter vers une pratique différente.

Ces écritures de la parole se distinguent radicalement des tentatives de mimétisme des auteurs dits réalistes, comme

105. Dominique Noguez, *Duras, Marguerite*, *op. cit.*, p. 34.
106. Marguerite Duras, *Agatha*, Paris, Éd. de Minuit, 1981, p. 58.
107. Samuel Beckett, *L'Innommable*, Paris, Éd. de Minuit, 1953, p. 34.
108. Pour une analyse stylistique de *L'Étranger*, voir Jean-Michel Adam, *Le Style dans la langue*, Lausanne, Delachaux & Niestlé, 1997, p. 147-183.

elles se distinguent des modulations proustiennes, en ce qu'elles mettent en jeu aussi bien les poétiques romanesques que les modes de transcription des langages sociaux. Ces écritures cherchent une forme qui, « à la suspicion générale qui atteint le langage tout au long de la littérature moderne, [..] substituerait une réconciliation du verbe de l'écrivain et du verbe des hommes »[109]. Écritures de l'expressivité chez Céline, de la distorsion ludique chez Queneau, de la vibration intérieure chez Sarraute, ces romans explorent de nouvelles dimensions de la vie de la langue : « Se faisant récit-parlerie, la langue du roman se veut plus que jamais théâtre des voix et représentation des langages. Mais surtout, elle prétend se colleter, comme elle ne l'avait jamais fait, avec l'Autre, sociologiquement, historiquement parlant, de la langue française littéraire, l'Autre ignoré depuis des siècles, de la littérature et de la philosophie : la trivialité de la parole, le langage concierge de la rue[110]. » C'est l'avènement du roman oralisé, un roman qui tente de retrouver ce que Paul Zumthor appelle les « valeurs de la voix »[111], valeurs estompées par la culture lettrée occidentale depuis le XVIe siècle.

Les héritiers de Céline et de Queneau sont nombreux dans la littérature française de la deuxième moitié du XXe siècle. L'argot, ou son double nommé « français non conventionnel », revient en force dans les œuvres d'Alphonse Boudard, de Jean Vautrin, dans les aventures de San-Antonio. Le premier y consacre un dictionnaire qu'il intitule, sur le modèle de la méthode Assimil pour l'apprentissage des langues, *La Méthode à Mimile* et qu'il

109. Roland Barthes, *Le Degré zéro de l'écriture*, *op. cit.*, p. 72.
110. Jean-Pierre Martin, *La Bande sonore*, *op. cit.*, p. 42.
111. Paul Zumthor, *Introduction à la poésie orale*, Paris, Éd. du Seuil, coll. « Poétique », 1983, p. 80. Cité par Jean-Pierre Martin, *La Bande sonore*, *op. cit.*, p. 70.

dédie à « Raymond Queneau, orfèvre ». En exergue, on lit une citation d'Henri Bauche, tirée du *Langage populaire*, qualifiant d'argot le langage académique : « En réalité, le vrai français, c'est le français populaire. Et le français littéraire ne serait plus aujourd'hui, de ce point de vue, qu'une langue artificielle, une langue de mandarins, une sorte d'argot[112]. » Ce parti pris pour l'argot « langue secrète et langue complice », que Boudard définit comme la « langue des gens qui se déplacent »[113], il le met en œuvre dans divers textes : *Sur le bout de la langue* (1993), *La Métamorphose des cloportes* (1962) ou encore *Les Grands Criminels* (1989). Jean Vautrin, pour sa part, explore aussi bien la langue des banlieues (*Billy-ze-Kick*, 1974) que le cajun de Louisiane (*Un grand pas vers le bon Dieu*[114], 1989), l'argot des voleurs (*Le Cri du peuple*, 1999) ou le gascon, tombé en désuétude (*Symphonie Grabuge*, 1994).

Quant à Frédéric Dard, alias San-Antonio, il invente à partir de l'argot sa propre langue d'écrivain, une langue faite d'une « combinatoire de mots » très particulière, en même temps qu'il renouvelle le genre du polar en créant un personnage de commissaire aux enquêtes peu conventionnelles. Cet auteur prolifique se présente lui-même en ces termes : « Créateur d'un nouveau langage, à ce qu'il paraît, avec du génie plein la musette, je bougresse, transgresse, digresse, tendresse ! [...] C'est une fière luronne, la langue française. Seulement, elle en a marre d'être res-

112. Henri Bauche, *Le Langage populaire*, Paris, Payot et cie, 1920 ; cité par Alphonse Boudard et Étienne Luc, *La Méthode à Mimile*, *op. cit.*

113. Alphonse Boudard et Étienne Luc, *La Méthode à Mimile*, *op. cit.*, p. 16.

114. Livre qui lui valu le prix Goncourt en même temps qu'un procès pour plagiat. Voir à ce sujet Étienne Brunet, « Que l'emprunt vaut rin », *The French Review*, vol. LXIV, n° 2, décembre 1990, p. 273-288.

pectée. Elle s'engourdit. Se stérilise. Elle aime les claques sur les fesses, comme toutes les vraies femelles[115]. » Celui à qui on concède vingt mille néologismes[116] est célébré aussi bien par les académiciens que par les lecteurs « de base », ceux qui fréquentent « les stades et les caboulots »[117]. Pour Claude Duneton, « ce que Frédéric Dard a apporté à la langue française contemporaine n'est pas mesurable, [...] c'est surtout un climat de complicité dans la tchatche »[118]. Mentionnons en passant que ce langage tchatche, identifié au langage des banlieues parisiennes, est abondamment représenté dans *Lila dit ça*, d'un certain Chimo, un roman qui a eu son heure de succès en 1996.

Dans d'autres registres, des auteures telles que Annie Ernaux ou Annie Saumont ont aussi travaillé la langue de façon à lui donner le rythme du parlé, la première cherchant dans la forme du récit (*La Place*, 1983 ; *Journal du dehors*, 1990) une possibilité de rendre le direct de l'expérience, son côté sensible et son intensité ; la seconde construisant ses nouvelles à partir de phrases empruntées au langage du quotidien (*Moi, les enfants j'aime pas tellement*, 1990, *Les voilà quel bonheur*, 1993). Plus récemment, des romancières comme Virginie Despentes (*Baise-moi*, 1994) ou Christine Angot (*L'Inceste*, 1999) s'en prennent aux bienséances sociales autant que littéraires en décrivant, sans hésiter devant aucune expression obscène, les mots/maux de corps dont la souffrance – et la jouissance – sont portés à un haut degré de paroxysme.

115. Extrait de « Mes délirades », 1999, cité dans *Le Monde*, 9 juin 2000.

116. Bertrand Poirot-Delpech, « Vingt mille néologismes à son actif », *Le Monde*, 9 juin 2000.

117. Claude Duneton, « Un frisson de liberté », *Le Journal du dimanche*, 11 juin 2000, p. 12.

118. *Id., ibid.*

Ces écritures orientent le récit « selon une pente qui l'écarte de plus en plus du romanesque proprement dit » afin de privilégier « l'acte même de parler »[119]. Il en va ainsi de Louis-René des Forêts, dont *Le Bavard* (1946) est construit à la manière d'un long soliloque mettant en scène, dans l'écrit, les stratégies du discours oral ; de Pascal Quignard, dont le travail, dans les romans comme dans les « traités », tend à faire « vœu de silence » pour mieux écouter la parole et, par cet arrachement au sonore, laisser « le langage résonner en lui »[120]. Cette reconfiguration de l'oralité dans l'intimité de la voix traduit la distance prise avec certaines conventions narratives et redessine les contours du récit poétique.

Le roman qui s'ébauche au cours du XXe siècle le fait à partir d'un langage polyphonique dont il cherche à rendre les rythmes, les tonalités, les accents, tout en prenant conscience de son inquiétante étrangeté. Ce sentiment de l'étrangeté du langage[121] est partagé par les écrivains des littératures françaises hors de France, ces littératures que l'on a pris l'habitude de désigner sous le nom de littératures francophones.

119. Dominique Rabaté, *Vers une littérature de l'épuisement*, Paris, José Corti, 1991, p. 71.

120. Voir *La Haine de la musique*, Paris, Hachette, 1987 et *Le Vœu du silence* (essai consacré à Louis-René des Forêts) Paris, Fata Morgana, 1985, cités par Dominique Rabaté, *Poétiques de la voix*, p. 276.

121. Déjà identifié par Sartre en 1952 : « Notre société, en crise depuis la fin de l'autre guerre, use d'un langage trop vieux pour elle. Beaucoup de mots, décrochés aux objets, flottent à la dérive ; beaucoup d'hommes dépaysés au sein de la classe bourgeoise, isolés par leur histoire et par leurs complexes, ont le sentiment que le langage n'est pas tout à fait à eux. » (*Saint Genet comédien et martyr*, Paris, Gallimard, 1952, p. 311.) Cité par Jean-Pierre Martin, *La Bande sonore*, *op. cit.*, p. 88.

*

REPÈRES BIBLIOGRAPHIQUES

ADAM Jean-Michel, *Le Style dans la langue*, Lausanne, Delachaux & Niestlé, 1997, p. 147-183.

ADERT Laurent, *Les Mots des autres. Flaubert, Sarraute, Pinget*, Villeneuve-d'Ascq, Presses universitaires du Septentrion, 1996.

ANTOINE Gérald, « La langue parlée et ses transpositions littéraires dans le français contemporain », *Actes du Xe Congrès de linguistique et philologie romanes*, Paris, Klincksieck, 1965, p. 443-451.

BARTHES Roland, *Le Bruissement de la langue*, Paris, Éd. du Seuil, 1984.

BENMUSSA Simone, *Nathalie Sarraute. Qui êtes-vous ?*, Paris, La Manufacture, 1987.

BOREL Jacques, « Bonheur de l'imparfait », *La Nouvelle Revue française*, n° 227, 1971, p. 1-14.

DOPPAGNE Albert, « Le néologisme chez Queneau », *Cahiers de l'Association internationale des études françaises*, Paris, n° 25, mai 1973, p. 91-107.

GODARD Henri, *Poétique de Céline*, Paris, Gallimard, coll. « Bibliothèque des idées », 1985.

HINDUS Milton, *L.-F. Céline tel que je l'ai connu*, Paris, Éditions de L'Herne, 1969.

KRISTEVA Julia, *Le Temps sensible. Proust et l'expérience littéraire*, Paris, Gallimard, 1994.

LAFLÈCHE Guy, « Céline, d'une langue l'autre », *Études françaises*, vol. X, n° 1, février 1974, p. 13-40.

LATIN Danièle, *Le* Voyage au bout de la nuit *de Céline : roman de la subversion et subversion du roman. Langue, écriture, fiction*, Bruxelles, Palais des académies, 1988.

MARTIN Jean-Pierre, *La Bande sonore*, Paris, José Corti, 1997.

MEIZOZ Jérôme, *L'Âge du roman parlant (1919-1938)*, Genève, Droz, 2001.

MILLY Jean, *Proust et le Style*, Paris, Minard, coll. « Lettres modernes », 1970.

—, *La Phrase de Proust : des phrases de Bergotte aux phrases de Vinteuil*, Paris, Larousse université, 1975.

MOUTON Jean, *Le Style de Marcel Proust*, Paris, Nizet, 1973.

NOGUEZ Dominique, *Duras, Marguerite*, Paris, Flammarion, 2001.

POUILLOUX Jean-Yves, *Jean-Yves Pouilloux présente* Les Fleurs bleues *de Raymond Queneau*, Paris, Gallimard, coll. « Foliothèque », 1997.

QUÉRIÈRE Yves (de la), *Céline et les mots. Étude stylistique des effets de mots dans le* Voyage au bout de la nuit, Lexington, The University Press of Kentucky, 1973.

RABATÉ Dominique, *Vers une littérature de l'épuisement*, Paris, José Corti, 1991.

—, *Poétiques de la voix*, Paris, José Corti, 1999.

—, « Le présent de la parole », *Critique*, n° 656-657, janvier-février 2002, p. 51-60.

VENDRYES Joseph, *Le Langage. Introduction linguistique à l'histoire*, Paris, La Renaissance du livre, 1921.

WILMET Marc, « Marcel Proust : du côté de la grammaire », *Le Français moderne*, 40e année, n° 2, avril 1972, p. 126-146.

CHAPITRE VII

Les littératures francophones : manifester la différence

« Parfois je m'invente, tel un naufragé, dans toute l'étendue de ma langue. »

Gaston Miron

D'origine récente, le concept de francophonie, mis en avant par le géographe Onésime Reclus en 1878, puis repris en novembre 1962 dans un numéro de la revue *Esprit*, reste une notion assez floue qui recouvre aussi bien les communautés dont la langue française est maternelle (Québec, Belgique, Suisse) que celles où elle est langue d'usage ou officielle (les anciennes colonies françaises et les aires créolophones) ou encore langue privilégiée (Europe centrale ou orientale). Cette disparité de statut se double de disparités tout aussi évidentes de situations socioculturelles qui affectent l'usage quotidien de la langue et son utilisation littéraire. Cela étant dit, les littératures francophones ont en commun d'être de jeunes littératures et leurs écrivains de se situer à la croisée des langues. Les questions de représentations langagières y prennent une importance accrue, qu'on aurait tort d'attribuer à un essentialisme quelconque, mais qu'il faut voir plutôt comme un désir d'interroger la nature même du langage et de dépasser le simple discours ethnographique.

Le dénominateur commun des littératures dites émergentes, et notamment des littératures francophones, est en effet de proposer, au cœur de leur problématique identitaire, une réflexion sur la langue et sur la manière dont s'articulent les rapports langues / littérature dans des contextes différents. La complexité de ces rapports, les relations généralement conflictuelles – ou tout au moins concurrentielles – qu'entretiennent différentes langues, donnent lieu à une *surconscience linguistique*[1] dont les écrivains ont rendu compte de diverses façons. Surconscience, c'est-à-dire conscience de la langue comme lieu de réflexion privilégié, comme territoire imaginaire à la fois ouvert et contraint. Écrire devient alors un véritable « acte de langage », car le choix de telle ou telle langue d'écriture est révélateur d'un « procès » littéraire plus important que les procédés mis en jeu. Plus que de simples modes d'intégration de l'oralité dans l'écrit, ou que la représentation plus ou moins mimétique des langages sociaux, on dévoile ainsi le statut d'une littérature et son intégration/définition des codes. Les écrivains francophones reçoivent ainsi en partage une sensibilité plus grande à la problématique des langues, sensibilité qui s'exprime par de nombreux témoignages attestant à quel point l'écriture, pour chacun d'eux, est synonyme d'inconfort et de doute. La notion de surconscience renvoie à ce que cette situation d'inconfort dans la langue peut avoir d'exacerbé et de fécond. Elle a l'avantage, sur celle d'insécurité définie par les linguistes, de mettre en évidence le travail d'écriture, de choix délibéré que doit effectuer celui qui se trouve dans une situation de complexité langagière. Ce que le poète québécois Gaston Miron avait un jour résumé dans une admirable formule : « Parfois je m'invente, tel un naufragé, dans toute l'étendue de ma langue[2]. » Il y a dans cette phrase l'expression de l'envers et de l'endroit d'une même réalité, c'est-à-

1. Lise Gauvin, « D'une langue l'autre. La surconscience linguistique de l'écrivain francophone », *L'Écrivain francophone à la croisée des langues*, Paris, Karthala, 1997, p. 6-15.
2. *Id.*, « Malmener la langue », *ibid.*, p. 57.

dire la possibilité de naufrage ou d'invention, d'invention *et* de naufrage, l'un et l'autre inextricablement liés.

Dans l'ensemble constitué par la « république mondiale des lettres » (Pascale Casanova), les littératures francophones ont été nommées tour à tour littératures régionales, périphériques ou mineures. Mais cette dernière appellation, si on la rapporte à ceux qui l'ont mise en avant, à savoir Gilles Deleuze et Félix Guattari, selon une interprétation assez libre du *Journal* de Franz Kafka, n'aurait rien de péjoratif. Il s'agirait simplement d'identifier ainsi la « littérature qu'une minorité fait dans une langue majeure », littérature qui est affectée d'un fort coefficient de déterritorialité. Plus largement encore, cette notion désignerait « les conditions révolutionnaires de toute littérature au sein de celle qu'on appelle grande ou établie », dans la mesure où chaque écrivain doit, de quelque lieu qu'il provienne, « trouver son propre point de sous-développement, son propre patois, son tiers-monde à soi, son désert à soi »[3]. Les littératures dites régionales et périphériques sont alors considérées comme emblématiques de la condition même de l'écrivain. Proposition séduisante bien que, par son désir de revaloriser la déterritorialisation même, elle semble faire l'impasse sur la douleur et l'angoisse liées à la condition du mineur. Par ailleurs, peut-on considérer comme des minorités les communautés francophones des Antilles, du Québec, de la Belgique, de l'Afrique ? Où situer la frontière entre le mineur et le majeur ?

Il n'en reste pas moins que l'écrivain francophone est, à cause de sa situation, condamné à penser la langue.

3. Gilles Deleuze et Félix Guattari, *Kafka. Pour une littérature mineure*, Paris, Éd. de Minuit, 1975, p. 33-34. Cette question a été discutée dans le cadre d'un colloque récent : Jean-Pierre Bertrand et Lise Gauvin (dir.), *Littératures mineures en langue majeure : Québec/Wallonie-Bruxelles*, Bruxelles/Montréal, Spring Verlag/Presses de l'université de Montréal, 2003.

Amère et douce condamnation que celle-ci, qui génère un véritable métadiscours langagier. En voici quelques traces, sous forme de témoignages, qui s'ajoutent à celui de Miron : « La langue française n'est pas la langue française : elle est plus ou moins toutes les langues internes et externes qui la défont »[4] (Abdelkebir Khatibi) ; « Les écrivains français racontent, dialoguent, se souviennent et s'expriment dans un environnement qui leur est familier, dans un français qui n'a pas d'accent, sinon celui des variantes régionales. L'écrivain français écrit français. Nous, nous écrivons *en* français »[5] (Henri Lopès) ; « Au fond, tout mon travail de vingt à quarante ans a été de rechercher cette ombre perdue dans la langue française »[6] (Assia Djebar) ; « Il y a une tour de Babel ou de Babelge (comme on dit). Il y a Arthur Rimbelge, (Arthur Québelge). On peut inventer ce qu'on veut... Il faut faire entendre l'inouïversel »[7] (Jean-Pierre Verheggen).

Tout écrivain doit trouver sa langue dans la langue commune, car on sait depuis Proust et Sartre qu'un écrivain est toujours un étranger dans la langue où il s'exprime, même si c'est sa langue natale[8]. Mais la surconscience linguistique qui affecte l'écrivain francophone – et qu'il partage avec d'autres minoritaires – l'installe encore davantage dans l'univers du relatif, de l'a-normatif. Ici, rien ne va de soi. La langue, pour lui, est sans cesse à (re)conquérir. Partagé entre la défense et l'illustration, il

4. « Écrire les langues françaises », *La Quinzaine littéraire*, 15 mars 1985, p. 6.

5. Discours prononcé à la libraire Pantoute, à Québec, le 27 mars 1984, reproduit dans *Littérature et Francophonie*, CRDP de Nice, Commissariat général de la langue française, 1989, p. 83.

6. « Territoire des langues », dans Lise Gauvin, *L'Écrivain francophone à la croisée des langues, op. cit.*, p. 30.

7. « L'inouïversel », *ibid.*, p. 180.

8. Sartre dit exactement ceci : « On parle dans sa propre langue, on écrit en langue étrangère. » (*Les Mots* (1964), Paris, Gallimard, coll. « Folio », 1989, p. 135.)

doit négocier son rapport avec la langue française, que celle-ci soit maternelle ou non. Comment donc se situer entre ces deux extrêmes que sont l'intégration pure et simple au corpus français et la valorisation excessive de l'exotisme, c'est-à-dire comment en arriver à cette véritable « esthétique du divers » revendiquée par Victor Segalen et, à sa suite, par Édouard Glissant ainsi que par les signataires du manifeste *Éloge de la créolité*[9] ? Comment intégrer aux codes de l'œuvre et de l'écrit le référentiel qui renvoie à différents systèmes de représentation culturels ? Ou encore, selon la belle expression de France Daigle, comment nommer « le creux d'une langue »[10] ?

Pour toutes ces raisons, nous proposons de substituer à l'expression « littératures mineures » celle, plus adéquate nous semble-t-il, de *littératures de l'intranquillité*, empruntant à Fernando Pessoa ce mot aux résonances multiples. Bien que la notion même d'intranquillité puisse désigner toute forme d'écriture, de littérature, nous croyons qu'elle s'applique tout particulièrement à la pratique langagière de l'écrivain francophone, qui est fondamentalement une pratique du soupçon.

Cette pratique a donné à une série de prises de position, de réflexions et de manifestes dont l'objectif était de rendre compte d'une situation vécue le plus souvent de façon douloureuse, ou à tout le moins problématique. D'où un engagement dans la langue, un « Langagement »[11] dont les effets se trouvent aussi bien dans les concepts mis en

9. Jean Bernabé, Patrick Chamoiseau et Raphaël Confiant, *Éloge de la créolité*, Paris, Gallimard/Presses universitaires créoles, 1989 ; nouvelle éd., 1993.

10. France Daigle, citée par Raoul Boudreau, dans Lise Gauvin (dir.), *Les Langues du roman. Du plurilinguisme comme stratégie textuelle*, Montréal, Presses de l'université de Montréal, 1999, p. 73 et suiv.

11. Voir Lise Gauvin, *Langagement. L'écrivain et la langue au Québec*, Montréal, Boréal, 2000.

œuvre que dans les stratégies narratives adoptées. Ce sont ces concepts que, dans un premier temps, nous présenterons. Nous constaterons ainsi que, dans l'espace littéraire francophone, le discours sur la langue s'éloigne assez rapidement d'une opposition centre-périphérie, ou d'une dialectique de l'écart par rapport à une norme centriste, pour proposer ses propres modèles théoriques qui rejoignent une interrogation plus large sur la nature même du fait littéraire. D'une littérature à l'autre, les concepts inventés par les écrivains pour rendre compte de leur situation se répondent, se contestent, se complètent, instituant ainsi un dialogue métalangagier à travers les lieux et les époques.

Étrangeté, irrégularité, variance

L'un des premiers, l'écrivain suisse Charles-Ferdinand Ramuz a identifié un sentiment d'étrangeté dans la langue française. Celui qui se décrit comme « un Français qui n'est pas français » insiste pourtant pour dire « qu'il ne parle pas le français parce qu'il l'a appris à l'école, que ce n'est pas pour lui une seconde langue comme pour tant de Russes autrefois ou d'Égyptiens ou de Roumains aujourd'hui, mais que le français est sa langue à lui, son unique langue à lui, celle que précisément on n'apprend pas, celle qu'on pompe avec le sang dans le ventre de sa mère »[12]. Mais cette langue maternelle est aussi une langue dévalorisée, parce que non conforme au « bon français » sanctionné par l'école et réputé légitime. Ce qui conduit l'auteur vaudois à conclure, dans une lettre à son éditeur Bernard Grasset : « Nous avions ici deux langues, une qui

12. Charles-Ferdinand Ramuz, *Paris, notes d'un Vaudois*, Paris, Gallimard, 1939, p. 9.

passait pour “la bonne”, mais dont nous nous servions mal parce qu’elle n’était pas à nous, l’autre qui était soi-disant pleine de fautes, mais dont nous nous servions bien parce qu’elle était à nous[13]. »

L’attitude de doute et de défiance envers une langue pourtant maternelle rejoint une culpabilité beaucoup plus profonde devant l’acte d’écrire. En s’engageant dans le métier d’écrivain, Ramuz doit affronter un interdit de langage dont les causes sont très anciennes et très obscures : « Longtemps m’étant mêlé d’écrire, avoue-t-il, j’ai été très malheureux parce que je me disais : “Pourquoi écris-tu” et je me disais : “En as-tu le droit” [...] Aucun de ces vignerons, ni de ces paysans d’où je descends n’avait jamais songé qu’écrire pût être une vocation, un métier à l’égal du leur[14]. » Le contexte diglossique dans lequel il évolue oblige l’écrivain à trouver, dans la langue même, une forme de conciliation entre le français de l’école et celui de son milieu naturel. « Or l’émotion que je ressens, précise-t-il encore, je la dois aux choses d’ici. [...] J’ai écrit une langue qui n’était pas écrite (pas encore). J’insiste sur ce point que je ne l’ai fait que par amour du vrai, par goût profond de l’authentique [...] – j’ajoute, par fidélité[15]. » À l’éditeur qui lui reproche ses « fautes de langage », Ramuz répond qu’il a « le droit de mal écrire » et revendique ce qu’il appelle un « français de plein air »[16].

Ce français librement inspiré du langage paysan, le romancier l’a intégré à sa prose narrative sans le marquer particulièrement par de l’italique ou des guillemets. L’usage que fait Ramuz de la langue parlée, qui consiste

13. *Id.*, « Lettre à un éditeur » (1928), *Deux Lettres*, Lausanne, L’Âge d’homme, 1992, p. 42-43.

14. *Id.*, *Paris. Notes d’un Vaudois*, *op. cit.*, p. 27.

15. *Id.*, « Lettre à un éditeur », *Deux Lettres*, ,*op. cit.*, p. 26.

16. *Id.*, *ibid.*, p. 25. Voir à ce sujet Jérôme Meizoz, *Le Droit de mal écrire. Quand les auteurs romands déjouent le « français de Paris »*, Genève, Éd. Zoé, 1998. Et du même auteur, *Ramuz. Un passager clandestin des lettres françaises*, Genève, Éd. Zoé, 1997.

à « transposer dans le récit les caractéristiques du dialogue »[17], se rapproche de celui que feront, à peine quelques années plus tard, un Céline ou un Queneau. « Il ne s'agit donc pas d'usages locaux, précise Jérôme Meizoz, mais d'une écriture moulée à la fois sur le rythme syntaxique du parler vaudois et sur la topographie du paysage alémanique[18]. » Ce que Ramuz cherche avant tout, c'est l'expressivité de la parole, sa couleur, ou mieux encore ce qu'il appelle une langue-geste, capable de rendre les accents et les rythmes de son pays, de les convertir en équivalents littéraires.

Très tôt dans les lettres françaises de Belgique, les écrivains ont également perçu une distance dans l'usage du français, distance aussitôt traduite par un « travail de décalage, de remaillage, voire de "rembourrage" par rapport à Paris »[19]. Déjà dans une préface à *La Légende d'Ulenspiegel*, Charles De Coster en appelle à un usage non académique de la langue et attaque ceux qui « finiront pas user la langue française à force de la polir »[20].

Les historiens de la littérature belge francophone s'appuient sur la notion d'insécurité linguistique pour expliquer les différentes attitudes des écrivains devant la langue. Rappelons que cette notion, mise en avant par le sociolinguiste Labov à partir d'une étude des énoncés verbaux de la petite bourgeoisie new-yorkaise, suppose une conscience très nette de l'existence d'une norme et une conscience tout aussi nette d'un écart, d'une pra-

17. *Id.*, *Paris, notes d'un Vaudois*, *op. cit.*, p. 203.

18. Jérôme Meizoz, *L'Âge du roman parlant*, Genève, Droz, 2001, p. 67.

19. Marc Quaghebeur, « Postface. Entre image et babil », dans Marc Quaghebeur, Jean-Pierre Verheggen et Véronique Iago-Antoine, *Un pays d'irréguliers*, Bruxelles, Labor, 1990, p. 109.

20. Charles De Coster, « Préface du hibou », *La Légende d'Ulenspiegel* (1859), Bruxelles, Labor, 1996, p. 13.

tique déviante par rapport à cette norme. Ce que Pierre Bourdieu décrit comme la « reconnaissance sans connaissance ». En littérature, ce sentiment d'insécurité, qui se traduit souvent par l'autodépréciation, conduit à deux démarches opposées. Ou bien une tendance à l'hypercorrection s'exprimant par une écriture néoclassique et par un usage de la langue conforme aux règles canoniques : telle sera l'attitude revendiquée, notamment, par les auteurs réunis autour du *Manifeste* du Groupe du Lundi (1937). Ou bien une écriture libre et libertaire tablant sur toutes les virtualités du français. Ce qui produit les effets les plus variés, des « syntaxes "mal au clair" d'Elskamp et des rythmes puissants de Verhaeren au langage enfançon de Norge et aux inventions forcenées de Michaux, des archaïsmes de De Coster et des cultismes de Lemonnier aux pots-pourris polyglottes des frères Piqueray et aux wallonismes francisés de Otte, des surcharges de Ghelderode et des jeux de mots de Neuhuys aux véhémences de De Boschère et aux pastiches de Blavier, de la verve expressionniste de Crommelinck aux partitions avec ou sans portée de Dotremont et aux illustrations légendées d'Alechinsky »[21].

Quoi qu'il en soit des solutions adoptées, le sentiment qui s'exprime dans l'ensemble des témoignages réunis sous le titre *La Belgique malgré tout* est celui d'une lente et parfois douloureuse réappropriation du français. Un Marcel Moreau y avoue son malaise et met en évidence le problème qu'il a dû surmonter afin de trouver sa propre langue d'écriture : « Je n'ai pas été envahi dès le berceau

21. Jean-Marie Klinkenberg, « L'aventure linguistique, une constante des lettres belges : le cas de Jean-Pierre Verheggen », *Littérature*, « L'écrivain et ses langues », n° 101, février 1996, Paris, Larousse, p. 28. Voir aussi du même auteur, « L'identité culturelle dans les littératures de langue française », dans Arpah Vigh (dir.), *L'Identité culturelle dans les littératures de langue française*, ACCT (Agence de coopération culturelle et technique), Paris, Presses de l'université de Pecs, 1989, p. 65-79.

par la facilité mentale et linguistique d'être français. Je n'ai pas baigné d'entrée de jeu dans les virtuosités mais aussi dans le laxisme des modes d'expression d'ici. Il me semble bien que le petit Wallon que j'étais a dû conquérir durement sa propre langue à la fois sur la menace bilingue au-dedans et sur le confort verbal au-dehors. Les lenteurs de son esprit ajournaient naturellement l'usage des formules cursives, des discours crépitants. Il se condamnait à des rigueurs qui s'accordaient mal à sa puissance instinctive, aux fureurs de son imagination. Il a souffert, croyons-en, pour faire entrer son tempérament porté aux extrêmes dans le corps précis de la chose à M. Voltaire. Le domptage n'est venu que plus tard. Il se félicite maintenant de n'avoir eu ni l'éloquence brillante de ses cousins, ni, pour ce qui est des sphères supérieures, leur aptitude aux jongleries spéculatives[22]. » D'autres, comme Marc Rombaut, rappelant que ce n'est pas un hasard si on a institué en Belgique la Quinzaine du bon langage et qu'on y parle du « bon usage », proclament la nécessité d'une écriture « hors-langue » : « Car le pays de Grevisse et des grammairiens est aussi le pays de la subversion perçue comme moyen de "faire dire à la langue l'illimité du désir hors-pouvoir/hors-loi/ hors-histoire[23]. »

Dans un recueil de textes publiés à l'occasion d'une exposition à Paris, en 1990, la différence par rapport au français hexagonal s'affiche sous le nom d'irrégularité. *Un pays d'irréguliers* donne à voir, en une courtepointe colorée, les détournements de sens et dérives verbales qui, d'Alphonse Allais jusqu'à Éric Clémens, en passant par le surréalisme, ont transformé la langue afin de lui redonner chair et vie. Cette aventure « au pays de la langue

22. Marcel Moreau, « Une belgopathie compensée », dans Jacques Sojcher (dir.), *La Belgique malgré tout*, Bruxelles, Éd. de l'université de Bruxelles, 1980, p. 357-358.

23. Marc Rombaut, « L'antre-deux-mères », dans Jacques Sojcher (dir.), *La Belgique malgré tout*, *op. cit.*, p. 422.

qui dérape »[24] est résumée par les quelques phrases de Verheggen reproduites au dos du livre : « La question est de savoir pourquoi, et comment, écrire grand nègre (– le contraire du petit nègre d'imitation parodique ou de nos régressions colonialistes –) avec nos propres sons, dans notre propre langue. Comment écrire à partir de ce trou chantourné dans le creux du plus cru de notre tour de Babel de Brueghelande ? À partir de cette tour de Babelge. » L'irrégularité est alors revendiquée comme valeur et emblème d'une spécificité. Cependant, la notion d'irrégularité, est-il besoin de le dire, suppose en corollaire celle d'écart par rapport à une norme exogène plus ou moins explicite et reconnue. À ce titre, elle n'est pas si éloignée que l'on pourrait croire de l'attitude qui lui paraît opposée, celle d'une langue néoclassique fondée sur la légitimation du modèle français.

Le sentiment d'étrangeté dans la langue est également partagé par les écrivains québécois, et notamment par Gaston Miron, dont le travail a consisté à proposer une double reterritorialisation : celle de la langue française au Québec, celle aussi de l'usage québécois dans l'ensemble francophone. Rappelons que la réflexion sur la langue apparaît dès l'émergence même de la littérature canadienne et en détermine les enjeux. Percevant leur littérature comme une littérature de colonie, les écrivains québécois du XIXe siècle décrivent leur langue comme une langue d'exil et insistent sur la distance qui les sépare, aussi bien physiquement que symboliquement, de la mère patrie. Ainsi d'Octave Crémazie cherchant désespérément à obtenir l'attention du « vieux monde » et allant jusqu'à imaginer que le recours à une langue différente – comme le seraient le huron ou l'iroquois – aiderait à faire reconnaître la littérature naissante. Cet exotisme par

24. *Un pays d'irréguliers*, *op. cit.*, p. 109 et suiv.

la langue permettrait aux textes d'être traduits et, de cette façon pense-t-il, de mieux traverser l'océan grâce au cachet d'authenticité qui leur serait conféré. Moderne par cet éloge de la traduction, Crémazie n'en est pas moins le témoin de son temps par sa manière de concevoir la littérature en termes de norme et d'écart, c'est-à-dire comme une littérature française de la périphérie, donc doublement exilée, à la fois par sa langue et par ses lieux de production.

À partir des années 1960, la question de la langue d'écriture se pose au Québec dans des termes nouveaux. Pour les écrivains regroupés autour des revues *Liberté* et *Parti pris*, elle ne saurait se discuter sans une analyse préalable du contexte politique et de la position de classe de l'écrivain. Prenant conscience de l'état de domination et de demi-colonialisme dans lequel se trouve alors la société québécoise, ces écrivains perçoivent la dégradation de leur langue comme un effet de cette domination. La langue devient pour eux *symptôme* et *cicatrice*. Poètes et romanciers s'engagent dans une pratique volontariste d'une « langue humiliée », appelée « joual » et parlée par les classes laborieuses. Plus encore, ils décrivent leur inconfort devant un matériau qui, par bien des points, leur échappe, démontrant et démontant en des textes-phares, sorte de blues de la dépossession, leur propre aliénation dans le langage. Il ne s'agit plus d'attirer l'attention du « vieux monde », mais de créer les conditions nécessaires à l'établissement d'une littérature qui ne soit pas pure convention.

Afin que le français soit reconnu comme langue de l'État, du travail et des communications, il fallait, selon Miron et les rédacteurs de *Parti pris*, un passage obligé par le politique. D'où le militantisme et la dénonciation de ce qui, à plus ou moins long terme, risquait de devenir un « *no man's langue* ». La poésie de Miron est souvent proche de la protestation, décrivant une situation vécue comme oppressive. Poésie de résistance, au sens le plus noble du terme. Poésie de célébration également, qui, comme toute poésie, « est une histoire d'amour avec la langue et chaque fois dans son avancée, un nouveau rapport du sujet-individuel et du sujet-collectif avec elle »[25].

Celui qui se dit « anthropoète » ne cesse de prendre à partie sa propre démarche et d'en dévoiler les fondements. Cette poésie faite de cycles et de fragments « rapaillés » – c'est-à-dire réunis et rassemblés –, constamment réécrits, où les images quotidiennes et mythiques coexistent, réussit à se démarquer de la littérature française sans tomber dans l'exotisme : « Je m'efforçais, avoue-t-il, de me tenir à égale distance du régionalisme et de l'universalisme abstrait, deux pôles de désincarnation qui ont pesé constamment sur notre littérature[26]. » Et Miron de proposer pour traduire sa situation comme écrivain de langue française la notion de variance. « Je suis un variant français », aimait-il répéter, attestant par là aussi bien l'appartenance que la distance, la nécessité de marquer la différence tout en respectant les frontières de la lisibilité, ce qui implique un usage libre voire libertaire de la langue : « Moi, je dis qu'il faut malmener la langue. Je dis qu'il faut trouver le dire de soi à l'autre avec notre manière à nous qui est la manière québécoise[27]. » Mais la tentation est forte pour certains, constate encore Miron, de « pousser la variance jusqu'à la différence, à tel point qu'un seuil étant franchi, ça devienne une langue différente »[28]. D'où l'importance, en conclut-il, de « maintenir la variance », car la distance entre le français de France et celui du

25. « Les signes de l'identité », *Québec français*, décembre 1983, p. 22.

26. Gaston Miron, *L'Homme rapaillé* (1970), Montréal, Typo, 1993, p. 198.

27. Lise Gauvin, « Malmener la langue », art. cit., p. 63.

28. « Langue et littérature québécoise », *Bulletin de l'Association pour la défense de la littérature contemporaine*, n° 3, janvier 1985, Paris, p. 30.

Québec tient davantage au référent culturel qu'à la langue elle-même.

Sur le plan strictement linguistique, le concept de « variante » ou de « variance » remet en cause la question de la norme, dans la mesure où la langue est alors perçue dans une perspective évolutive, à la manière des formes de la tradition orale, dont la dernière actualisation est aussi valable et valorisée que la première. La langue serait donc cette chaîne infinie de variantes, analogue au conte dont la transmission devient signifiante grâce à ses particularités mêmes et dont la structure minimale, qu'elle soit identifiée sous le nom de conte-type ou de canevas morphologique, ne saurait faire l'économie des spécificités culturelles et géographiques qui en assurent la durée.

Parmi les manifestes qui mettent en évidence l'enjeu politique lié à la question linguistique, *Speak White*[29],de Michèle Lalonde, est devenu un classique. Le titre renvoie à une expression méprisante utilisée contre les Noirs américains et entendue également par les francophones du Québec, à une certaine époque, pour leur intimer l'ordre de parler « blanc », c'est-à-dire la langue majoritaire en Amérique : « La langue ici est l'équivalent de la couleur pour le Noir américain. La langue française, c'est notre couleur noire »[30], avouera l'auteure dans une interview. Répétée tel un leitmotiv, l'expression « *speak white* » scande le manifeste et lui donne son rythme tout en marquant les étapes d'un texte qui, dans sa brièveté même, reproduit la dramatisation d'une tragédie en cinq actes.

29. Michèle Lalonde, *Speak White*, L'Hexagone, 1974. Écrit en 1968, le texte a été lu en 1970 lors de la Nuit de la poésie, à Montréal. Sur ce texte, voir Jeanne Demers, « Le manifeste, un discours de la demande ou La parole exemplaire de Michèle Lalonde », dans E. D. Blodgett et A. G. Purdy (dir.), *Prefaces and Literary Manifestoes/Préfaces et manifestes littéraires*, Edmonton université de l'Alberta, 1990.

30. *Le Jour*, 1er juin 1974.

Speak White non seulement dénonce une situation de diglossie, mais la mime puisque, à plusieurs reprises, l'auteure ne craint pas d'avoir recours à l'anglais, par un procédé de commutation de codes dont l'effet est d'amplifier la portée du propos. Rien d'étonnant à ce que ce texte, devenu un modèle, ait suscité ses propres épigones, tel le *Speak What*[31] de l'écrivain italo-québécois Marco Micone, dont le titre déjà est significatif d'un déplacement d'importance. Dans ce nouveau texte en effet, l'ordre est transformé en question adressée par la communauté immigrante à la société qui l'accueille. Autant d'interventions sur le terrain de la langue, autant de prises de position et de questions qui se situent à la fois sur le plan politique et sur le plan littéraire. Tant il est vrai que le sort d'une littérature, comme aimait bien le répéter Miron, dépend du statut d'une langue et de sa légitimité.

Quant à la notion de variance, on la retrouve de façon explicite dans un autre manifeste de Michèle Lalonde, « Deffence et illustration de la langue québecquoyse »[32]. Peu à peu au mot « joual », connoté négativement, s'est substituée l'expression « langue québécoise ». Les enjeux, cette fois, ne sont plus politiques mais littéraires et institutionnels. Écrit sur le modèle du texte de Du Bellay, le manifeste de Michèle Lalonde en imite aussi l'orthographe et la graphie : de « québécoise », la langue devient « québecquoyse » et la « défense » devient à son tour « deffence ». Divisé en douze chapitres, comme la première partie du texte modèle, le manifeste québécois se tient « le plus près possible de la parlure de Du Bellay », homme « de gros bon sens et de petite orthographe ».

31. Marco Micone, « Speak What », *Cahiers de théâtre Jeu*, n° 50, mars 1989. Repris dans Marco Micone, *Speak What*, suivi d'une analyse de Lise Gauvin, Montréal, VLB éditeur, 2001.

32. *Maintenant*, n° 125, avril 1973, p. 15-25. Repris dans *Défense et illustration de la langue québécoise*, Paris, Seghers/ Robert Laffont, 1980.

Michèle Lalonde insiste toutefois pour dire que le contexte dans lequel s'élabore son texte est fort différent de celui qui vit naître le manifeste français. Dans un passage commentant les rapports entre langue et nation, elle constate que « Joachim, pariant pour l'avenir de la langue Françoyse, ne faisait que constater la vigueur du Peuple Francoys ». Or, s'appuyant sur le postulat que « la vitalité d'une langue reflète le dynamisme et la force de la Nation qui la parle », elle en conclut : « C'est mettre la charrue devant les bœufs de l'Histoire que de vouloir fêter l'autonomie de la Langue Kébécoise du futur, quand la nation qui veut la parler ne parvient même pas au jour d'huy à conjuguer ses forces au présent de l'indicatif. »

La langue québécoise serait donc « une version américaine du français et non une autre langue ». Cette langue a son vocabulaire (« Pimbina, savane, cageux, banc de neige, bougrine… »), ses spécificités, son mode de fonctionnement (« une langue populaire et familière », « transmise par tradition orale »). « Par Langue Québécoyse en somme, précise Michèle Lalonde, je n'entends pas autre chose que la Langue Françoyse elle-mesme, telle qu'elle s'est tout naturellement déterminée en Nouveau-Monde, à cent lieux de la Mère-patrie mais sans horrible complexe d'Œdipe, empruntant au besoin tantôt un mot indien, tantôt un terme anglais mais non pas cent cinquante mille… »

Ces quelques exemples montrent à quel point pour les écrivains québécois la langue est à la fois synonyme d'inconfort et de création[33]. Situation que résume bien la

33. Parmi les nombreux témoignages d'écrivains sur ce sujet, citons celui de Jacques Godbout, qui dit se situer « entre l'Académie et l'écurie » (« Liberté », 1974, repris dans *Le Réformiste*, 1975, Montréal, Boréal, 1994). On consultera également : Marie-Andrée Beaudet, *Langue et littérature au Québec, 1895-1914*, Montréal, L'Hexagone, 1991 ; Chantal Bouchard, *La Langue et le Nombril*, Montréal, Fides, 1996 ; Rainier Grutman, *Des langues qui résonnent. L'hétérolinguisme au* XIX*e* *siècle québécois*, Montréal, Fides, 1997.

phrase de Miron citée en exergue. Si la menace d'un « naufrage » ou, plus exactement, d'une disparition de la langue française habite, à des degrés divers selon les générations, la conscience de l'écrivain québécois et l'oblige à un devoir de vigilance, le sentiment de la langue qui s'exprime à partir des années 1980 privilégie la notion de variance, c'est-à-dire d'invention. Bien que toujours marquée, la langue est désormais perçue comme une terre à défricher et à déchiffrer, un espace ouvert à tous les possibles, que ceux-ci soient ludiques ou subversifs. À la langue *symptôme* et *cicatrice* succède la langue *laboratoire* et *transgression.* L'intervention d'autres langues devient possible. Le plurilinguisme est moins vécu sous forme de tension que de polysémie verbale et textuelle.

Négritude et français « nègre »

Dans le contexte d'une réflexion sur la langue, l'apport des auteurs antillais et africains est de première importance. Le concept de négritude d'abord, mis en avant par Aimé Césaire et Léopold Sédar Senghor, table sur l'étendue de la langue française mais tente en même temps de renouer avec la rythmique des langues et des musiques africaines. Après la publication de *Légitime Défense* (1932) puis d'un numéro du journal *L'Étudiant noir* (1934), qui se proposait de travailler à une prise de conscience des intérêts communs des Noirs, le long poème de Césaire *Cahier d'un retour au pays natal* fait figure de manifeste. L'ouvrage est construit sur un système d'oppositions entre un vous colonial et un nous aux

34. Aimé Césaire, *Cahier d'un retour au pays natal* (1939), Paris/Dakar, Présence africaine, 1988, p. 38.

ascendances obscures, dont l'identité est d'abord donnée par la négative : « Non, nous n'avons pas été amazones du roi du Dahomey, ni princes de Ghana avec huit cents chameaux, ni docteurs à Tombouctou Askia le Grand étant roi, ni architectes de Djenné, ni Madhis, ni guerriers[34]. » Mais cette absence d'ancêtres illustres permet d'autant plus de célébrer ceux qui « s'abandonnent, saisis, à l'essence de toute chose » et deviennent ainsi « véritablement les fils aînés du monde ». Parole inaugurale, le *Cahier* affirme le pouvoir du verbe comme « arme miraculeuse ». Dans un texte intitulé « En guise de manifeste littéraire » et publié en 1942, Césaire répond à ceux qui osent attaquer les « manieurs de mots » : « Ah oui, des mots, mais des mots de sang frais, des mots qui sont des raz de marée et des érésipèles et des paludismes, et des laves, et des feux de brousse et des flambées de chair, et des flambées de villes[35]. » Et le poète d'ajouter : « Accommodez-vous de moi, je ne m'accommode pas de vous », coupant court à toute velléité de dialogue. « La parole d'Aimé Césaire », écrit André Breton, est « belle comme l'oxygène naissant »[36].

On a reproché à l'écrivain martiniquais de faire l'impasse sur l'héritage créole, du moins de façon consciente, la langue française devenant pour lui « le double, mieux, le symétrique, mieux encore, le substitut compensatoire d'une langue africaine fantasmatique et impossible »[37]. Césaire reconnaît lui-même que son principal souci était de faire passer dans la langue française une culture noire héritée de l'Afrique. Dans une interview accordée à René

35. Repris dans le *Cahier*, éd. de 1988, p. 73.

36. André Breton, Préface à l'éd. de 1947, Paris, Bordas ; repris dans l'éd. de 1988, p. 87.

37. Jean Bernabé, « Négriture césairienne et créolité », Paris, *Europe*, « Aimé Césaire », août-septembre 1998, p. 63.

38. Dans *Bonjour et adieu à la négritude*, Paris, Seghers, 1980 ; cité par Raphaël Confiant, *Aimé Césaire. Une traversée paradoxale du siècle*, Paris, Stock, 1993, p. 127.

Depestre, il résume son itinéraire : « Il y a eu chez moi en même temps un effort pour créer une langue nouvelle, capable d'exprimer l'héritage africain. Autrement dit, le français était pour moi un instrument que je voulais plier à une expression nouvelle. Je voulais faire un français antillais, c'est-à-dire un français "nègre" qui, tout en étant un français, porte la marque "nègre"[38]. » Le défi était grand pour celui qui avoue pourtant : « Bien sûr, ma connaissance de l'Afrique était livresque, j'étais tributaire de ce qu'écrivaient les Blancs[39]. »

Cette position dans la langue française est analogue à celle de Senghor, qui, au nom du métissage, revendique une culture africaine dans un français devenu pour lui synonyme de liberté : « Nous, politiques noirs, nous, écrivains noirs, nous nous sentons, pour le moins, aussi libres à l'intérieur du français que dans nos langues maternelles. Plus libres, en vérité, puisque la liberté se mesure à la puissance de l'outil : à la force de création. Il n'est pas question de renier les langues africaines. Pendant des siècles, peut-être des millénaires, elles seront encore parlées, exprimant les immensités abyssales de la négritude. Nous continuerons d'y prêcher les images archétypes : les poissons des grandes profondeurs. Il est question d'exprimer notre authenticité de métis culturels, d'hommes du XXe siècle. Au moment que, par totalisation et socialisation, se construit la Civilisation de l'Universel, il est, d'un mot, question de se servir de ce merveilleux outil, trouvé dans les décombres du Régime colonial. De cet outil qu'est la langue française[40]. »

39. Lilyan Kesteloot et Bernard Kotchy, *Aimé Césaire. L'homme et l'œuvre*, Paris, Présence africaine, 1993; cité par Raphaël Confiant, *Aimé Césaire…*, *op. cit.*, p. 106.

40. Léopold Senghor, « Le français, langue de culture », *Esprit*, novembre 1962 ; repris dans *Liberté*, t. I, *Négritude et Humanisme*, Paris, Éd. du Seuil, 1964, p. 363.

Le français est pour Senghor une langue de culture qui permet d'atteindre l'universel et d'être entendu à travers le monde. Dans une postface à *Éthiopiques*, l'écrivain va jusqu'à qualifier le français de « langue des dieux »[41]. Mais à la différence de Césaire, Senghor s'appuie sur une connaissance réelle de l'Afrique et des langues africaines dans lesquelles il baigne depuis sa tendre enfance. Ces langues informent le rythme de ses poèmes, en infléchissent les sonorités et font « chanter le vers comme un *khalam* ou une *kora* ». Car « c'est le rythme, précise-t-il encore, qui caractérise le style de nos poètes, qui est leur commun dénominateur. Je parle du rythme africain, qui n'est pas répétition mais reprise »[42].

C'est pourtant ce même Senghor qui, tout en plaidant pour l'enrichissement de la langue « du point de vue du vocabulaire et du point de vue de la mélodie », mettra en garde contre les dérives toujours possibles : « Disons qu'il y a un danger d'enrichissement désordonné et c'est la raison pour laquelle il y a, n'est-ce pas, une Académie française et les "séances du jeudi" [...] Du point de vue de la syntaxe, il faut combattre les modifications quand ces modifications ne s'harmonisent pas avec les caractères fondamentaux du français. Les négro-africains, par exemple, ont tendance à créer des expressions imagées : mais il faut garder le sens de l'économie et de la mesure du français[43]. » Ce purisme peut s'expliquer en partie par les fonctions du poète à l'Académie. Au-delà de cette justification biographique, les paroles de Senghor révèlent bien l'attitude de la première génération d'écrivains africains qui, tout en posant le principe d'une singularité du

41. *Id.*, *Poèmes*, Paris, 1964 et 1993, Éd. du Seuil, p.165.

42. *Id.*, « Avant-propos ou Comment être nègre en français », dans *Le Sénégal écrit*, édité par Gisela Bonn, Tübingen/Dakar, Horst Erdmann Verlag/Nouvelles Éditions africaines, 1975, p. 9.

43. *Notre librairie*, n° 81, janvier-mars 1985, p. 103.

monde noir, considèrent la langue française comme un instrument suffisamment efficace pour rendre compte des diversités culturelles.

Les écrivains africains contemporains ont senti le besoin de nommer plus explicitement le décalage entre leur expression littéraire et leur culture d'origine. Ils n'en sont pas moins reconnaissants aux premiers porte-parole du monde noir d'avoir choisi le français : « Je sais que le lingala et le créole, j'imagine que le sérère et le ouolof, déclare le romancier Henri Lopès, sont riches de finesses intraduisibles, possèdent chacun un piment que ne peut rendre le parler du bord de Loire, mais je trouve, pour ma part, heureux que Césaire et Senghor se soient exprimés en français. Sinon, je n'aurais pu les lire et jamais ne se serait déclenchée en moi cette révélation grâce à laquelle s'est produite la découverte de mon identité et de ma vocation d'écrivain. » Mais à la déférence s'est substitué peu à peu le sentiment d'une distance et d'un malaise : « Je n'écris pas français, mais *en* français », ajoute aussitôt le même Henri Lopès, décrivant ainsi en une formule saisissante la position des écrivains francophones. Et il précise que la liberté qu'il s'offre est la même que celle de « Sony Labou Tansi quand il indique qu'un de ses personnages avait l'habitude *de dormir* la femme d'autrui »[44].

Les témoignages, sur ce point, sont nombreux. Citons celui de Tchicaya U Tam'Si, qui, à l'exemple de Caliban, renverse la dynamique coloniale : « Parce qu'en fait, il y a que la langue française me colonise et que je la colonise à mon tour, ce qui, finalement, donne bien une autre langue. [...] En fait, vous voulez savoir si ça me crève d'écrire en français ? ou pourquoi en français plutôt qu'en congolais ? Eh bien, je me le demande et je me dis : c'est

44. Discours prononcé à la libraire Pantoute, à Québec, le 27 mars 1984 ; reproduit dans *Littérature et Francophonie*, *op. cit.*, p. 83.

vrai que ça me crève, mais qu'y puis-je ? Que fait-on d'une infirmité que vous laisse un accident ? [...] Tout se trouve dans les images. Nommer, c'est dessiner une image, c'est donc créer[45]. »

Rappelons enfin les vers célèbres du poète haïtien Léon Laleau : « Sentez-vous cette souffrance / Et ce désespoir à nul autre égal / d'apprivoiser avec les mots de France / Ce cœur qui m'est venu du Sénégal[46]. » Ce à quoi répond de manière indirecte plusieurs années plus tard le poète et romancier René Depestre en déclarant : « De temps à autre il est bon et juste / de conduire à la rivière la langue française / et de lui frotter le corps / avec des herbes parfumées / qui poussent en amont/de mes vertiges d'ancien nègre marron[47]. » Publié en 1985, ce « Bref éloge de la langue française », bien qu'écrit au singulier et empreint du plus grand respect, laisse supposer, sinon une « langue nouvelle », du moins un usage pluriel de la langue, usage qui, dans l'ensemble de la francophonie, tend alors à se généraliser puisque le thème même du Salon du livre de Paris, cette même année, était : « Écrire les langues françaises ».

Créolité et créolisation

Les signataires du manifeste *Éloge de la créolité*, qui se disent pourtant fils de Césaire, s'appuient sur d'autres prémisses que celles des tenants du mouvement de la

45. Tchicaya U Tam'Si, « Le socialisme, c'est la révolution à parfaire », *Poésie 1*, janvier-juin 1976, Paris, Éd. Saint-Germain-des-Prés, interview réalisée par Jean Breton et Jacques Rancourt, p. 141.

46. Léon Laleau, « Trahison », dans Léopold Sédar Senghor, *Anthologie de la nouvelle poésie nègre et malgache de langue française* (1948), Paris, PUF, coll. « Quadrige », 1992, p. 108.

47. René Depestre, « Bref éloge de la langue française », *La Quinzaine littéraire*, « Écrire les langues françaises », 1985.

négritude. Signé conjointement par Jean Bernabé, Patrick Chamoiseau et Raphaël Confiant, le texte paraît en 1989, coédité par Gallimard et les Presses universitaires créoles. Alors que le *Cahier d'un retour au pays natal* se voulait parole inaugurale, sans modèle antérieur, l'*Éloge de la créolité* affiche d'emblée ses sources par des citations mises en exergue et attribuées à Segalen, à Césaire, à Glissant et à Fanon. Mais une fois de plus, l'identité s'exprime d'abord par une triple négation aussitôt transformée en affirmation : « Ni Européens, ni Africains, ni Asiatiques, nous nous proclamons Créoles. Ce sera pour nous une attitude intérieure, mieux : une vigilance, ou mieux encore, une sorte d'enveloppe mentale au mitan de laquelle se bâtira notre monde en pleine conscience du monde[48]. » Cette proclamation est aussitôt suivie d'un nouveau constat négatif : « La littérature antillaise n'existe pas encore. » Et les auteurs de préciser : « Nous sommes encore dans un état de prélittérature : celui d'une production écrite sans audience chez elle, méconnaissant l'interaction auteurs/lecteurs où s'élabore une littérature. » Les raisons de cette non-existence : le fait que l'« histoire scripturale » des Antilles ait été frappée d'extériorité et « exotisée » par une expression mimétique et une « écriture pour l'autre », tant en langue française qu'en langue créole, telle que l'ont produite folklorisants (doudouistes) et régionalistes. Extériorité encore que la négritude d'Aimé Césaire, considérée comme « antécréole » parce qu'elle fait succéder au modèle européen celui d'une Afrique légendaire et inaccessible. À la pensée de l'Un, de l'universel et de la pureté, la créolité oppose la pensée du Divers et du multiple, déjà exprimée par Victor Segalen dans son *Essai sur l'exotisme* : « Je conviens de nommer "Divers" tout ce qui jusqu'aujour-

48. Jean Bernabé, Patrick Chamoiseau et Raphaël Confiant, *Éloge de la créolité*, *op. cit.*, p. 13.

d'hui fut appelé étranger, insolite, inattendu, surprenant, mystérieux, amoureux, surhumain, héroïque, et divin même. Tout ce qui est Autre[49]. » Ce qu'à son tour Édouard Glissant reprend en précisant que « le Divers qui n'est pas le chaotique ni le stérile, signifie l'effort de l'esprit humain vers une relation transversale, sans transcendance universaliste »[50]. Ces deux références données en note du manifeste en indiquent clairement les sources. Le texte littéraire sera voué à l'expression de cette réalité complexe, plongeant dans l'oralité tout en tenant compte des exigences de l'écrit, travaillant à l'épanouissement d'une « conscience identitaire » sans oublier l'« irruption dans la modernité ». C'est ce que les signataires appellent « écrire au difficile ».

Du point de vue de la langue, il s'agit, pour les écrivains créoles, « d'accepter [un] bilinguisme potentiel et de sortir des usages contraints [qu'ils] en [ont] »[51]. Il faudra faire intervenir la « poétique de la langue créole[52] » et, en cela, suivre l'exemple de ceux qui, à l'instar du poète guadeloupéen Sonny Rupaire, ont su « produire un langage dans la langue ». Car là encore, l'usage d'une langue n'est

49. Victor Segalen, *Essai sur l'exotisme*, Paris, Le Livre de poche, 1986. Cité dans *Éloge de la créolité*, *op. cit.*, note 42.

50. Édouard Glissant, *Poétique de la relation*. Cité dans *Éloge de la créolité*, *op. cit.*, note 42.

51. Jean Bernabé, Patrick Chamoiseau et Raphaël Confiant, *Éloge de la créolité*, *op. cit.*, p. 44.

52. « Ce terme, initialement employé comme adjectif (langue créole, patois créole), l'est aujourd'hui comme substantif (les créoles) pour désigner diverses langues issues des colonisations européennes entre le XVIe et le XVIIIe siècle. [...] Tous les créoles se trouvent dans des situations dites de diglossie, les langues des colonisateurs s'étant, la plupart du temps, maintenues comme langues de statut social supérieur (administration, éducation, justice). » (Robert Chaudenson, dans M. L. Moreau (dir.), *Sociolinguistique. Concepts de base*, Liège, Mardaga, 1997, p. 103.) Rappelons la thèse de Bernard Cerquiglini, sur le fait que le français serait lui-même « un créole qui a réussi » (voir note 6, p. 20).

pas le seul garant de l'authenticité recherchée. La notion de langage, telle que reprise dans l'*Éloge de la créolité*, est empruntée à Édouard Glissant, une fois de plus cité en référence : « J'appelle ici langage une série structurée et consciente d'attitudes face à (de relation ou de complicité avec, de réactions à l'encontre de) la langue qu'une collectivité pratique, que cette langue soit maternelle au sens que j'ai dit, ou menacée, ou partagée, ou optative, ou imposée. La langue crée le rapport, le langage crée la différence, l'un et l'autre aussi précieux[53]. »

Quant à la langue française, elle n'est qualifiée de « langue seconde » que pour être mieux légitimée par la suite. Le texte est on ne peut plus clair sur cette question : « Nous l'avons conquise, cette langue française[54]. » « La créolité, comme ailleurs d'autres entités culturelles, a marqué d'un sceau indélébile la langue française. Nous nous sommes approprié cette dernière. Nous avons étendu le sens de certains mots. Nous en avons dévié d'autres. Et métamorphosé beaucoup. Nous l'avons préservée dans moult vocables dont l'usage s'est perdu. Bref, nous l'avons habitée. En nous, elle fut vivante. En elle, nous avons bâti notre langage[55]. » Il serait faux de confondre cette appropriation avec « du créole francisé ou réinventé » ou « du français créolisé ou réinventé », car l'invention se situe d'abord au niveau des poétiques et de l'« acte littéraire ». Ainsi s'énoncent les principes sur lesquels se fondent les signataires du manifeste. On notera que la créolité dont il est question s'appuie sur le travail d'écrivains auxquels on rend hommage par de nombreuses références et citations. Au premier rang de ceux-ci se trouve Édouard Glissant, dont les essais *Le Discours*

53. Édouard Glissant, *Le Discours antillais*, cité dans *Éloge de la créolité*, *op. cit.*, note 29, p. 69.
54. Jean Bernabé, Patrick Chamoiseau et Raphaël Confiant, *Éloge de la créolité*, *op. cit.*, p. 46.
55. *Id.*, *ibid.*, p. 47.

antillais et *Poétique de la relation* font figure de modèles. Mais aussi étonnant que cela puisse paraître, le modèle réagit et prétend ne pas se reconnaître dans ses épigones.

Au concept de créolité, Glissant oppose celui de créolisation, qu'il décrit comme « un mouvement perpétuel d'interpénétrabilité culturelle et linguistique qui fait qu'on ne débouche pas sur une définition de l'être. Ce que je reprochais à la négritude, c'était de définir l'être, l'être nègre ». « Je crois, ajoute-t-il, [...] qu'il faut abandonner la prétention à définir de l'être. Or, c'est ce que fait la créolité : définir un être créole[56]. » Tout en admettant qu'il s'agit là sans doute d'un processus nécessaire pour défendre le présent créole, Glissant insiste pour présenter l'ensemble des langues comme « un système de variables » dont l'interaction crée la Poétique de la Relation. Dans un de ses premiers textes, *Le Soleil de la conscience*, l'écrivain, après avoir constaté qu'« il n'y aura plus de culture sans toutes les cultures, plus de civilisation qui puisse être métropole des autres, plus de poète pour ignorer le mouvement de l'Histoire », se dit habité, comme Martiniquais alors engagé dans « une solution française », par le « regard du fils et la vision de l'étranger »[57]. Tels sont aussi les postulats à partir desquels il problématise sa propre relation avec la langue française et fait de celle-ci un enjeu impensable dans sa singularité même sans l'architecture du Tout-Monde qui la reçoit.

La poétique élaborée par Glissant s'appuie sur des analyses concrètes, celle des rapports de langues vécus et ressentis par diverses collectivités, rapports d'autant plus complexes qu'à la division hiérarchique entre langues écrites et langues orales s'en ajoute d'autres, dues aux diverses oppressions politiques et économiques. Les

56. *Id.*, *Introduction à une poétique du divers*, Montréal, Presses de l'université de Montréal, 1995 ; Paris, Gallimard, 1996, p. 125.
57. *Id.*, *Le Soleil de la conscience*, Paris, Éd. du Seuil, 1956, p. 11.

rapports de langues ainsi constitués peuvent être de différents types. Parmi ceux-ci, le rapport de domination, aux Antilles françaises notamment, entraîne une situation de diglossie définie comme « la domination d'une langue sur une autre ou plusieurs autres, dans une même région »[58]. Cette complexité engendre, chez ceux qui sont en situation d'écriture, un *tourment de langage* dont le versant positif s'exprime par une sensibilité plus grande à la problématique des langues, mais dont le versant négatif, *l'impossible à exprimer*, donne lieu à des « poétiques forcées »[59].

Le tourment de langage, né d'une situation subie, d'une condition historique imposée à la manière d'une *empreinte*, cicatrice plus que trace ou tracée, est partagé par tous ceux dont les cultures s'appuient sur des rapports d'inégalités langagières. Ici l'analyse de Glissant rejoint celle de Gaston Miron, un Miron particulièrement sensible à la « dérive des langues » et à la difficulté d'arracher le poème à l'envahissement du non-poème.

Pour échapper au fétichisme de la langue, à son *emprise* aliénante ou stérilisante, il est nécessaire, selon Glissant, d'énoncer le manque, de consentir aux opacités qu'il recèle : « La liberté pour une communauté ne se limiterait pas à récuser une langue, mais s'agrandirait quelquefois de construire à partir de la langue imposée un libre langage ; de créer. » (*D*, p. 51.) Ainsi s'élaborent, à partir de et dans la langue française, des stratégies de détour et de contestation. Ces langages se veulent moyens de sortie de la langue-empreinte ; ils disent la résistance et la ruse. Langage du baroque qui, aux Antilles comme ailleurs en Amérique, est né d'« un refus inconscient du processus d'assimilation » (*D*, p. 130). Langage mixte fait de la

58. *Id.*, *Poétique de la relation*, Paris, Gallimard, 1990, p. 132.
59. *Id.*, *Le Discours antillais* (1987), Paris, Gallimard, coll. « Folio essais », 1997, p. 402. Désormais indiqué par *D* suivi de la page.

conjonction complexe de l'écriture et de l'oralité. La langue créole serait, au départ, elle-même le résultat d'une pratique du détour, une technique de camouflage et de ruse analogue à « ce qu'on dit que les Noirs américains adoptaient comme attitude linguistique chaque fois qu'ils étaient en présence de Blancs : le zézaiement, la traîne, l'idiotie » (*D*, p. 50). Le langage qui s'y réfère s'approprie les structures de la langue créole tout autant que les techniques de ses conteurs oraux, leurs répétitions, leurs feintes, leurs ressassements, leurs mises en haleine et leurs rythmes. Ce langage met en scène l'opacité en *détourant* la langue de ses usages connus. « Il ne s'agit pas de créoliser le français mais d'explorer l'usage responsable (la pratique créatrice) qu'en pourraient avoir les Martiniquais. » (*D*, p. 601.) Glissant ajoute : « La langue créole qui m'est naturelle vient à tout moment irriguer ma pratique du français. » (*D*, p. 554.) Il s'agit donc de « relativiser la langue française », celle-ci pouvant « être ou devenir langage pour celui-ci, composante pour celui-là, langue d'appoint pour un autre » (*D*, p. 554). La communication dès lors ne passe pas par l'évidence mais par des pratiques rendues intelligibles grâce à la force des poétiques. D'où cette formule shakespearienne : « Je te parle dans ma langue et c'est dans mon langage que je te comprends. » (*D*, p. 555.)

Le langage tel que le conçoit Glissant offre la possibilité d'une errance qui, au terme du parcours, permet le *retour* vers une langue réappropriée, langue redevenue celle du fils par le *détour* vers son irréductible étrangeté. Cette langue dépossédée du poids de ses terreurs ataviques, riche de toutes les ruses assimilées, est seule capable de porter l'immense chant du monde. La langue « s'archipélise » et rejoint la dimension du Tout-Langue. Et Glissant d'en appeler à un multilinguisme qui n'est pas lié aux connaissances spécifiques d'un locuteur et ne suppose pas une compétence particulière. Il s'agirait plutôt de « la manière même de parler sa propre langue, de la parler de manière fermée ou ouverte ; de la parler dans l'ignorance de la présence des autres langues ou dans la prescience que les autres langues existent et qu'elles nous influencent même sans qu'on le sache. Ce n'est pas une question de science, de connaissance des langues, c'est une question d'imaginaire des langues »[60].

Voilà le mot lancé. L'écrivain est celui qui doit tenir compte de *l'imaginaire des langues*, c'est-à-dire de toutes les langues du monde dans son écriture. Là réside un des concepts-clés de la poétique de Glissant : « Je pense que dans l'Europe du XVIIIe et du XIXe siècles, même quand un écrivain français connaissait la langue anglaise ou la langue italienne ou la langue allemande, il n'en tenait pas compte dans son écriture. Les écritures étaient monolingues. Aujourd'hui, même quand un écrivain ne connaît aucune autre langue, il tient compte, qu'il le sache ou non, de l'existence de ces langues autour de lui dans son processus d'écriture. On ne peut plus écrire une langue de manière monolingue. On est obligé de tenir compte des imaginaires des langues[61]. »

La totalité-monde ne saurait se concevoir sans son corollaire obligé, celui de la totalité-langue : « J'écris désormais en présence de toutes les langues du monde, dans la nostalgie poignante de leur devenir menacé[62]. » Les poétiques inspirées par cet imaginaire se fondent sur la « variance infinie des nuances possibles des poétiques de langues ». Ainsi s'explique l'admiration exprimée pour des œuvres qui, tels les derniers textes de Joyce, sont des « maquis de langues ». D'où aussi l'importance accordée à la traduction, « art de l'approche et de l'effleurement », « pensée de l'esquive », « fréquentation de la trace »[63].

60. *Id.*, Introduction à une poétique du divers, *op. cit.*, p. 91.
61. *Id.*, *ibid.*, p. 84.
62. *Id.*, *Traité du Tout-Monde*, Paris, Gallimard, 1997, p. 26.
63. *Id.*, *ibid.*, p. 28.

D'où la portée à la fois mémorielle et prospective d'une phrase telle que celle-ci : « Il est donné, dans toutes les langues, de bâtir la Tour[64]. » Car chez Glissant, l'image de l'archipel, avec ce qu'elle connote d'unité et d'interrelations, vient-elle en quelque sorte « horizontaliser » – c'est-à-dire traduire à l'horizontale, « transverticaliser » et démultiplier – ce que la pensée de la Tour peut contenir de superbe et d'arrogance.

Ne lisait-on pas dès la première page du *Soleil de la conscience* qu'« il n'y aura plus de culture sans toutes les cultures » ? Étonnante convergence d'une pensée qui elle-même « s'archipélise » et se multiplie en autant de variances et de variations.

La bi-langue

Parmi les concepts élaborés par les écrivains francophones pour rendre compte de leur situation dans la langue, celui de « bi-langue », de l'écrivain marocain Abdelkebir Khatibi, a bénéficié d'un écho particulièrement favorable. Là encore, il s'agit de décrire et de théoriser une situation qui fait appel à un contexte culturel multilingue. Écrivain de langue française dont la langue maternelle est l'arabe, un idiome déjà double puisqu'il se partage en arabe classique et arabe dialectal, Khatibi utilise le mot « bi-langue » pour la première fois dans une lettre-préface à un ouvrage de Marc Gontard, afin d'associer le travail des écrivains à celui des traducteurs : « Tant que la théorie de la traduction, de la bi-langue et de la pluri-langue n'aura pas avancé, certains textes maghrébins resteront imprenables selon une approche formelle et fonctionnelle. La langue "maternelle" est à l'œuvre

64. *Id.*, *Poétique de la relation*, *op. cit.*, p. 123.

dans la langue étrangère. De l'une à l'autre, se déroulent une traduction permanente et un entretien en abyme, extrêmement difficile à mettre au jour[65]. » Il évoque ensuite la notion de chiasme pour rendre ce « processus de traduction – conscient ou inconscient – d'une langue à l'autre ». Khatibi reviendra ultérieurement à cette théorie sous la forme de récit, *Amour bilingue*, qui relate les relations amoureuses d'un couple d'origines et de langues maternelles différentes, uni dans le désir d'un au-delà de tout dualisme langagier.

Dans un premier temps, la bi-langue fait son apparition dans le récit à la façon d'une pulsation à demi consciente : « Reculant d'épouvante, la pensée s'arrachait encore au sommeil. Dans ses moindres vibrations – il en subissait la pulsation – elle s'obstinait à nommer, tantôt dans une langue, tantôt dans l'autre ; mots si précis, phrases nettes, rigoureuses, à bout portant. Oui, la pensée luttait avec une vigueur soutenue. Fallait-il qu'il continuât ainsi, dormant ne dormant pas, rêvant ne rêvant pas, pour qu'il s'approchât de l'indicible ? Et comment rêvait-il dans la bi-langue[66] ? » Tout au long du roman, le personnage poursuit sa méditation sur la langue, se demandant s'il n'aime pas deux femmes, « celle qui vivait dans leur langue commune, et l'autre, cette autre qu'il habitait dans la bi-langue » (*AB*, p. 26), car « il avait appris que toute langue est bilingue, oscillant entre le passage oral et un autre, qui s'affirme et se détruit dans l'incommunicable » (*AB*, p. 27). Parfois, il se nomme décadent, un « mutant d'une langue à l'autre », parfois il dit éprouver la volupté de la langue » (*AB*, p. 28). Mais cette volupté même de la bi-langue ne saurait exister sans un sentiment de l'intra-

65. Abdelkabir Khatibi, Lettre-préface, dans Marc Gontard, *La Violence du texte. Études sur la littérature marocaine de langue française*, Paris, L'Harmattan, 1981, p. 8.

66. *Id.*, *Amour bilingue*, Saint-Clément, Fata Morgana, 1983, p. 16. Désormais indiqué par *AB* suivi de la page.

duisible, voire de l'impossible, ce qui amène le narrateur, lui-même double du personnage, à évoquer à plusieurs reprises le spectre de la folie : « Peut-être suis-je le premier fou de ma langue maternelle : faire muter une langue dans une autre est impossible. Et je désire cet impossible. » À un autre moment, la folie de la langue est associée à l'image de la mer et à la figure de l'errance : « Ce qu'il aimait dans la mer, c'était cette antique idée de l'errance, qui retenait, dans ses plis, sa folie de la langue. » (*AB*, p. 52.) Présence de la bi-langue donc, qui « sépare, rythme la séparation, alors que toute unité est depuis toujours inhabitée ». Mais cette plongée dans l'intraduisible, scénographie de masques et de doubles à l'image d'une androgynie rêvée, se transforme en un rituel initiatique qui passe par une interrogation sur l'implicite du langage : « Mort. Pour se donner la vie dans ce mot, il fallait parcourir toute la force destructrice de la bi-langue. » (*AB*, p. 18.)

L'un des premiers, Khatibi aura réussi à échapper à un certain conformisme de la pensée qui consistait à discuter le problème de l'écriture maghrébine en terme de choix entre la langue française ou la langue arabe : « Il ne s'agit plus de savoir s'il faut écrire en arabe ou en français, si cela est nécessaire ou contingent, politiquement juste ou faux, mais de faire apparaître un niveau "autre" (infraliminaire) d'écriture et de pensée qui rend profondément caduque la problématique dualiste[67]. » En posant la bi-langue comme « chance », « gouffre individuel » et « belle angoisse d'amnésie » (*AB*, p. 11), il pose la dualité au cœur même de l'acte d'écrire, dans une interrelation intime et fusionnelle, devenant lui-même un exemple de cette « hospitalité dans le langage » qu'il retrace chez cer-

67. Réda Bensmaïa, « Traduire ou blanchir la langue. *Amour bilingue* d'A. Khatibi », *Imaginaires de l'autre. Khatibi et la mémoire littéraire*, Paris, L'Harmattan, 1987, p. 190.

tains écrivains, parmi lesquels Segalen, Genet, Duras[68]. À travers ces expériences de traduction, de confrontation, de fascination et de téléscopage de langues, Khatibi transforme les oppositions en errance et en vagabondage : de l'autre dans la langue il passe à l'autre de la langue, cette troisième langue à laquelle aspire tout écrivain. Travail de transfert de langues qu'il analysera ensuite, de façon critique, dans *Maghreb pluriel*, et qui l'amène à conclure : « [...] toute cette littérature maghrébine dite d'expression française est un récit de traduction. Je ne dis pas qu'elle n'est que traduction, je précise qu'il s'agit d'un récit qui parle en langues »[69]. Parler en langues, cela veut dire non pas créer une nouvelle langue, mais créer le lieu d'une parole en constant déplacement.

On pourrait citer de nombreux exemples d'auteurs qui, de Julien Green et Samuel Beckett à Nancy Huston, ont connu des expériences analogues de bilinguisme ou de bi-languisme, pour reprendre l'expression de Khatibi, allant jusqu'à s'autotraduire dans bien des cas.

Les voleuses de langue

Du point de vue de la langue, les attitudes des écrivaines diffèrent souvent de celles de leurs collègues masculins. D'origine algérienne, Assia Djebar vit autrement que le romancier marocain son rapport à la langue française. Élevée dans un contexte qu'elle décrit comme un « faisceau de langues », partageant son temps entre l'école française et l'école coranique, la romancière constate que le français a été pour elle une tunique de

68. Abdelkabir Khatibi, *Figures de l'étranger dans la littérature française*, Paris, Denoël, 1987, p. 203.
69. *Id.*, *Maghreb pluriel*, Paris, Denoël, 1983, p. 186.

Nessus, synonyme à la fois de libération et d'obstacle. Libération parce que cette langue a permis l'écriture et son dévoilement : « Mon corps seul, comme le coureur du pentathlon antique a besoin du starter pour démarrer, mon corps s'est trouvé en mouvement dès la pratique de l'écriture étrangère[70]. » Obstacle parce que ce dévoilement, cette « mise à nu » et cette jouissance du corps révélés grâce à la langue comportent aussi leur versant négatif, à savoir une nouvelle forme de voile ou la conscience d'une distance, d'une impossibilité à rendre certains registres d'émotions dans ce qui reste malgré tout la langue de l'autre. « Le français m'est langue marâtre, avoue la narratrice de *L'Amour, la fantasia*. Quelle est ma langue mère disparue, qui m'a abandonnée sur le trottoir et s'est enfuie ? […] Sous le poids des tabous que je porte en moi comme héritage, je me retrouve désertée des chants de l'amour arabe[71]. » Ce désert de la langue, cet empêchement de dire le discours amoureux, la romancière tentera de le contourner en retrouvant dans la langue française les sonorités, les rythmes de la langue arabe : « J'ai tenté de retravailler la langue française comme une sorte de double de tout ce que j'ai pu dire dans ma langue du désir[72]. » Et plus explicitement encore : « Au fond, tout mon travail de vingt à quarante ans a été de rechercher cette ombre perdue dans la langue française. Il y a deux sortes de perte : la perte qui vous hante et la perte que vous oubliez, l'oubli de la perte. Le terrible, c'est l'oubli de la perte[73]. »

À la bi-langue de Khatibi, Assia Djebar préfère les notions de « voile », de « double » ou d'« ombre perdue »,

70. Assia Djebar, *L'Amour, la fantasia* (1985), Paris, Albin Michel, 1995, p. 208.

71. *Id.*, *ibid.*, p. 244.

72. *Id.*, « Territoire des langues », dans Lise Gauvin, *L'Écrivain francophone à la croisée des langues*, *op. cit.*, p. 25.

73. *Id.*, *ibid.*, p. 30.

d'« entre-deux-langues » ou de « tangage-langage »[74], ne cachant pas ce que cette situation de bilinguisme – voire de quadrilinguisme, puisque à l'arabe classique et à l'arabe dialectal s'ajoute le berbère – peut générer d'inconfort et de souffrance. Elle n'hésite pas non plus à s'associer à celles qui se sont dites « écrivaines », s'étonnant de l'effet de « vanité » que laisse la finale du mot sur le locuteur français. Cet effet est aussitôt transformé en question : « La vanité de écri-vaine donc, d'"écrivain" au féminin, ce serait cela, cette curiosité de la limite, de l'effacement, de la mort bien sûr[75] ? »

C'est au Québec, où la féminisation des titres est passée dans l'usage courant, que les écrivaines ont aussi voulu nommer, dans leur pratique d'écriture, un certain malaise dans la langue française et la nécessité de trouver un autre discours et d'autres mots pour dire. Au cours des années 1970, les femmes regroupées autour des revues *La Barre du jour, La Nouvelle Barre du jour* et *Les Herbes rouges* s'interrogent sur l'implicite du code linguistique : « Ce n'est qu'à partir de 1975, constate Nicole Brossard, que j'ai réellement pris conscience de la langue comme un grand ensemble chargé de mémoire, de rythme, de savoir et surtout de désastreuses incidences symboliques. La question se posa alors de savoir qui j'étais (moi/une femme) dans cette langue et comment l'utiliser de manière à ce qu'elle ne censure, n'élimine ou ne joue contre "le genre" de personne que j'étais ou pouvais devenir. Alors mon rapport à la langue changea. Les ruptures et les écarts devinrent glissement et dérive[76]. » Et Brossard d'investiguer, dans

74. *Id., Ces voix qui m'assiègent… En marge de ma francophonie*, Montréal/Paris, Presses de l'université de Montréal/Albin Michel, 1995, p. 51.

75. *Id., ibid.*, p. 62.

76. Nicole Bernard, « Stricto sensu, l'attraction » (1987) ; cité dans Lise Gauvin, *Langagement…, op. cit.*, p. 85.

des textes qu'elle nomme « théories-fictions », ce grand ensemble de la langue. Cela donne, notamment, *L'Amèr* ou *Le Chapitre effrité*[77], prose fragmentée qui met en œuvre un espace de fiction dont le propos est de « perturber le champ symbolique ».

De son côté, Louky Bersianik, dans *L'Euguélionne*[78] (réécriture parodique des Évangiles), puis dans « Ouvrage de dame »[79], dénonce moins la dissymétrie dans le langage que le fait que cette dissymétrie joue toujours dans le même sens. Elle en appelle à des « stratégies peccamineuses en pensées, en paroles et en actes autant qu'en écriture » de façon à répandre « joyeusement le mauvais exemple qui fera grincer les puristes ». La narratrice d'*Une voix pour Odile*[80], de France Théorêt, se dit « en défaut de langue », apprivoisant tant bien que mal des « mots en loques » et tentant de « retrouver une langue qui se donnerait pour elle-même ». Madeleine Gagnon parlera quant à elle, dans *Lueur*[81] puis dans *La Lettre infinie*[82], d'un travail de désenfouissement et de décryptage de façon à retrouver une langue « étrangère et maternelle », une langue d'avant la langue, une langue d'avant les codes et la Loi. En s'affichant « voleuses de langues », selon l'expression de Claudine Herman[83], les femmes qui ont pris la parole au cours des années 1970 au Québec ont déconstruit certains mythes de la féminité pour créer un nouvel espace de langue et de langage, utopie

77. Montréal, Éd. Quinze, 1975.
78. Montréal, Éd. La Presse, 1976.
79. Louky Bersianik, « Ouvrage de dame », dans Irène Belleau et Gilles Dorion (dir.), *Les Œuvres de création et le français au Québec*, Actes du congrès Langue et société, Québec, conseil de la langue française, 1984, p. 219-230.
80. Montréal, Les Herbes rouges, 1978.
81. Montréal, VLB éditeur, 1979.
82. Montréal, VLB éditeur, 1984.
83. Claudine Herman, *Les Voleuses de langues*, Paris, Éd. des femmes, 1975.

concrète visant à permettre la circulation libre des discours. Elles se sont nommées écrivaines, sachant qu'il n'y a de vaine ou de vain que ce qui n'a pas encore accédé à la conscience, ou à l'écriture.

L'autre de la langue

Les concepts mis au point dans les écrits et manifestes qui viennent d'être évoqués indiquent éloquemment l'importance, mieux encore la prégnance de cette *pensée* – aussi de cette *pesée* – de la langue de quelque côté de la francophonie que l'on se place pour examiner la situation.

Jacques Derrida affirme, dans *Le Monolinguisme de l'autre*, que la situation d'un écrivain comme celle du Marocain Khatibi dans la langue est exceptionnelle et en même temps exemplaire d'une structure universelle : « Elle représente ou réfléchit une sorte d'"aliénation originaire" qui institue toute langue en langue de l'autre : l'impossible propriété d'une langue[84]. » Exemplarité de l'écrivain maghrébin, dont l'inconfort même est garant du métier qu'il exerce. Exemplarité partagée par d'autres écrivains francophones qui, réfléchissant sur leur propre parcours dans la langue, affichent de façon manifeste l'étrangeté d'une langue, que celle-ci soit maternelle ou seconde, et renvoient par là à la situation de tout écrivain pour qui la langue est le lieu par excellence d'un espace rêvé, utopique ou atopique, avec tout ce que cette projection dans un ailleurs indéfini peut avoir de paradoxal pour qui fait profession d'écrire. Les écrivains francophones, qu'il est plus juste de désigner sous le nom de francographes, par leur situation à la croisée des langues,

84. Jacques Derrida, *Le Monolinguisme de l'autre*, Paris, Galilée, 1996, p. 121.

ont perçu l'autre de la langue, cet antre/entre de tension et de fiction, voire de friction, qui l'informe et la transforme.

*

REPÈRES BIBLIOGRAPHIQUES

BEAUDET Marie-Andrée, *Langue et littérature au Québec, 1895-1914*, Montréal, L'Hexagone, 1991.

BENIAMINO Michel, *La Francophonie littéraire. Essai pour une théorie*, Paris, L'Harmattan, 1999.

BENSMAÏA Réda, « Traduire ou blanchir la langue. *Amour bilingue* d'A. Khatibi », *Imaginaires de l'autre. Khatibi et la mémoire littéraire*, Paris, L'Harmattan, 1987, p. 133-160.

BERNABÉ Jean, CHAMOISEAU Patrick et CONFIANT Raphaël, *Éloge de la créolité*, Paris, Gallimard/Presses universitaires créoles, 1989 ; nouvelle éd., 1993.

BERTRAND Jean-Pierre et GAUVIN Lise (dir.), *Littératures mineures en langue majeure : Québec/Wallonie-Bruxelles*, Bruxelles/Montréal, Spring Verlag/Presses universitaires de Montréal, 2003.

BOUCHARD Chantal, *La Langue et le Nombril*, Montréal, Fides, 1996.

CASANOVA Pascale, *La République mondiale des lettres*, Paris, Éd. du Seuil, 1998.

CHAMOISEAU Patrick, *Écrire en pays dominé*, Paris, Gallimard, 1997.

COMBE Dominique, *Poétiques francophones*, Paris, Hachette supérieur, 1995.

DELEUZE Gilles et GUATTARI Félix, *Kafka. Pour une littérature mineure*, Paris, Éd. de Minuit, 1975.

DEMERS Jeanne, « Le manifeste, un discours de la demande ou La parole exemplaire de Michèle Lalonde », dans E. D. Blodgett et A. G. Purdy (dir.), *Prefaces and*

Literary Manifestoes/ Préfaces et manifestes littéraires, Edmonton université de l'Alberta, 1990.

DERRIDA Jacques, *Le Monolinguisme de l'autre*, Paris, Galilée, 1996.

GAUVIN Lise, « D'une langue l'autre. La surconscience linguistique de l'écrivain francophone », *L'Écrivain francophone à la croisée des langues*, Paris, Karthala, 1997.

— *Langagement. L'écrivain et la langue au Québec*, Montréal, Boréal, 2000.

GODBOUT Jacques, *Le Réformiste. Textes tranquilles* (1975), Montréal, Boréal, 1994.

GONTARD Marc, *La Violence du texte. Études sur la littérature marocaine de langue française*, Paris, L'Harmattan, 1981.

GRUTMAN Rainier, *Des langues qui résonnent. L'hétérolinguisme au XIXe siècle québécois*, Montréal, Fides, 1997.

HERMAN Claudine, *Les Voleuses de langues*, Paris, Éditions des femmes, 1975.

KHATIBI Abdelkebir, *Maghreb pluriel*, Paris, Denoël, 1983.

—, *Figures de l'étranger dans la littérature française*, Paris, Denoël, 1987.

KLINKENBERG Jean-Marie, « L'identité culturelle dans les littératures de langue française », dans Arpah Vigh (dir.), *L'Identité culturelle dans les littératures de langue française*, ACCT, Presses de l'université de Pecs, 1989, p. 65-79.

— « L'aventure linguistique, une constante des lettres belges : le cas de Jean-Pierre Verheggen », *Littérature*, « L'écrivain et ses langues », n° 101, février 1996, Paris, Larousse, p. 25-39.

MEIZOZ Jérôme, *Ramuz. Un passager clandestin des lettres françaises*, Genève, Éd. Zoé, 1997.

—, *Le Droit de mal écrire. Quand les auteurs romands déjouent le « français de Paris »*, Genève, Éd. Zoé, 1998.

QUAGHEBEUR Marc, VERHEGGEN Jean-Pierre et IAGO-ANTOINE Véronique, *Un pays d'irréguliers*, Bruxelles, Labor, 1990.

RICARD Alain, *Littératures d'Afrique noire. Des langues aux livres*, Paris, Karthala, 1995.

SOJCHER Jacques (dir.), *La Belgique malgré tout*, Bruxelles, Éd. de l'université de Bruxelles, 1980.

CHAPITRE VIII

Les littératures francophones : du carnavalesque au baroque

> « Oiseau de Cham, existe-t-il une écriture informée de la parole, et des silences, et qui reste vivante ? »
>
> Patrick Chamoiseau, *Texaco*

La pensée de la langue, chez les écrivains francophones, ne saurait se concevoir sans l'imaginaire qui l'accompagne et qui pousse ceux-ci, en contexte d'interlangue, à revoir les modalités de représentation des discours sociaux. Quelles stratégies sont susceptibles de mettre en scène l'hétérogène ? Comment le modèle romanesque de polyphonie narrative, d'hybridation et de plurilinguisme défini par Bakhtine s'accommode-t-il des effets de langue observables dans les romans d'auteurs québécois, antillais ou africains ? Comment la scène romanesque en arrive-t-elle à reproduire ou à dépasser les figures de la diglossie ou de la tétraglossie à l'œuvre dans le corps social ? Jusqu'à quel point le fait de s'adresser à plusieurs publics influence-t-il les stratégies ou procédés choisis ? Le plurilinguisme ainsi pratiqué porte aussi bien sur l'intégration des parlers vernaculaires que sur la mise en place de systèmes astucieux de cohabitations de langues. Nous nous demanderons donc une fois de plus de quelle(s) façon(s) le texte *parle la langue*, soit à la façon d'une isotopie distincte, soit par une série d'énoncés qui renvoient à une représentation des langages sociaux. Pour ce faire, nous avons choisi d'appuyer notre analyse sur quelques textes d'auteurs francophones qui comportent de manière explicite cette double orientation. Car la question des rapports langues-littérature, on l'a vu au cours des chapitres précédents, concerne aussi bien l'autonomisation[1] du littéraire, les conditions de son émergence, la relation écrivain-public qui s'y établit que les modèles dont dispose le texte pour représenter les rapports sociaux entre les langues ou les niveaux de langue.

On peut supposer que l'écrivain francophone ne se contentera pas de mimer/reproduire la hiérarchie à l'origine du clivage social entre les idiomes mais que sa *surconscience* linguistique l'incitera à concevoir diverses figures de l'hybridité, quitte à retrouver par là des pactes plus anciens. Cet imaginaire et cette conscience donnent lieu à des poétiques irriguées par le sens du ludique et du transitoire, plus proches de la fête carnavalesque et de l'esthétique baroque que des conventions du réalisme. C'est ce que nous examinerons à partir de quelques exemples tirés d'œuvres contemporaines, romans pour la plupart, de façon à retracer, à travers les images du langage, les représentations de l'écriture – et de la langue littéraire – ainsi projetées.

1. Nous entendons ici autonomie au double sens d'émergence d'un champ littéraire spécifique et de revendication d'indépendance de la part des littératures dites périphériques par rapport à l'institution centrale. Voir à ce sujet Paul Aron, « Sur le concept d'autonomie », *Discours social/Social Discourse*, vol. VII, n° 3-4, été-automne 1995, p. 63-72.

L'héritage rabelaisien

Si les écrivains de France ont quelque peu négligé l'héritage de Rabelais, comme le souligne Céline, tel n'est pas le cas de ceux qui, écrivant et publiant dans les diverses aires francophones, s'inscrivent clairement dans le prolongement de son œuvre. Charles De Coster, en 1867, la cite en référence à *La Légende d'Ulenspiegel,* texte dont la langue se caractérise par le recours systématique à l'archaïsme, mais un archaïsme stylisé, littérarisé par le travail du poète. Parmi les auteurs francophones du XXe siècle, Antonine Maillet est l'une des premières à avoir revendiqué la filiation. Témoignant du passage d'une littérature orale à une littérature écrite, son œuvre a fondé la littérature acadienne moderne sur la parole d'anti-héros au verbe populaire et frondeur. À la figure d'Évangéline, l'héroïne légendaire du poème de Longfellow, Antonine Maillet substitue celle d'une Sagouine capable de prendre à partie les nantis aussi bien que les pauvres, de discourir sur le printemps comme de réfléchir aux postulats identitaires à l'occasion d'un recensement.

Qui est la Sagouine ? L'auteur nous la présente comme une « femme de la mer, née avec le siècle, quasiment les pieds dans l'eau. L'eau fut toute sa fortune : fille de pêcheur de morue, fille à matelots, puis femme de pêcheur d'huîtres et d'éperlans. Femme de ménage, aussi, qui achève sa vie devant son seau »[2]. Et de poursuivre : « Je vous la livre comme elle est, sans retouches à ses rides, ses gerçures, ou sa langue. Elle ne parle ni joual, ni chiac, ni français international. Elle parle la langue populaire de ses pères descendus à cru du XVIIe siècle. Elle ne sait pas, la Sagouine, qu'elle est à elle seule un glos-

2. Antonine Maillet, Préface, *La Sagouine*, Montréal, Leméac, 1971, p. 9.

saire, une race, un envers de médaille[3]. » Un envers de médaille, certes, cette Sagouine qui n'hésite pas à prendre le contre-pied des discours convenus. Elle suggère par exemple que La Cruche, une fille de joie, peut aller porter la communion au « beau monde d'En haut », que la musique de l'au-delà peut aussi bien être celle des « ruine-babines » et des bombardes que celle des harpes et des chants sacrés. Dans cette perspective de monde inversé et de joyeuse relativité des choses, la langue est elle-même prise à partie et affectée des marques d'une oralité puisée à des sources anciennes : « En lisant Rabelais, avoue la romancière, je me suis reconnue : j'ai reconnu ma langue, mon bagage culturel. Il était de ma famille, de ma parenté. C'est pourquoi j'ai découvert la langue acadienne dans Rabelais. J'ai en effet reconnu tout de suite que les mots qu'il utilisait étaient les miens, ou ceux de mes ancêtres, de mes parents, de mon voisinage. [...] Mes parents n'auraient pas dit j'avions, par exemple, mais autour de moi je l'entendais tout le temps[4]. » Cette attention à signifier le monde par le biais d'une parole décentrée, celle des humbles et des défavorisés, celle des laissés-pour-compte de la hiérarchie sociale, qu'ils se nomment la Sagouine ou Les Crasseux, se poursuit tout au long de l'œuvre théâtrale d'Antonine Maillet. À cette différence près que le duel des forces antagonistes y est davantage présent que dans les tirades monologuées de sa première pièce : les rituels carnavalesques, destinés à représenter un ordre nouveau, s'y associent à une confrontation de langages qu'ils contribuent par le fait même à légitimer : « Le théâtral carnavalesque n'avait jusque-là d'espace de visualisation que les lieux d'en dehors ; la carnavalisation se joue, avec Maillet, dans les

3. *Id.*, *ibid.*

4. *Id.*, « Retrouver l'origine », dans Lise Gauvin, *L'Écrivain francophone à la croisée des langues*, Paris, Karthala, 1997, p. 193.

pages du livre, sur des planches reconnues et institutionnalisées, sur l'encre des journaux et sous la plume des critiques. De lieu de célébration, comme lors de la fête (à la chandeleur, par exemple, ou lors d'un charivari ou d'un frolic), elle devient lieu de discours[5]. » Un discours fait des virtualités d'une langue jusque-là non écrite. Antonine Maillet reconnaît toutefois avoir dû inventer l'écriture et les codes aptes à traduire l'oralité populaire : « C'est justement là que l'écrivain entre en cause, avoue-t-elle, et il faut qu'il joue précisément. Mais au fond, toute langue écrite est un jeu ; l'écrivain joue toujours avec son lecteur. [...] Refaire la langue parlée, c'est faire croire au lecteur que c'est comme ça que les personnages parlent. [...] C'est là une recomposition de la langue[6]. »

Ce sentiment d'avoir à *recomposer* l'oralité, à transposer le parlé en écrit, Antonine Maillet le met en œuvre lorsqu'il s'agit de prose romanesque aussi bien que de théâtre. Dans *Pélagie-la-Charrette*, la romancière utilise différents registres de langue pour évoquer la vaste fresque épique, ou plus exactement l'épopée à rebours relatant le retour des Acadiens dans la terre de leurs ancêtres. Mais au lieu de présenter la vision officielle et tragique de la Déportation, voilà que le rappel qui en est fait associe cet événement à une mort joyeuse et à un rituel carnavalesque : « Morte, la pauvre, enterrée avec une messe basse et rayée de la carte du monde. Vous pouvez danser, là-bas dans le Nord, autour du brasier d'un pays qui a flambé dans le ciel, un matin de septembre ;

5. Judith Perron, « L'histoire carnavalisée dans le théâtre d'Antonine Maillet », dans Denis Bourque et Anne Brown (dir.), *Les Littératures d'expression française d'Amérique du Nord et le carnavalesque*, Moncton, Éd. d'Acadie, 1998. p. 73. On lira également, sur ce sujet, la thèse de Denis Bourque, « Le carnavalesque dans l'œuvre d'Antonine Maillet (de 1968 à 1986) », Montréal, université de Montréal, août 1994.

6. Antonine Maillet, « Retrouver l'origine », art. cit., p. 104.

danser et chanter et réciter la complainte des morts entre les six chandelles et le crucifix[7]. » D'autres motifs du carnaval font leur apparition à point nommé dans le roman, parmi lesquels ceux du démembrement, du corps grotesque synonyme à la fois de vie et de mort, de l'inversion des rôles, qui font de Célina, l'infirme guérisseuse, et de Pierre, le « fou du peuple », un couple étrange et désassorti. C'est pourtant à ce « conteux-radoteux-placoteux » que revient le privilège de la parole : « Qu'il conte, le Fou, qu'il conte et raconte, et invente, et transpose au besoin, Qu'il recrée le monde, et le refasse du commencement à la fin, et le retourne de l'envers à l'endroit[8]. » À côté de lui, d'autres personnages-narrateurs interviennent, chargés de distribuer la langue du roman en autant de registres particuliers. Ajoutons à cela la création du géant P'tite Goule, ainsi nommé parce qu'il n'était pas loquace, et nous sommes de plain-pied dans l'univers rabelaisien.

Plusieurs narrateurs prennent donc en charge le récit, utilisant selon les époques représentées un état de langue différent. À un premier niveau, celui de la narratrice, se superpose le récit de Bélonie III, petit-fils de Bélonie-le-Vieux, s'adressant à quelques amis réunis autour d'un âtre vers la fin du XIXe siècle. Bien que les deux récits racontent la même histoire, celle du retour des charretiers au XVIIIe siècle, les mêmes mots sont orthographiés autrement (héritage devenant heirage) selon le niveau narratif auquel ils appartiennent. La narratrice intervient parfois directement pour qualifier ou commenter certaines expressions. Ainsi le mot « maçoune », employé dès la deuxième page, est-il accompagné du commentaire « que certains appellent l'âtre ». Mais aucun procès de traduction n'est fourni pour les archaïsmes « chacunière » (maison) ou « demarsuis » (désormais), dont le sens est

7. *Id.*, *Pélagie-la-Charrette*, Montréal, Leméac, 1979, p. 64.
8. *Id.*, *ibid.*, p. 135.

rendu intelligible par le contexte qui les accompagne. « Je nous accoutumons », pourrait dire le lecteur avec Pélagie.

Antonine Maillet, qui avoue écrire « tout haut » dans un pays sans véritables antécédents littéraires, conduit ses personnages dans des aventures aux résonances épiques, où l'imaginaire corrige l'Histoire et où la fable devient vérité de langage. Le parti pris humoristique débouche sur le désordre le plus fin, la gravité y fait bon ménage avec la légèreté. Parfois les mots semblent doués d'une vie propre, se gonflent d'un souffle poétique, et leur effervescence se traduit par autant d'archaïsmes voire de néologismes dont le lecteur se délecte. Reprenant la tradition des conteurs, la romancière met en scène l'oralité et l'intègre à une stratégie faite de narrations à relais dans laquelle la parole tient la première place. Mais une parole qui puise aux commencements de la langue française sa légitimité et sa couleur : « Des mots d'origine que les Acadiens avaient croqués, broutés, ingurgités tout au long du Moyen Âge ; conservés contre la putréfaction dans le sel de la mer et les froidures du nord ; emportés en exil, enroulés dans les mouchoirs, gardés enfouis au plus creux des gorges et des reins, comme le dernier trésor qui leur restait, avec la mémoire et la dignité[9]. » La langue d'Antonine Maillet est une langue mi-réelle, mi-inventée, destinée à vaincre la menace d'un silence définitif et dotée du pouvoir de repousser la charrette de la mort.

Plus récemment, d'autres écrivains d'Acadie ont entrepris de traduire dans leurs fictions les langues en présence ou en conflit sur la scène acadienne. Dans un poème-manifeste destiné à réhabiliter le chiac, langue mixte et dévalorisée au même titre que l'était le joual dans les années 1960 au Québec, le poète Gérald Leblanc se propose de « Jouer dans la langue et d'en rire/d'en rêver

9. *Id.*, *Le Chemin Saint-Jacques*, Montréal, Leméac, 1996, p. 315.

quand on find out / qu'on communique »[10]. Par ailleurs, le traitement que font subir à la langue française les romanciers France Daigle[11] et Jean Babineau[12] s'apparente davantage à une parole « en creux » qu'à l'exubérance maillettienne. Car pour France Daigle, dont l'œuvre est vouée à l'expression d'une litote, d'une économie, d'un manque, le langage « n'offre pas d'assise sûre ; c'est un terrain troué où l'on risque de s'engouffrer, le creusage nécessaire à l'érection de la clôture symbolisant les gouffres du langage »[13]. Chez Jean Babineau, les mots sont triturés, torturés, et laissent entrer sans censure apparente les registres du français parlé, du chiac, de l'acadien oral et du franglais. Au-delà de l'expérimentation et des effets ludiques ainsi provoqués, les romanciers acadiens contemporains créent une langue écrite qu'ils puisent dans un vaste répertoire où les échanges quotidiens font bon ménage avec les langages de Rabelais et les polyphonies joyciennes. Car il s'agit, pour eux comme pour le poète Herménégilde Chiasson, de retrouver « la densité des choses » à travers « le poids des mots »[14].

10. Gérald Leblanc, *Éloge du chiac*, Moncton, Éd. Perce-Neige, 1995.

11. France Daigle, *La Beauté de l'affaire. Fiction autobiographique à plusieurs voix sur son rapport tortueux au langage*, Nouvelle Barre du Jour/Éditions d'Acadie, 1991.

12. Jean Babineau, *Bloupe*, Moncton, Éd. Perce-Neige, 1993.

13. Raoul Boudreau, « Hyperbole, la litote, la folie : trois rapports à la langue dans le roman acadien », dans Lise Gauvin (dir.), *Les Langues du roman*, Montréal, Presses de l'université de Montréal, 1999, p. 82.

14. Herménégilde Chiasson, « Abécédaire », texte inédit présenté à la Rencontre québécoise internationale des écrivains, Québec, avril 1998.

La prise en charge du populaire

D'abord connu comme auteur dramatique, Michel Tremblay a obtenu un succès de scandale, en 1968, avec la représentation des *Belles-Sœurs*. Pour la première fois sur une scène de théâtre subventionné et bourgeois, celle du Rideau-Vert, un certain parler vernaculaire montréalais, appelé joual, se trouvait légitimé tout en déstabilisant une partie du public et de la critique. Cette même critique, qui au départ avait perçu le théâtre de Tremblay comme réaliste, a peu à peu pris l'habitude de mettre le mot entre guillemets, soulignant plutôt les procédés de mise à distance utilisés dans ses pièces : chœur, double niveau scénique, voix parallèles, etc. L'auteur lui-même avoue de façon explicite : « Mon théâtre n'est pas du tout un théâtre réaliste mais flyé, si on peut s'exprimer ainsi. On y dit des choses réalistes mais dans un contexte qui ne l'est pas. Ce n'est pas du tout le théâtre du ''Passe-moi le beurre''.[15] » De toute évidence, Tremblay a fait subir à la langue un traitement analogue à celui de ses formes théâtrales, et à une architecture scénique correspond une *architexture* langagière, résultat d'un savant dispositif. C'est ce qui crée l'*effet joual* du texte, un effet obtenu par la transcription de la dimension orale de la langue populaire, mais aussi par un transcodage complexe, s'articulant au double code de l'oral et de l'écrit et enfin par divers procédés de littérarisation, au premier rang desquels se trouve la concentration, de telle sorte que le lecteur-auditeur est mis en contact avec un véritable « répertoire » du joual. La littérarisation est aussi présente dans le rythme même des répliques, la dynamique de l'enchaînement et une prosodie très calculée, qui passe de la répétition litanique à l'orchestration chorale ou à l'énuméra-

15. *Le Devoir*, 23 février 1980.

tion poétique. L'effet joual se perçoit également par voisinage des autres langages sociaux et, de manière plus structurelle encore, par la fusion entre la banalité, voire la trivialité des propos, et la noblesse des figures théâtrales retenues : monologues et chœurs, associés au rythme, à la musicalité des répliques, à la répétition litanique et au chant de l'ode sacralisent en quelque sorte l'« ode au bingo », la « maudite vie plate », ou le party de timbres.

Cette parole ritualisée, lyrique, procède d'une culture savante et d'une maîtrise indiscutables. L'attirance vers le bas, le rappel du corps grotesque et de la vie matérielle, le choix quasi exclusif du vernaculaire rapprochent en revanche ce théâtre du carnavalesque. En donnant à ces éléments un traitement élevé, digne du « grand théâtre » tragique et poétique, Tremblay favorise non seulement une rupture de l'illusion réaliste mais un transfert des codes qui se fait à l'avantage de la culture et de la langue populaires [16]. Il ne s'agit plus d'un conflit mais plutôt d'un brouillage et d'un renversement. Le langage populaire devient fondement de la parole culturelle.

La suite du théâtre de Tremblay reproduit en diverses variations le renversement des codes déjà observé et désigné plus haut comme représentatif de l'effet joual. Renversement, c'est-à-dire juxtaposition, transfert et transformation des figures opposées du haut et du bas, du sacré et du profane, de la culture savante et de la culture populaire. Ce qui donne la « cantate cheap » d'*À toi, pour toujours, ta Marie-Lou* (1971), dans laquelle l'alternance et le chassé-croisé des répliques scandent, à travers deux temporalités différentes, la mésentente tragique et dérisoire des personnages. Dans *Sainte Carmen de la Main* (1976), déjà le titre annonce trois isotopies concurrentes,

16. D'après Micheline Cambron, « la tragédie "transfigure" le réalisme apparent des *Belles-Sœurs* », *Une société, un récit*, Montréal, L'Hexagone, 1989, p. 142.

à savoir l'opéra, la sainteté et le milieu populaire de la Main[17] : les chœurs antiques sont alors convoqués pour rythmer et amplifier l'immolation sacrificatoire de l'héroïne, Carmen, dont le nom est aussi donné comme synonyme du soleil. Dans *Hosanna* (1973), la référence biblique recouvre les rêves grotesques d'un travesti d'abord surnommé Rose-Anna. *Damnée Manon, Sacrée Sandra* (1977) est un autre exemple de cette rhétorique de l'inversion qui consacre d'un même souffle le haut et le bas : dans cette pièce en effet, le mysticisme érotique de Manon est le double symétrique des rituels érotomanes et profanateurs de Sandra ; mais ici le ton est plutôt à la charge parodique qu'à la grandeur tragique.

En choisissant de mouler et de modeler le langage populaire dans les formes et les figures de la plus haute théâtralité, jusque-là associées à la culture dite savante, Tremblay a profondément modifié les règles du jeu littéraire québécois de même que l'attente du public. Plus encore, il a délégué jusqu'à un certain point sa propre recherche à ses personnages. Quand Carmen, la reine du yodle, non contente de chanter des chansons de cow-boys en français, dit : « Peut-être que petit à petit j'vas trouver un style à moé »[18], elle passe du statut de personnage-porte-parole à celui de personnage-auteur et se trouve elle-même affectée de la double compétence dont procède le théâtre de Tremblay, à savoir celle de la culture populaire traduite et transmuée dans les codes de la culture savante. De façon analogue, l'évolution qui s'est manifestée dans la réception de ce théâtre est résumée par deux répliques d'Albertine, dans *Albertine, en cinq temps* (1984) : « J'ai tellement été élevée à me trouver laide que j'ai de la misère à penser que j'ai déjà dit des belles

17. La Main est le nom anglais donné à la rue Saint-Laurent, artère principale de Montréal, qui sépare l'est et l'ouest de la ville.
18. Michel Tremblay, *Sainte Carmen de la Main*, Montréal, Leméac, 1976, p. 49.

choses »[19] et « Mais y me semble… que j'ai jamais parlé beau, comme ça ». Ces réflexions rappellent étrangement celles d'un critique qui, une fois le premier choc passé, déclarait : « Tremblay a fait un bijou du langage québécois »[20].

Il semble donc aller de soi, lorsqu'on qualifie l'œuvre de Tremblay, de faire appel à la notion de carnavalisation dans la mesure où il s'agit d'une confrontation du bas, du populaire, du comique, et du haut, du sérieux, du tragique. Mais cette confrontation s'effectue moins par cohabitation des styles et des registres que par suppression des distances et renversement/substitution des codes, dont le résultat est la prise en charge du populaire par le sérieux et le savant. Dans les romans, à l'inverse, plusieurs registres voisinent et se fréquentent sans s'annuler, ce qui amène Tremblay à concevoir de nouveaux modes d'inscription et d'interaction du langage populaire.

Dans *La grosse femme d'à côté est enceinte* (1978), qui nous servira de texte-témoin, on remarque une intégration des paroles des personnages aux passages narratifs, comme une actualisation immédiate de la scène, et une diminution de l'écart entre le langage du narrateur et celui des personnages :

> « Elle regarda longuement Édouard. "J'aimais pas ben ben ça… mais j'voulais un autre enfant pis j'savais que c'était le temps…" Édouard avait baissé les yeux. C'était la première fois qu'il entendait sa mère faire allusion au sexe et cela le gênait. Victoire continua son histoire en ramenant son regard vers le bosquet. « Là, y m'a demandé : « Y'a'tu du danger, ces jours-citte ? » J'y ai dit non. Y voulait pus d'enfants, j'ai jamais su pourquoi… Y m'a répond : "Tant

19. *Id.*, *Albertine, en cinq temps*, Montréal, Leméac, 1984, p. 22 et p. 23.

20. Martial Dassylva, *La Presse*, 27 août 1988. Voir également Jean-Cléo Godin, « Le "tant qu'à ça" d'Albertine », *Québec Studies*, n° 11, 1990-1991, p. 11-116.

> mieux !" « Pis on t'a faite » Elle entra dans le bosquet sans s'occuper des branches qui s'accrochaient à sa robe. Elle se pencha un peu. "Juste icitte[21]." »

On note dans ce passage un narrateur non autoritaire, peu présent et peu évaluatif, constamment prêt à s'éclipser devant la parole des personnages, qu'il enchâsse de manière fort souple. La hiérarchie est oubliée, de même que tout commentaire explicatif visant à préciser, pour un destinataire étranger, les expressions idiomatiques. Dans la prose de Tremblay, on passe insensiblement de l'un à l'autre discours. Il s'agit d'une modulation ou mieux encore d'un tissage destiné à atténuer la tension entre les registres de paroles. Cette stratégie s'accompagne également de l'insertion du langage populaire dans le discours du narrateur. Si le langage de celui-ci n'est pas marqué par les procédés de transcription et de transcodage de l'oralité, il n'en fait pas moins appel à un lexique et à des expressions proprement québécoises, c'est-à-dire les mêmes qu'utilisent les personnages : « peinturée », « balloune », « une gang », « matchait », « siau », etc. Il y a donc « contamination » et hybridation malgré la « désoralisation »[22] dont témoignent ces romans. Dernier élément enfin à noter : le chat Duplessis et le chien Godbout non seulement sont dotés de paroles, mais ils parlent le joual le plus pur du Plateau Mont-Royal : « Au beau milieu de la bataille, alors que Duplessis, au comble de la joie, criait à la balle de laine : "Ça sert à rien de résister, maudite folle, tu sais ben que ta fin est proche ! Rends-toé ! Rends-toé, pis j'te f'rai pus de mal !" Florence sortit de la maison et

21. Michel Tremblay, *La grosse femme d'à côté est enceinte*, Montréal, Leméac, 1978, p. 82.

22. Bruno Vercier, « La "désoralisation" dans les romans de Michel Tremblay », *Présence francophone*, « Oralité et littérature », n° 32, 1988, p. 35-44.

s'assit dans sa chaise berçante[23]. » Tremblay atteste par là ses accointances avec un certain « réalisme magique ». Il atteste en outre son désir d'une suppression des distances dans une participation universelle et ludique à la parole. Une parole dont l'hybridation et le dialogisme – associés au rappel incessant du corps et de la vie matérielle – renvoient à l'ambivalence carnavalesque.

Le langage littéraire, chez Tremblay, est un système ouvert et en constante évolution. Il trahit une recherche qui tend à dépasser l'opposition des catégories en une intégration festive des niveaux de langue. Au conflit des codes, l'auteur substitue une tension faite de tolérance et d'interaction.

La place du marché romanesque

Dans chacun des romans de Réjean Ducharme, on remarque un rapport au langage qui est aussi une thématisation de la langue. D'entrée de jeu, l'écrivain choisit la langue comme sujet de réflexion, de fantasme, voire de fiction. Dans *L'Avalée des avalés*[24], Bérénice Einberg, frappée de la faiblesse des langues courantes, propose d'inventer une nouvelle langue, le bérénicien, et elle précise : « En bérénicien, le verbe être ne se conjugue pas sans le verbe avoir. » (*AV*, p. 21.). On peut lire l'ensemble de l'œuvre de Ducharme comme une recherche pour faire éclater le sens des mots, les pousser hors de leurs limites convenues et arriver à leur redonner un pouvoir d'expression sensible, pareil à cet appel que se lancent deux amis

23. Michel Tremblay, *La grosse femme...*, *op. cit.*, p. 107. Duplessis et Godbout sont aussi des noms d'anciens Premiers ministres du Québec.

24. Réjean Ducharme, *L'Avalée des avalés*, Paris, Gallimard, 1966. Désormais indiqué par *AV* suivi de la page.

éloignés l'un de l'autre en forêt et qui prend une couleur vocalique : « Nahanni. » (*AV*, p. 22.) Cette représentation de la langue s'accompagne de jeux de mots et de figures dont l'extension semble infinie, tant la capacité d'invention de Ducharme ne cesse d'étonner. Les commentaires métalinguistiques, plus ou moins importants selon les textes, vont jusqu'à mettre en cause, dans *Le nez qui voque*, les membres de l'Académie française, parce qu'ils « évitent les plongeurs et les serveuses, les dédaignent, ne s'associent pas avec ces sociétaires vulgaires et sans diplômes de la société »[25]. Ajoutons que cette thématisation de la langue se double souvent d'une mise en scène de l'écriture qui peut devenir création d'un personnage parodique : ainsi, dans *Les Enfantômes*[26], ce Gaston Gratton-Chauvignet de l'Estampe, « troubadour modique des flaques », dont la figure et l'œuvre, *Miroirs de boue*, ne sont pas sans évoquer le poète Adé du roman *Dévadé*.

Dans *L'Hiver de force*[27], on assiste à une représentation du joual en même temps qu'à sa mise à distance ironique. La « belle écriture » revendiquée par le narrateur est une manière de ramener le travail de l'écrivain aux dimensions de la graphie, soit une façon d'afficher l'artisanat du style. Toutefois l'originalité du livre, par rapport aux romans antérieurs, tient en grande partie dans le système insolite créé par la présence des notes en bas de page. Apparemment produit pour expliquer et traduire certains mots, surtout des expressions anglaises, cet appareil prend très vite une connotation ludique. Comment en effet prendre au sérieux un système de « références » comme celui-ci : sur une même page, trois appels de note renvoient aux mots « *grilled-cheese* », « *dill pickles* » et

25. *Id.*, *Le nez qui voque*, Paris, Gallimard, 1967, p. 23.
26. *Id.*, *Les Enfantômes*, Paris, Gallimard, 1976
27. *Id.*, *L'Hiver de force*, Paris, Gallimard, 1973. Désormais indiqué par *HF* suivi de la page.

« *smoked-meat* », et un quatrième, placé après les mots « monde ordinaire », donne en bas de page, non plus la traduction française, mais les mots « *cheap people* » (*HF*, p. 40). Pareilles impertinences sont fréquentes. Pour « *I want to get off* », on donnera en note « Arrêtez la terre, je veux descendre » (*HF*, p. 41). Pour « *anyway* », la « traduction » sera « ennéoué » (*HF*, p. 42). Tout en mettant en place la fiction d'un double destinataire ou d'un double public, ces signaux textuels installent une douce connivence avec le lecteur québécois, le seul à pouvoir décoder tous les effets de langage dans *L'Hiver de force* et à pouvoir constater à quel point le narrateur est traversé par de multiples tensions et écarts ironiques.

La représentation des langages, dans *Dévadé*[28], est encore plus complexe. Une lecture rapide du roman pourrait faire croire à une distribution fonctionnelle qui reprendrait le modèle tétraglossique proposé par Henri Gobard dans *L'Aliénation linguistique*[29]. On y retrouve en effet la présence en texte de langues ou de fonctions de langage qui reproduisent ou tout au moins évoquent une certaine hiérarchie. La langue vernaculaire, que l'on définit comme « maternelle, territoriale et rurale », est parlée par les deux radas, Bottom et Bruno, originaires du même village, appelé Belle-Terre, et qui se traitent eux-mêmes de sauvages et de paysans. À cette langue s'oppose la langue référentaire que représente, dans le livre, le bon français recherché de la patronne. Dans ce roman, le français est présenté comme langue véhiculaire, mais il est court-circuité par l'anglais chaque fois qu'il s'agit d'un achat lié au travail (la casquette achetée au St. Henri Uniforms), au luxe (les cadeaux chez Maggie Books and

28. *Id.*, *Dévadé*, Paris, Gallimard, 1992. Désormais indiqué par *D* suivi de la page.

29. Henri Gobard, *L'Aliénation linguistique*, Paris, Flammarion, 1976. Les définitions qui suivent sont empruntées à la Préface de Gilles Deleuze.

Things), ou encore s'il s'agit de se rendre à l'hôpital ou d'obtenir un emploi au centre-ville (« *Do you have experience ?* »). Quant à la langue mythique, cette fonction est remplie par l'italien, présenté dans le roman comme une langue douée de mystère.

Cette répartition, si elle est juste, ne rend compte que de très loin de l'extrême complexité de *Dévadé* et du travail sur la langue qui s'opère à travers le texte. À tel point qu'on pourrait dire que le sujet de ce roman, c'est la langue et que la « conscience » à laquelle le narrateur se réfère est une conscience d'abord linguistique. Une conscience qui lui fait parfois qualifier de barbarisme – « J'ai quelque chose à vous parler », (*D*, p. 137) – ou de pléonasme – « Ce soir dans la soirée », (*D*, p. 232) les paroles d'autrui, mais qui surtout lui fait pratiquer lui-même tous les styles et tous les niveaux de langue jusqu'à l'hétéroglossie.

Il faudrait citer chacune des phrases du roman pour donner une idée adéquate de la gamme des styles adoptée par le narrateur, dont l'extension va du poétique au vulgaire, de l'usage du néologisme (« femmille », « camionne », « amourgandise ») au cliché renouvelé (« la chair de frousse », « se faire hourra-qu'on-rie »), sans compter les multiples figures constituées par les paronomases – « qui passe ou qui casse, que ça geigne ou que ça saigne, qu'elles pleurent ou qu'elles meurent », (*D*, p. 9) –, les allitérations – « le taré tordu par la trotte », (*D*, p. 12) –, les rimes et assonances diverses. Les niveaux de langue utilisés sont ainsi extrêmement variés. Plus que leur relevé méthodique, ce qu'il y a d'intéressant dans de tels phénomènes de plurivocalité, c'est la manière dont ils sont présentés et le souci constant dont témoigne le texte de brouiller les pistes. Le désir de renversement, de détrônement, de mixage des codes sur lequel le texte s'articule fait de ce narrateur sans qualité, ou tout au moins sans statut particulier, un maître d'œuvre attentif à l'orchestration des mots, à leur interaction et à la valeur relative de chacun d'eux. On peut lire *Dévadé* comme une tentative d'appropriation non seulement des styles et des langages, mais aussi des langues, puisque l'italien, cité à quelques reprises dans le récit, prend valeur de langue mythique. Comme une traversée des discours et un effort pour échapper à l'altérité et à l'étrangeté dans la langue. Comme un passage et un retournement de l'effet « aliénant » à l'effet « dialogisant », puisqu'il s'agit, à certains moments stratégiques du récit, d'une réelle interaction entre les langues.

Réjean Ducharme, comme son personnage de RaDa, a choisi de tabler sur toute l'étendue de la langue, des langues, pour en faire éclater le sens et faire advenir un nouveau langage fondé sur la polyphonie musicale. D'où l'importance des communications téléphoniques, qui ont l'immédiateté de la voix et l'économie des télégrammes amoureux, le nombre des figures fondées sur les sonorités, telles les paronomases et les allitérations, l'orthographe phonétique – « ta gueule dévadée », (*D*, p. 203) –, le rythme même d'une prose qui parfois rappelle celui des chansons. Mais là encore, une autre tentation est écartée, celle d'une certaine poésie représentée par le poète Adé et dont le narrateur, ce « Rimbaud des neiges »[30], s'évade aussi (Dév-Adé) par la dérision – en sautant des minettes en levrette dans les toilettes des discothèques », (*D*, p. 50).

L'identité de Bottom, dans *Dévadé*, est presque entièrement envahie par l'excroissance de sa fonction de narrateur. Mais un narrateur dont l'essentiel du travail consiste en des pratiques de détrônement et de décentrement de son propre statut afin de libérer la plurivocalité. En surimpression de l'histoire, il a créé les mots-personnages dont chacun a une voix et un son reconnaissables. Ce qui lui permet d'énoncer allègrement : « J'ai raté l'intrigue » (*D*, p. 39) tout en répétant comme un leitmotiv :

30. L'expression « Rimbaud des neiges » est de Jean-François Josselin lors de l'émission *Caractères* sur France 2 le 7 juillet 1991.

« Je le dis comme je le pense. » Une variante de la formule donne lieu même à un satisfecit : « Je le dis comme je le pense, ravi de ma performance. » (*D*, p. 110.) On ne saurait mieux qualifier la réussite du livre, aventure d'un langage qui est une re(ré-)création et une performance : celui-ci doit aussi bien à la parole spontanée, à la matérialité des signifiants qu'aux divers registres des langages sociaux. Le romancier a modulé ce « feuilleté de langages », le « ducharmien », qui est la plus belle de ses fictions. Un langage total, non pas fait d'une *lingua franca* nivelante et « étrangère », mais des particularismes poussés à leurs limites et sans prétention hiérarchique : cette joyeuse relativisation et cette mobilité de la prose, en plus d'être signes de la maturité de l'œuvre, illustrent éloquemment la métaphore bakhtinienne de la place du marché linguistique. Un langage qui, après tout, n'est pas si éloigné que cela du bérénicien – le langage rêvé du premier roman –, avec sa façon de conjuguer ensemble être et avoir – « Me casse pas, je suis tout ce que j'ai », dit Bottom (*D*, p. 26) –, mais surtout de traiter les mots à la manière des instruments d'orchestre. On ne peut s'empêcher de songer également à la bouleversante utilisation que Ducharme (alias Roch Plante) fait des objets d'usage quotidien, voire des rebuts, dans ses sculptures et peintures qui sont comme un éloge de la mixité.

La fête masquée

Parmi les auteurs de la Belgique francophone, Jean-Pierre Verheggen est sans doute celui qui, de façon plus explicite, a mis en scène la langue, la retournant sur elle-même et sur ses propres énoncés, la travaillant et la retravaillant dans tous les sens, jusqu'à en faire le principal sujet de son œuvre. Les titres, déjà, sont éloquents. En voici quelques-uns : *La Grande Mitraque* (1968), *Le Grand Cacophone* (1974), *Le Degré zorro de l'écriture* (1978), *Artaud Rimbur* (1990). Sous le couvert de la parodie et du pastiche, l'écrivain remet en cause les modèles connus de la culture occidentale.

Verheggen a su tirer parti de sa situation d'irrégulier du langage, proclamant bien haut la nécessité de violenter la langue, de la prendre à bras-le-corps. Pour décrire le « manque d'aise dans la langue » qu'éprouvent certains écrivains de Belgique, il cite, à côté de l'attitude puriste, l'exemple de ceux qui, tels Michaux ou Nougé, « sont déchirés, sont dans l'indécision, n'arrivent pas à s'accommoder avec la langue sinon de manière conflictuelle »[31]. Mais il ajoute aussitôt ne pas se reconnaître lui-même dans ces attitudes. « Enfin il y a des gens qui, comme moi, s'en fichent totalement, en remettent même, font une surenchère, en rajoutent, choisissent le baroquisme, le carnaval. […] C'est quelque chose comme une propension à l'excès, à l'outrance, à l'outrage aussi. » La dérive verbale qu'il revendique le relie à une histoire à la fois intime et collective :

> « J'étais pris dans cela qui, au départ, m'a fait me demander : “Est-ce que je suis don Quichotte ou bien Sancho Pança ? Pour un jeune Belge qui vit dans une ville comme Namur, le choix est celui-là. À mon avis, ce qu'il peut faire de mieux, c'est d'assumer les deux ; d'être à la fois non pas Sancho Pança et don Quichotte, mais, comme je le dis quelque part, Don Qui Chute et Sans Short Penseur. Donc, de commencer déjà par un lapsus. […] Je dérive tout le temps comme ça. Mon histoire, au fond, c'est que je fais des jeux de mots à avancée théorique. Ces jeux de mots ne sont pas une dépense ludique, formaliste, mais ils me servent à me ressourcer et à me relancer[32]. »

31. Jean-Pierre Verheggen, « L'inouïversel », dans Lise Gauvin, *L'Écrivain francophone à la croisée des langues*, *op. cit.*, p. 168.
32. *Id.*, *ibid.*, p. 170.

Iconoclaste, Verheggen refuse une autre forme d'académisme qui serait l'acquiescement au régionalisme. Il se dit « l'inventeur du mot ouallon » qu'il écrit avec un o pour bien indiquer sa distance avec tout conformisme, qu'il soit orthographique ou autre. Distance encore qu'il prend avec les genres littéraires. Celui qui se nomme lui-même un « pervers polymorphe » utilise aussi bien des mots savants que des mots argotiques ou des néologismes, empruntant à tous les registres et à tous les niveaux de langue. Cette luxuriance verbale est particulièrement sensible dans le recueil intitulé *Pubères, putains*, où voisinent expressions triviales et langage recherché, culture classique et savoir populaire. « Je pense qu'écrire, avoue Verheggen, c'est aller tout le temps de ce haut vers ce bas[33]. » Modification de perspective qui prend l'aspect des multiples avatars du masque et de la fête présents tout au long du récit : « Nous étions des espèces d'anges déchus. Désœuvrés. Frais et, à la fois, étiolés. Des anges déchirés. Dépenaillés et, en même temps, d'une grande beauté. Masqués. Dans la plus pure ambiguïté[34]. » Calembours et énumérations litaniques sont convoqués pour rendre sensible un langage pulsionnel, librement inspiré d'une oralité destinée à laisser entendre un foisonnement infini de signifiants. Effets de contraste, de détrônement, d'annulation des différences, de mixage. Poésie à rebours ? Métarécits ou degré zéro – *zorro* – du roman ? « Ces livres qui se donnent le nom de récit, écrit Jean-Marie Klinkenberg, racontent la parabole du langage, ou plus précisément la naissance du langage, dans ses fonctions communicatives et cognitives, mais aussi dans ses fonctions de classification, et dans ses jeux subtils de valorisation et de dévalorisation[35]. »

33. *Id.*, *ibid.*, p. 176.
34. *Id.*, *Pubères, putains*, Les Raymonds, Éd. Cheval d'attaque, coll. « TXT », 1985, p. 32.
35. Jean-Marie Klinkenberg, « L'aventure linguistique, une cons-

Le travail sur la langue qu'accomplit Verheggen consiste à prendre les mots au pied de la lettre, à les tirer et à les étirer jusqu'à ce qu'ils livrent cet « opéra-bouche » ou « opéra-gouffre » susceptible de « mélanger les tons et les registres, de les métisser, de les métalanguer, de les brusquer »[36]. Car l'avenir du français, selon celui qui se dit « écrivain français d'expression belge », passe par cette anarchie apparente qui pousse les jeux de mots, tels les masques régénérateurs du carnaval, à se transformer en « avancées théoriques », c'est-à-dire à s'investir du pouvoir de renouveler l'ordre du discours.

Un « monde renversé »

Lorsque l'écrivain ivoirien Ahmadou Kourouma publie *Les Soleils des indépendances*, la critique note le « viol de l'usage littéraire » et « le renouvellement de la langue » dont témoigne le livre[37]. Rappelons cependant que ce roman, d'abord publié aux Presses de l'université de Montréal en 1968 – l'année même où l'on jouait *Les Belles-Sœurs*, de Tremblay, sur la scène du Rideau-Vert – grâce à la création du prix de la revue *Études françaises*, avait été d'abord un manuscrit refusé par les éditeurs français. Les éditions du Seuil en obtiendront les droits en 1970 et ne cesseront de le rééditer depuis[38].

---

tante des lettres belges : le cas de Jean-Pierre Verheggen », *Littérature*, « L'écrivain et ses langues », n° 101, février 1996, Paris, Larousse, p. 38.

36. Jean-Pierre Verheggen, « L'inouïversel », art. cit., p. 177.

37. Moncef S. Badday, « Ahmadou Kourouma, écrivain africain », *L'Afrique littéraire et artistique*, n° 10, 1970, p. 2.

38. Les références à ce livre seront indiquées dans cet article par les lettres *SI* (suivies de la page) et renvoient à l'édition parue aux Éd. du Seuil dans la coll. « Points » en 1990.

Dès sa parution en France, le roman étonne, choque, séduit. On parle d'un « livre chargé de significations, plein d'odeurs, de stridences et d'images qu'accompagne le rythme même de la parole africaine »[39]. Des études sur le style de Kourouma font ressortir une grande abondance de figures, parmi lesquelles la répétition, l'anaphore, l'ellipse[40]. On perçoit également un usage des néologismes qui consiste, dans son cas, à donner un sens différent aux mots qu'il emploie. À titre d'exemple : « Dehors donnaient le vent et la pluie » (*SI*, p. 77), « marcher un voyage » (*SI*, p. 152), etc. Mais plus encore que tel ou tel usage spécifique, ce qui apparaît signifiant est la manière dont ces éléments s'ordonnent dans le récit. À ce titre, l'incipit est des plus intéressants : « Il y avait une semaine qu'avait fini dans la capitale Koné Ibrahima, de race malinké, ou disons-le en malinké : il n'avait pas soutenu un petit rhume… » (*SI*, p. 9.) Par ce procès de traduction, « disons-le en malinké », le romancier fait comprendre au lecteur que deux systèmes de langue sont en présence et qu'en malinké la mort se dit de façon métaphorique : « Il n'avait pas soutenu un petit rhume. » Remarquons encore l'usage que fait l'auteur du verbe finir, énoncé comme verbe intransitif : « avait fini ». Cette fois aucune explication n'est fournie. L'expression est présentée telle une évidence, reprise quelques lignes plus loin sans plus de commentaire : « Personne ne s'était mépris. "Ibrahima Koné a fini, c'est son ombre", s'était-on dit. » (*SI*, p. 9.)

Dans son livre sur la langue de Kourouma, Makhily Gassama analyse longuement cet usage et conclut que l'innovation de Kourouma « réside essentiellement dans le fait de proposer une œuvre dont le protagoniste est, à

39. Moncef S. Badday, « Ahmadou Kourouma, écrivain africain », art. cit., p. 3.

40. Adrien Huannou, « La technique du récit et le style dans *Les Soleils des indépendances* », *L'Afrique littéraire et artistique*, n° 38, 1975, p. 31-38.

tout considérer, le style – oui, le style malinké transposé en français ; et pour accuser ce style, le romancier n'a fait appel, comme l'on s'y attendrait, ni à l'argot, ni à la langue populaire, ni au pidgin ivoirien ou petit-nègre, ni au lexique du terroir. Il a vidé les mots de France de leur contenu gaulois pour les charger, comme des colporteurs malinkés, de nouvelles marchandises, proposées à la consommation du francophone »[41]. Cette désémantisation, suivie d'une recontextualisation, se fait à l'intérieur d'une écriture fluide, non marquée par des signes typographiques particuliers, ni encore, à plus forte raison, par des notes en bas de pages ou des lexiques. Au cours d'une interview accordée en 1970, le romancier s'explique : « J'adopte la langue au rythme narratif africain. Sans plus. M'étant aperçu que le français classique constituait un carcan qu'il me fallait dépasser… Ce livre s'adresse à l'Africain. Je l'ai pensé en malinké et écrit en français en prenant une liberté que j'estime naturelle avec la langue classique… Qu'avais-je donc fait ? Simplement donné libre cours à mon tempérament en distordant une langue classique trop rigide pour que ma pensée s'y meuve. J'ai donc traduit le malinké en français, en *cassant le français* pour trouver et restituer le rythme africain[42]. » Quelques années plus tard, Kourouma nuance cette affirmation : « Traduire le malinké en français, ce serait très facile. Là je crois que tous les Malinkés auraient pu l'écrire. Je crois que ce qui demande beaucoup de travail, c'est de trouver le mot, la succession de mots, c'est-à-dire la manière de présenter les mots pour retrouver la pensée. Pour cela il faut chercher longtemps. […] Il s'agit

41. Makhily Gassama, *La Langue d'Ahmadou Kourouma, ou « Le français sous le soleil d'Afrique »*, Paris, ACCT/Karthala, 1995, p. 119.

42. Moncef S. Badday, « Ahmadou Kourouma, écrivain africain », art. cit., p. 7.

de montrer comment les gens voient le problème, comment leurs sentiments se succèdent, comment les mots se succèdent dans leur pensée. Il y a un renversement qu'il fallait faire sentir dans l'expression[43]. »

Dans le monde des *Soleils des indépendances*, deux langues interfèrent sans privilège de statut, la langue d'écriture, le français, étant sans cesse court-circuitée par le malinké. Par cette pratique des effets de langue liés à la langue d'origine, le romancier opère un transfert de codes : le malinké transposé, plutôt que cité directement, vient irriguer le français de l'apport conceptuel et imaginaire d'une culture. Il n'est pas indifférent de remarquer que la première partie du livre se clôt sur les cris de la place du marché et qu'entre les chômeurs et les mendiants, « aveugles, estropiés et déséquilibrés », on entend la rumeur des femmes médisant de Salimata, l'épouse stérile au cœur généreux : « Elles se disaient tout cela et d'autres paroles encore. Vraiment indignes de mères ! » (*SI*, p. 59.) Plusieurs éléments rappellent encore la dimension carnavalesque du récit. L'attention au corps grotesque est signalée dès le début par cette description de Fama, le prince mendiant, qui « marchait au pas redoublé d'un diarrhéique » (*SI*, p. 11) et demeurait analphabète « comme la queue d'un âne » (*SI*, p. 24). Les images scatologiques abondent. On parlera du « pet de l'effronté » (*SI*, p. 14), d'un « duvet d'anus de poule » (*SI*, p. 138), du « sexe d'un âne enragé » (*SI*, p. 141). Là aussi, les distinctions entre le haut et le bas, comme entre les divers règnes de la création, sont abolies. Quant aux indépendances, tombées sur l'Afrique « comme une nuée de sauterelles » (*SI*, p. 24), elles ont trahi parce qu'« elles n'ont pas creusé les égouts promis et [que] elles ne le feront

43. Ahmadou Kourouma, « Traduire l'intraduisible », dans Lise Gauvin, *L'Écrivain francophone à la croisée des langues*, *op. cit.*, p. 156.

jamais » (*SI*, p. 27). Ces rabaissements seraient de peu d'intérêt s'ils n'étaient liés à la dynamique globale de l'œuvre et à l'extrême cohérence d'un parcours romanesque qui s'applique à présenter l'envers et l'endroit d'une même réalité, sa face cachée aussi bien que visible, à savoir un « monde renversé » (*SI*, p. 74) que le titre décrit de façon emblématique.

L'expression « les soleils des indépendances » illustre l'esthétique de l'ambivalence dont procède l'ensemble de l'œuvre. D'emblée le pluriel fait signe par un premier détournement de sens. Le terme « soleils », précise le narrateur, signifie en malinké l'« ère » des indépendances. Mais à peine est-il énoncé que ce pluriel se décline au singulier et se mue en astre ravageur : « Fama se récriait : "Bâtard de bâtardise ! Gnamokodé !" Et tout manigançait à l'exaspérer. Le soleil ! le soleil ! le soleil des Indépendances maléfiques remplissait tout un côté du ciel, grillait, assoiffait l'univers pour justifier les malsains orages des fins d'après-midi. » (*SI*, p. 11.) La première partie du roman est marquée par cet amalgame entre un soleil « maître et omniprésent » (*SI*, p. 50) en même temps que « maléfique » ou « éteint » (*SI*, p. 29 et p. 30). Un soleil témoin de la déchéance de Fama, le prince devenu vautour et charognard, « inutile et vide la nuit, inutile et vide le jour » (*SI*, p. 55). Un soleil qui n'est d'aucun secours pour Salimata, dépouillée de ses biens, restée « seule au soleil, seule dans la poussière, les bras croisés sur la tête, le pagne tiré, les fesses nues, les cuisses serrées, le pagne à découvert » (*SI*, p. 63). Un soleil qui a partie liée avec ce monde de bâtardises, « ce monde renversé » que constitue l'époque – les soleils – des indépendances.

La seconde partie du récit inverse la perspective et montre Fama, le mendiant redevenu prince, de retour dans son village natal pour assister aux funérailles de son cousin et reprendre la place qui lui est due à la tête de sa tribu. Les soleils dont il est alors question sont les jours qui se succèdent et accompagnent les rites funéraires : « Déjà cinq soleils de tombés, de parcourus. Il en restait dix-huit à voir se lever avant qu'arrive la date des funérailles du quarantième jour du cousin Lacina. » (*SI*, p. 120.) Quant à l'astre lui-même, il apparaît tel un témoin complice des événements qui se succèdent : « Et le matin d'harmattan comme toute mère commençait d'accoucher très péniblement l'énorme soleil d'harmattan. » (*SI*, p. 121.) Entre les époques – soleils – des indépendances et les jours – soleils – des rites traditionnels, la mort du héros se décrit par des images de vie : « Fama sur un coursier blanc qui galope, trotte, sautille et caracole. Il est comblé, il est superbe. » (*SI*, p. 195) L'ombre de Fama réincarnée, comme celle d'Ibrahima Koné au début du livre, fera la joie d'une nouvelle accouchée. Le redoublement de l'auxiliaire, « avait fini, était fini », en fin de parcours, sert moins l'intelligibilité du récit – il aurait fallu alors l'indiquer en incipit et non en excipit – qu'il n'atteste la relativité des codes langagiers.

Par sa mise en évidence du corps grotesque, sa dimension festive, son esthétique de l'ambivalence[44] et son travail sur les mots, qu'il libère de leur sens obvie pour les resémantiser à sa manière, Kourouma interpelle la langue, les langues, et les fait intervenir dans une interaction qui n'est pas sans rappeler la place du marché populaire et les figures du renversement carnavalesque. Le romancier des *Soleils des indépendances* non seulement *casse la langue*, en l'occurrence le français, en l'investissant d'un nouvel imaginaire, mais annonce du même coup un renouvellement du roman africain en langue

44. Cette esthétique pourrait être illustrée par de nombreuses autres œuvres. Voir notamment Christiane Ndiaye, « Ceci n'est pas un vieux nègre : le corps ambivalent chez Oyono », *Études françaises*, « La représentation ambiguë : configurations du récit africain », dossier par L. Gauvin, C. Ndiaye et J. Semujanga (dir.), vol. XXXI, n° 1, été 1995, p. 23-38.

française, créant ainsi un espace de liberté encore inédit et que pourtant, dans un autre contexte, Amos Tutuola avait déjà exploré : « Les Anglais n'ont pas couvé leur langue comme les Français et c'est une bonne chose », dira Kourouma[45].

Le trompe-l'œil

Le roman suivant, *Monnè, outrages et défis* (1990), obéit à une logique langagière différente. Les innovations y sont à peu près absentes, l'intervention du malinké se limitant à des intrusions lexicales, toujours doublées de leur traduction ou de leur explication, donc par le fait même davantage circonscrites. Le titre déjà, par son côté explicatif, manifeste un souci de clarté qui est aussi une façon de guider le lectorat francophone en lui donnant immédiatement accès au sens du mot *Monnè*. Dans ce roman qui se passe durant la période coloniale, le carnavalesque est encore présent par un traitement du récit qui repose sur le principe de l'ambivalence et la confrontation – il serait plus juste de parler de cohabitation ironique – de deux mondes, deux systèmes de valeurs, dont aucun n'est perçu comme supérieur à l'autre. La question de la langue, si elle est moins textualisée, n'en revient pas moins avec force sous forme d'isotopie structurante. Par la figure de l'interprète, dont le rôle est de servir de passeur entre les langues, le romancier exhibe la complexité et l'ambiguïté du dialogue des cultures et des civilisations. Littéralement, l'interprète de *Monnè* ne traduit pas mais trahit le texte original et, ce faisant, introduit un discours interculturel qui montre bien que le problème

45. Moncef S. Badday, « Ahmadou Kourouma, écrivain africain », art. cit., p. 7.

dépasse largement les compétences lexicales des locuteurs concernés.

Avec *En attendant le vote des bêtes sauvages* et, plus récemment, *Allah n'est pas obligé*, le romancier modifie sa poétique. Le carnavalesque fait place peu à peu à ce qu'on peut désigner sous le nom de baroque. Qu'est-ce que le baroque ? Au dire de Claude Mignol, il serait « une curiosité linguistique, sans doute un des plus beaux exemples de "signifiant flottant" servant de couverture à des marchandises bien différentes, sans que personne semble s'en inquiéter vraiment »[46]. Ce « signifiant flottant » renvoie, pour les uns (dont Benedetto Croce), à une certaine structure historique, tout à la fois politique, psychologique, sociale et artistique, et pour les autres (dont Eugenio d'Ors), à un esprit général traversant les siècles, c'est-à-dire une catégorie esthétique reposant sur un certain nombre de phénomènes récurrents, tels l'irrationalité, le panthéisme, la rencontre des styles contradictoires, une prédilection pour les formes « serpentines », etc. Dans l'un et l'autre cas, les figures privilégiées sont celles du dédoublement, du jeu de miroirs, du trompe-l'œil, des ellipses ou spirales emportées dans un mouvement générateur d'infini. Ces figures, déjà présentes en filigrane dans les premiers romans de Kourouma, prennent le devant de la scène dans ses deux derniers récits.

Dans *En attendant le vote des bêtes sauvages,* l'écrivain choisit de faire revivre une fois de plus la période qui suit les indépendances en retraçant les grandes étapes de la vie de quelques dictateurs africains. Pour ce faire, il invente une forme qui a l'avantage de distribuer la diégèse en autant de plans qui se superposent et se complètent pour mieux déstabiliser le lecteur et l'entraîner dans des histoires époustouflantes, celles des présidents enga-

46. Claude Mignol, « Un monstre linguistique », *Magazine littéraire*, juin 1992, p. 42.

gés dans une Histoire qui leur échappe malgré tous les efforts qu'ils font pour la maîtriser. Au premier plan se trouve le récitant, celui qu'on appelle le *sora*, chargé de retracer les faits et gestes de la vie du maître chasseur et dictateur président de la république du Golfe, Koyaga. Ainsi commence un récit purificatoire, désigné sous le nom de *donsomana*, qui se poursuivra tout au long de six veillées correspondant aux chapitres du livre. Mais la parole du récitant est doublée par celle d'un répondeur dont la fonction est d'interrompre son discours et de traduire en termes crus ce que peut avoir de conventionnel et de pompeux la narration du *sora*. Figure du fou, du médiateur et de l'interprète, le répondeur module, par des clins d'œil au lecteur, les événements rapportés. Kourouma, en habile maître d'œuvre, s'est bien gardé de commenter les faits autrement que par cet agencement en trompe l'œil du spectacle de l'Histoire récitée à la manière d'une épopée baroque empruntant au caricatural et au dérisoire. Du point de vue de la langue, l'invention est moins lexicale que rythmique et symbolique, appuyée par un imaginaire dont la force évocatrice n'en paraît que plus troublante de vérité.

L'expérience langagière se poursuit autrement dans *Allah n'est pas obligé*. L'écrivain – et son narrateur-enfant – a trouvé l'astuce d'accompagner chaque mot un peu recherché d'une définition. Ainsi les mots « affluer » aussi bien que « Gbaka » sont-ils assortis de leur explication donnée non pas en bas de page mais dans le corps même du texte. Et l'auteur de s'amuser à son tour, en toute complicité avec son narrateur, en proposant quelques définitions fantaisistes de « gros mots d'africain noir, nègre, sauvage, et les mots de nègre de salopard de pidgin »[47]. Grâce à quelques dictionnaires reçus en

47. Ahmadou Kourouma, *Allah n'est pas obligé*, Paris, Éd. du Seuil, coll. « Points », 2000, p. 224.

héritage, ce narrateur improvisé trouve les mots pour dire, des mots qu'il emprunte parfois au *Larousse*, parfois au *Petit Robert*, parfois à l'*Inventaire des particularités lexicales du français en Afrique noire*, parfois au dictionnaire *Harrap's*. Ce qui nous vaut ce commentaire : « Le Larousse et le Petit Robert me permettent de chercher, de vérifier et d'expliquer les gros mots du français de France aux noirs nègres indigènes d'Afrique. L'Inventaire des particularités lexicales du français d'Afrique explique les gros mots africains aux toubabs français de France. Le dictionnaire Harrap's explique les gros mots pidgin à tout francophone qui ne comprend rien de rien au pidgin[48]. » On ne saurait décrire plus clairement la gymnastique langagière à laquelle doit se soumettre tout écrivain d'Afrique afin d'être compris par l'ensemble de la francophonie. On ne saurait souligner de façon plus explicite encore le problème des publics auxquels se destinent ces textes et la question de leur réception.

L'effet ainsi produit est celui de langues en miroir, de langues et de mots qui s'engendrent dans une dérive de sens plus ou moins exacts ou plus ou moins approximatifs. À l'errance du personnage dans la brousse des guerres tribales se superpose celle du narrateur dans la forêt des mots. Car le recours même à la définition, au-delà de l'aspect procédé et de la lassitude que celui-ci peut engendrer, met en cause la capacité même du langage à exprimer le réel. D'où la nécessité de juxtaposer les sens et les systèmes langagiers qui, telles les images démultipliées du kaléidoscope, ne produisent que leur propre représentation. En additionnant les mots, les langues et leurs définitions, en accumulant ainsi les effets de sens, Kourouma interroge les fondements mêmes du langage.

48. *Id.*, *ibid.*, p. 11.

Un continuum langagier

Le roman de Patrick Chamoiseau *Texaco*[49] est une somme, une chronique de l'histoire martiniquaise relatant les malheurs d'une famille en deux siècles de colonisation et la résistance d'une mère-courage, Marie-Sophie Laborieux, digne fondatrice du quartier appelé Texaco, un secteur périphérique de Fort-de-France abritant les plus démunis. Le livre reprend les étapes importantes de l'histoire martiniquaise et se veut une réappropriation de l'imaginaire et de la culture créoles à travers la généalogie d'un personnage. On remonte ainsi jusqu'à la vie de l'esclave résistant, empoisonneur des bœufs du colon, jusqu'au cyclone qui anéantit Saint-Pierre, à l'arrivée de papa-Césaire et à la visite de De Gaulle, dont on ne saura jamais s'il a dit : « Mon-Dieu-que-vous-êtes-français » ou « Mon-dieu-que-vous-êtes-foncés ».

Ce roman propose aussi plusieurs figures d'écrivains qui sont autant d'instances narratives concurrentielles et dédoublées : Oiseau de Cham, le double inversé de l'auteur, Marie-Sophie Laborieux, la mère-courage héroïne du roman ; celle-ci, au-delà de sa préoccupation de dire/réciter l'Histoire, interroge sa relation à l'écriture et devient en quelque sorte le relais du narrateur principal. Ainsi s'engage entre les deux une dialectique narrative dont l'effet est de décentrer et de déposséder Oiseau de Cham de tout prestige auctorial ou de toute supériorité hiérarchique par rapport à la parole de Marie-Sophie. Ce dialogisme recouvre, à première vue, les fonctions véhiculaire du langage, représentée par Oiseau de Cham, et vernaculaire, représentée par Marie-Sophie. À cela vient s'ajouter une troisième figure, celle de Ti-Cirique l'Haïtien,

49. Patrick Chamoiseau, *Texaco*, Paris, Gallimard, 1992. Désormais indiqué par *T* suivi de la page.

écrivain public chargé d'écrire les lettres pour la collectivité, véritable homme de culture qui ne craint pas de citer les grands auteurs et se dit à la recherche d'un universel mythique. Mais le roman a ceci de particulier que la fonction référentaire du langage – que Gobard décrit comme la langue du sens et de la culture, opérant une reterritorialisation culturelle – est partagée entre les diverses instances narratives, celles-ci servant de relais à une plus vaste problématique de l'écriture : chaque figure d'écrivain devient ainsi le maillon d'une chaîne ininterrompue, comme les variantes inépuisables d'une histoire/Histoire à la fois collective, au sens de récit commun, et singulière, au gré des destins individuels racontés par les narrateurs successifs. Cette interrogation à plusieurs niveaux fait l'originalité d'un livre dans lequel le métadiscours sur l'écriture appartient aussi bien à Marie-Sophie Laborieux qu'au narrateur-scripteur et à ses délégués.

Ainsi le lecteur a-t-il accès à des bribes reprises des cahiers de Marie-Sophie, écrivaine à ses heures, autodidacte qui a appris à lire en gardant des enfants et qui, au moment du plus profond dénuement, tient à mettre dans son baluchon quatre livres : un Montaigne, l'*Alice* de Lewis Carroll, les *Fables* de La Fontaine, un Rabelais. Elle aura même, avec Cirique l'Haïtien, ce fin connaisseur de Rimbaud et de Jacques Stephen Alexis, des conversations qui augmenteront ses connaissances littéraires et lui feront prendre conscience de l'ambiguïté de son projet. Au moment où elle commence à noircir ses cahiers et à révéler ses secrets, l'écriture lui paraît avoir partie liée avec la mort : « Vers cette époque, je commençais à écrire, c'est dire : un peu mourir. Dès que mon Esternom se mit à me fournir les mots, j'eus le sentiment de la mort. [...] Oiseau de Cham, existe-t-il une écriture informée de la parole, et des silences, et qui reste vivante ? » (*T*, p. 353.)

Paradoxe de l'écriture qui transforme la vie en petite mort, qui s'abreuve de la mort pour la retourner en vie, car « écrire se porte bien au dernier bout d'un bord quelconque de soi » (*T*, p. 394). L'écriture est également perçue par l'auteur-narrateur comme un entre-deux, entre méfiance et mémoire. L'écriture comme antre : caverne et réceptacle. Aussi Cham décide-t-il de ne pas décrire la mort et de garder plutôt en lui, vivantes encore de leur écho, les paroles d'Esternome, afin de « souligner-à-quel-point-de-le-voir-disparaître-ne-vous-laissait-de-lui-que-les-paroles-de-sa-mémoire » (*T*, p. 222). Il faut « lutter contre l'écriture, insiste-t-il : elle transforme en indécence les indicibles de la parole » (*ibid.*).

Écrire donc, mais autrement. Déjouer la pensée de l'universel promue par l'écrivain public de Texaco, Cirique l'Haïtien, pour qui Rabelais est suspect et qui souhaiterait pourtant que la Caraïbe rencontre « un-Cervantès-qui-aurait-lu-Joyce » (*T*, p. 378). Ti-Cirique, qui croit qu'il est préférable de dire « mieux-que-personne » plutôt que « passé-personne » (*T*, p. 360), écrit les lettres pour la collectivité, achemine les demandes d'emploi et réussit à faire embaucher une femme à la mairie de Fort-de-France en citant trois phrases de Lautréamont. Touchant hommage à la poésie et à Césaire, qui sort quelque peu écorché de cette fresque. Redoublement de la fonction narrative donc, dissémination des fonctions du langage, autant de pratiques qui instituent une poétique faite de formes floues – flottantes –, articulée à une réflexion sur les langues et le langage.

La langue de Chamoiseau, au dire de Milan Kundera, c'est le français, bien que transformé :

> « Non pas créolisé (aucun Martiniquais ne parle comme cela) mais chamoisisé : il lui donne la charmante insouciance du langage parlé, sa cadence, sa mélodie (mais attention : ni sa grammaire ni son lexique réduit) ; il lui apporte beaucoup d'expressions créoles : non pour des

> raisons naturalistes (pour introduire une couleur locale) mais pour des raisons esthétiques (pour leur drôlerie, pour leur charme et pour leur irremplaçabilité sémantique) ; mais il a surtout donné au français la liberté de tournures inhabituelles, désinvoltes, impossibles, la liberté des néologismes[50]. »

Chamoiseau pour sa part confie qu'il essaie de rendre « une culture créole particulière qui a été investie, irriguée par la langue créole et la langue française. Cela a donné une prédisposition à vivre l'aventure des langues, mais aussi un positionnement particulier dans la langue française et dans la langue créole et dans la conjonction des deux. [...] Il n'y a pas de naturel dans le travail que je fais, parce que je suis naturellement spontanément français. Ce qui me vient immédiatement, ce sont des images françaises, des réactions françaises, des perceptions françaises du fait de l'aliénation dont je suis victime. Je dois en permanence surveiller cette propension et faire en sorte de retrouver ce fond commun culturel. C'est une attitude de vigilance. On n'est pas créole naturellement, dans la situation actuelle »[51]. L'écrivain tente de retrouver ainsi ce que, dans *Le Discours antillais*, Glissant nomme « la naturalité d'un nouveau baroque »[52]. Et ce baroque est forcément composite.

La poétique de Chamoiseau est une « poétique-de-cases-vouée-au-désir-de-vivre » (*T*, p. 369). Elle s'inspire de la cohérence de la ville créole telle qu'elle émane d'un quartier comme Texaco. L'idée d'un « désordre-de-paroles » (*T*, p. 352) ou d'une Babel ne lui est pas

50. Milan Kundera, « Beau comme une rencontre multiple », *L'Infini*, n° 34, été 1991, p. 58.
51. Patrick Chamoiseau, « Un rapport problématique », dans Lise Gauvin, *L'Écrivain francophone à la croisée des langues*, *op. cit.*, p. 42-43.
52. Édouard Glissant, *Le Discours antillais* (1981), Paris, Gallimard, coll. « Folio essais », 1997.

étrangère : « Au centre, une logique urbaine, occidentale, alignée, ordonnée, forte comme la langue française. De l'autre le foisonnement ouvert de la langue créole dans la logique de Texaco. Mêlant ces deux langues, rêvant de toutes les langues, la ville créole parle en secret un langage neuf et ne craint plus Babel. » (*T*, p. 234.)

La langue de *Texaco* est donc une langue recréée par le biais de diverses instances narratives qui, à tour de rôle, font état de leur recherche. Le multilinguisme de Chamoiseau ne tend pas vers la juxtaposition des langues ni vers l'annulation de leur différence, mais vers une expérimentation continue qui, à l'image de la ville ou du jardin créole, ne s'appuie sur rien de fixe ni d'établi. Celui qui se dit le « Marqueur-de-paroles » ne laisse pas sa propre parole se démarquer de celle de ses personnages. Dans ce sens, le Marqueur-de-paroles est lui-même marqué. Cette poétique de l'« oraliture » s'appuie sur ce qu'Eugenio d'Ors énonçait comme la caractéristique principale du baroque : « Partout où nous trouvons réunies dans un seul geste plusieurs intentions contradictoires, le résultat stylistique appartient à la catégorie du Baroque. L'esprit baroque – pour nous exprimer à la façon du vulgaire – ne sait pas ce qu'il veut. Il veut, en même temps, le pour et le contre. [...] Il bafoue les exigences du principe de contradiction[53]. » Mettant ces principes en pratique, Chamoiseau propose, après Pessoa et Glissant, un *cogito* baroque fait de narrateurs hétéronymiques.

53. Eugenio d'Ors, *Du baroque*, Paris, Gallimard, 1935, p. 29.

Passages de langues

Avec *Texaco*, la figure de l'errance apparaît comme déplacement, exploration mémorielle et prospective à travers des délégués à la parole qui sont autant de dériveurs/driveurs en quête de leur propre langage. Dans *Vaste est la prison*[54], d'Assia Djebar, l'errance réapparaît au niveau même de l'organisation d'un récit fondé sur l'articulation d'une/de plusieurs langue(s) et sur un jeu de « formes qui s'envolent »[55]. Le roman reprend le récit là où *L'Amour, la fantasia* (1985) l'avait laissé et explore à nouveau les rapports d'affectivité qui lient les langues entre elles. Le titre vient d'une chanson berbère : il renvoie à la deuxième partie du livre, orchestrée autour d'un alphabet perdu, le berbère, qu'on appelait alors le libyque. Le premier mouvement s'intitule « L'effacement dans le cœur » et raconte l'histoire d'une femme amoureuse ; mais très vite les rapports de langues interviennent dans les questions de désir et de passion. La troisième partie retrace des destins de femmes au cours du XXe siècle. Histoires de femmes donc, enchâssées dans l'histoire de l'Algérie. L'autobiographie se gonfle des souvenirs d'aïeules, de belles-mères et de mères, de deuils et de langues enfouies, perdues. *Vaste est la prison* est animé des mouvements de celles qui, à l'instar de la narratrice, sont « fugitives et ne le sachant pas ». Entre écriture et silence s'ébauche cette suite de récits sous-tendus par une mémoire qui à la fois amplifie et fait contrepoids au présent. Comme le suggère le titre, le mouvement se fait de l'enfermement à la prise en compte d'un espace habitable : « Vaste est la prison qui

54. Assia Djebar, *Vaste est la prison*, Paris, Albin Michel, 1995. Désormais indiqué par *VP* suivi de la page.
55. *Id.*, *ibid.*, p. 82.

m'écrase,/ D'où me viendras-tu, délivrance ? », dit la chanson berbère citée en exergue.

L'errance prend ici l'aspect d'une plongée dans des temps autres et des lieux de mémoires, d'un parcours à travers les langues et d'une réflexion sur les langages élaborée à partir d'un présent difficile à vivre sinon sous le mode de la fuite : « Longtemps, j'ai cru qu'écrire c'était s'enfuir, ou tout au moins se précipiter sous ce ciel immense, dans la poussière du chemin, au pied de la dune friable… » (*VP*, p. 12.) Fuite qui se transforme en enquête à travers ce fascinant XIIe siècle marqué par des philosophes tel Averroès, et en voyage à l'intérieur du passé lointain ou récent de femmes elles-mêmes vouées à l'errance dans les cités d'Europe. Voyage aussi à l'intérieur de soi, qu'accomplit la narratrice sous le mode de la quête autobiographique. Voyage enfin dans les langues, dont elle s'approche avec un respect mêlé d'admiration, et dans cette langue française qu'elle nomme « étrangère » : « J'écris pour me frayer mon chemin secret, et dans la langue des corsaires français qui, dans le récit du Captif, dépouillèrent Zoraidé de sa robe endiamantée, oui, c'est dans la langue dite "étrangère" que je deviens de plus en plus transfuge. » (*VP*, p. 172.) Ce texte n'offre pas plusieurs narratrices, mais une série de dédoublements à l'intérieur même du *je* narrateur, évoquant l'image qui se déploie dans le vertige des escaliers lorsque, échappant à leur fonction utilitaire, ils ouvrent directement sur l'infini. Image de fuite transformée en quête et en errance, c'est-à-dire en voyage non organisé – car telle est la définition que, en fin de compte, on peut donner de l'errance – dans l'espace multiforme du roman. L'errance comme mouvance et déplacement, comme exploration de l'inconnu en soi et hors de soi : « Écrire-pour-cerner-la-poursuite-inlassable. » (*VP*, p. 242.) Celle d'une langue dont l'irréductible étrangeté est irriguée de l'intérieur par l'ombre perdue – et la présence – de plusieurs autres.

Dans les exemples examinés, faits et effets de langue échappent au monolinguisme atonal que la critique a l'habitude d'associer au discours de type réaliste. Le plurilinguisme qui s'y manifeste se distingue tout autant du clivage entre une parole narrée et une parole narrante que d'une pratique exotisante qui constituerait une façon subtile de mise à l'écart. Les recherches d'Antonine Maillet visent à créer une littérature inspirée d'une oralité acadienne déterminée par de multiples influences et passages. Celles de Tremblay, tant théâtrales que romanesques, vont dans le sens d'une normalisation d'un parler vernaculaire et d'une intégration festive des divers langages sociaux. Celles d'un Ducharme ou d'un Verheggen, en faisant éclater le sens, ne déstabilisent le lecteur que pour mieux l'amener à s'interroger sur la force des mots et la fonction du langage. De son côté, Kourouma, dont l'influence s'est fait sentir chez plusieurs écrivains africains, tend à une prise en charge par le français d'un espace culturel traversé par d'autres langues et d'autres voix que celles de l'Occident. Les uns et les autres mettent ainsi en place un *imaginaire des langue*s qui les rapproche du carnavalesque, grâce à divers renversements, mais aussi du baroque, par l'accumulation, la prolifération, la multiplication des perspectives. Alors que l'ambivalence carnavalesque reste malgré tout tributaire d'une hiérarchie – tout renversement supposant un ordre, comme la désacralisation suppose le sacré et le détrônement le roi –, le baroque se présente comme une théâtralisation de l'apparence, comme un jeu de miroirs et de dédoublements provoquant moins une crise du sens qu'une infinité de sens à explorer. Au temps du cycle, de la mort et de la naissance, succèdent, dans l'œuvre de Kourouma, l'amplification et l'errance baroques, symboles et symptômes d'une Histoire inachevée. À l'image du jardin aux allées symétriques, Chamoiseau oppose le caractère imprévisible de l'ordonnance à la créole, ce qui lui permet de faire entrer dans la langue française des éléments de cette culture foisonnante.

Dans plusieurs récits, la figure de l'*errance* apparaît comme une sorte de modèle architextuel qui opère aussi bien au niveau sémantique que structurel et stylistique : figure contradictoire de la quête et de la fuite, du vagabondage comme dynamique exploratoire et comme enjeu du Divers. On retrouve cette même figure dans d'autres œuvres de romanciers dont nous n'avons pu faire état dans le cadre de ce chapitre : de Jacques Poulin à Tierno Monemembo, de Sony Labou Tansi à René Depestre et Raphaël Confiant, d'Henri Lopès à Émile Ollivier, le voyage dans la langue ou les langues prend l'aspect d'un parcours au cœur d'une étrangeté rendue familière par de subtils effets de recentrement. Car « il y a une grande jouissance, selon Émile Ollivier, à découvrir des termes qui voyagent sur plusieurs registres et traînent dans leur valise plusieurs espaces sociolinguistiques »[56]. Chez Assia Djebar, l'enchâssement de langues est représenté par des narrateurs dont la reterritorialisation s'effectue dans l'espace mobile de la forme romanesque, une forme dont la dynamique est faite d'un engendrement sans fin de sens possibles et toujours différés. Car l'errance est, à l'image même de la tour de Babel, vouée à l'inachèvement[57]. Cette conscience de l'impossible fin pousse les écrivains à créer des durées romanesques qui, à l'instar du *Tout-Monde*[58] d'Édouard Glissant, sont autant de « poétiques entremêlées » traduisant en avancées textuelles la réflexion langagière de leurs auteurs. Ces textes rendent compte d'une langue en mouvement, nourrie par les

56. Émile Ollivier, conférence à l'université de Montréal, 1999.

57. Paul Zumthor, *Babel ou l'Inachèvement*, Paris, Éd. du Seuil, 1997.

58. Édouard Glissant, *Tout-Monde*, roman, Paris, Gallimard, 1993, p. 182.

assauts, impertinences, vertiges et dérives de ceux qui ont su transformer leur tourment de langage en imaginaire des langues.

*

REPÈRES BIBLIOGRAPHIQUES

BOURQUE Denis et BROWN Anne (dir.), *Les Littératures d'expression française d'Amérique du Nord et le carnavalesque*, Moncton, Éd. d'Acadie, 1998.

CAMBRON Micheline, *Une société, un récit*, Montréal, L'Hexagone, 1989.

CHANCÉ Dominique, *L'Auteur en souffrance*, Paris, PUF, coll. « Écritures francophones », 2000.

DAVID Gilbert et LAVOIE Pierre (dir.), *Le Monde de Michel Tremblay*, Montréal/Bruxelles, Cahiers de théâtre Jeu/Éd. Lansman, 1993.

D'ORS Eugenio, *Du baroque*, Paris, Gallimard, 1935.

GAUVIN Lise (dir.), *Les Langues du roman*, Montréal, Presses universitaires de Montréal, 1999.

—, « L'imaginaire des langues : du carnavalesque au baroque (Tremblay, Kourouma) », *Littérature*, « Les langues de l'écrivain », n° 121, Paris, Larousse, 2001, p. 101-115.

GAUVIN Lise et JONASSAINT Jean (dir.), « L'Amérique entre les langues », *Études françaises*, vol. XXVIII, n° 2-3, Montréal, Presses universitaires de Montréal, 1993.

GLISSANT Édouard, *Traité du Tout-Monde*, Paris, Gallimard, 1995.

—, *Le Discours antillais* (1981), Paris, Gallimard, coll. « Folio », 1997.

GASSAMA Makhily, *La Langue d'Ahmadou Kourouma, ou « Le français sous le soleil d'Afrique »*, Paris, ACCT/Karthala, 1995.

GOBARD Henri, *L'Aliénation linguistique*, Paris, Flammarion, 1976.

HUANNOU Adrien, « La technique du récit et le style dans *Les Soleils des indépendances* », *L'Afrique littéraire et artistique*, n° 38, 1975, p. 31-38.

MOURA Jean-Marc, *Littératures francophones et théorie post-coloniale*, Paris, PUF, coll. « Écritures francophones », 1999.

NARDOUT-LAFARGE Élisabeth, *Réjean Ducharme, une poétique du débris*, Montréal, Fides, coll. « Lignes québécoises », 2002.

NDIAYE Christiane, *Danses de la parole*, Paris, Éditions Nouvelles du Sud, 1996.

SEMUJANGA Josias, *Dynamique des genres dans le roman africain. Éléments de poétique transculturelle*, Paris, L'Harmattan, coll. « Critiques littéraires », 1999.

—, *Littérature*, Paris, Larousse, « L'écrivain et ses langues », n° 101, février 1996.

CONCLUSION

Tricher/casser la langue

> « Les luttes qui opposent les écrivains sur l'art d'écrire légitime contribuent, par leur existence même, à produire la langue légitime, définie par la distance qui la sépare de la langue "commune" et la croyance dans sa légitimité. »
>
> Pierre Bourdieu,
> *Ce que parler veut dire*

Dans sa leçon inaugurale au Collège de France, Roland Barthes donne à l'écrivain le mandat de « tricher avec la langue », de « tricher la langue ». Et il ajoute : « Cette tricherie salutaire, cette esquive, ce leurre magnifique, qui permet d'entendre la langue hors-pouvoir, dans la splendeur d'une révolution permanente du langage, je l'appelle pour ma part "Littérature"[1]. » Une telle affirmation renvoie à une conception de l'écriture qui suppose une langue déjà formée, constituée et codifiée. Ce sont les étapes de cette langue en formation que nous avons tenté de retracer au cours de cet ouvrage, à travers les points de vue de ses utilisateurs particuliers que sont les écrivains. Des trois instances qui, selon Bourdieu, se partagent l'autorité en matière d'établissement de la langue légitime – les écrivains d'avant-garde, les grammairiens et les professeurs –, nous avons choisi de privilégier la première, notre attention étant moins centrée sur la question de la norme et de la légitimité que sur l'évolution du dis-

1. Roland Barthes, *Leçon*, Paris, Éd. du Seuil, 1978, p. 16.

cours tenu par les écrivains eux-mêmes en matière de langue. Car tout discours sur la langue est aussi un discours de la langue sur elle-même. D'où l'intérêt que nous avons porté aux manifestes, préfaces, entretiens et correspondances, qui signalent les positions des écrivains quant à leurs propres pratiques langagières et renvoient à ces pratiques de manière plus ou moins explicite.

Dès les débuts de la littérature en français, au XIIe siècle, la notion d'usage, voire de bon usage, apparaît, chez un Chrétien de Troyes, pour qualifier le langage des dames de la cour « bien parlant en langue françoise ». Cette notion se révélera par la suite capitale pour comprendre les principes qui guideront les écrivains au cours des siècles. Alors qu'au XVIe siècle les poètes de la Pléiade considèrent toute langue comme perfectible et revendiquent le droit de forger la leur à partir d'emprunts à d'autres idiomes, Rabelais se lance à corps perdu dans des variations linguistiques qui mettent en scène la relativité des systèmes langagiers et traduisent les dérives lexicales que ceux-ci génèrent. Vers la même époque, une certaine unification de la langue, qui coïncide avec l'unification du royaume, permet la prise en charge par l'État de mesures visant à imposer le français comme langue commune. Mesures d'abord administratives, comme l'ordonnance de Villers-Cotterêts, puis de nature plus symbolique, au siècle suivant, comme la création par Richelieu de l'Académie française, dont le rôle est de codifier la langue et de légitimer un certain usage, celui de « la plus saine partie de la cour » et des « bons auteurs ». La centralisation du pouvoir autour de la personne du roi, au XVIIe siècle, a comme conséquence qu'une théorie également centralisatrice et normalisatrice de la langue s'ébauche, théorie qui sera déterminante pour l'évolution future de l'idiome. Les écrivains se trouvent ainsi confirmés dans leur rôle de codificateurs du français écrit, une langue qui a toutefois le mandat de reproduire le naturel que l'on retrouve dans la conversation des gens cultivés, ceux de la cour comme ceux des salons. L'écrivain classique est un auteur dont les œuvres, élaborées sous la haute surveillance des grammairiens, correspondent à un idéal de pureté et de transparence langagières mis à l'honneur par l'Académie et la classe aristocratique. Cet idéal, qui trouve en Racine son expression la plus achevée, est aussi celui qui guide les écrivains du siècle des Lumières, plus occupés à vanter les chefs-d'œuvre de leurs prédécesseurs et à discourir sur l'origine des langues qu'à s'interroger sur leur fonctionnement. La néologie alors pratiquée est davantage lexicale que syntaxique, servant d'abord à nommer les nouvelles découvertes scientifiques ou ethnologiques, à moins qu'elle ne s'emploie à décrire les intermittences du cœur, comme chez Marivaux. L'universalité de la langue française est désormais un fait acquis. On peut en vanter les mérites en comparant son évolution avec celle des autres langues européennes. Cependant, cette langue parlée dans toutes les cours européennes et en expansion dans les colonies reste encore, dans la France du XVIIIe siècle, la langue d'un trop petit nombre de locuteurs. Il faudra attendre les années qui ont suivi la Révolution pour qu'elle devienne la langue de tous, prenant ainsi définitivement le pas sur les dialectes.

Ce sera le rôle des écrivains romantiques, Hugo en tête, de revendiquer avec véhémence la nécessité pour l'écrivain de ne pas s'en tenir à l'héritage et d'attaquer la doctrine du purisme mise en avant par ses prédécesseurs. À l'idée de langue fixée, énoncée par Voltaire, il oppose celle d'une langue en constante gestation. Celui qui affirme avoir mis un « bonnet rouge au dictionnaire » a osé, dans ses romans, faire usage de différents registres de langue, voire de l'argot, ce langage des malfaiteurs en lequel il reconnaît « une énergie singulière et un pittoresque effrayant ». D'autres, comme Eugène Sue, ont exploité les ressources de cette langue « épouvantable » tout en la marginalisant.

George Sand, de son côté, cherche à atteindre la simplicité rustique en donnant des équivalents stylistiques de la langue des paysans. La question des modes d'intégration de la parole populaire se trouve posée de nouveau, au XIXe siècle, avec le mouvement désigné sous le nom de réalisme. Si l'ambition balzacienne de faire concurrence à l'état civil s'accommode bien des effets de réel créés par la reproduction des discours des personnages sous forme de citations, l'art de Flaubert brouille davantage les pistes et met en doute la capacité du langage à exprimer le réel et à prendre en compte la parole humaine, ce « chaudron fêlé ». Zola, en mettant au point la technique du discours indirect libre, fait entendre la « langue du peuple » dans un « moule très travaillé ».

Le XIXe siècle correspond également à une mise en question radicale du langage effectuée par les poètes de la modernité ; parmi les premiers, ils constatent son inadéquation fondamentale et tentent, au moyen de la poésie, d'aller « au fond de l'inconnu pour trouver du nouveau » (Baudelaire), de « fixer des vertiges » (Rimbaud) ou encore de corriger le « défaut des langues » (Mallarmé). Une attitude analogue de suspicion se remarque chez les romanciers du siècle suivant et signale l'éclatement de l'écriture classique. Ces romanciers ont cherché de nouveaux modes de fiction pour rendre compte de la singularité des styles individuels (Proust), de l'émotivité dans la langue (Céline), de l'arbitraire des signes (Queneau) ou encore des mouvements subtils de la sous-conversation (Sarraute). Ainsi est née une « écriture de la parole » qui, à l'écart du « mimétisme amusé du pittoresque », place l'écrivain « à l'intérieur d'une condition verbale dont les limites seraient celles de la société et non celles d'une convention ou d'un public »[2].

2. *Id.*, *Le Degré zéro de l'écriture* (1953), *op. cit.*

Les auteurs francophones, de leur côté, tout en reconnaissant l'héritage de Rabelais, de Céline et de Queneau, non seulement bouleversent une certaine langue réputée littéraire, mais inscrivent leurs œuvres dans un contexte de multilinguisme qu'ils traduisent par diverses formes de textualisation. De nouveaux réalismes font alors leur apparition, qui empruntent au dynamisme carnavalesque la figure du retournement et du monde inversé, aux jeux de miroirs baroques celle de l'errance et de l'inachèvement. Les innovations langagières abondent, portées par une pensée visant à articuler des poétiques inspirées par le divers et l'hétérogène : rarement aura-t-on vu tant de textes autoréflexifs signés par des écrivains qui éprouvent la nécessité d'énoncer leur situation dans la langue, de transformer leur inconfort même en proposition textuelle. Au « tricher la langue » de Barthes répond le « casser la langue » de Kourouma. Casser la langue, cela signifie, pour les uns et les autres, la travailler dans tous les sens jusqu'à faire éclater les frontières qui la séparent d'avec des états de langue plus anciens, ou encore la resémantiser et l'irriguer de l'intérieur par la mémoire d'autres langues. Dans ces textes ouverts au tremblement de la langue et au vertige polyphonique se profile l'utopie d'une Babel apprivoisée.

« Il n'y a pas de langue littéraire, écrit Dominique Maingueneau. Il n'y a qu'un usage littéraire de la langue[3]. » Cet usage littéraire, les écrivains l'ont reconnu et attesté dans des textes qui en constituent à la fois l'envers et l'endroit, mais ils l'ont surtout réfléchi dans des œuvres qui se donnent à lire comme autant d'explorations langagières. De la Renaissance au romantisme, du classicisme à la modernité, les prises de position des écrivains concernant la langue, certes différentes selon les

3. Dominique Maingueneau, *Pragmatique pour le discours littéraire*, Paris, Nathan Université, 2001, p. 183.

époques, sont indissociables des enjeux – et des artefacts – formels qui président à l'élaboration des fictions elles-mêmes. Toute esthétique de la langue renvoie à une éthique de la forme et à une poétique, voire à une politique des rapports qu'entretient la fiction avec les discours sociaux. Partagés entre leur rôle d'instances régulatrices et leur désir de réinventer la langue par des pratiques déviantes ou simplement novatrices, les écrivains sont condamnés à vivre de et dans cette ambiguïté même. De ce point de vue, la littérature n'a pas fini d'interpeller le lecteur, l'« hypocrite lecteur » baudelairien, de l'inviter à entrer de plain-pied dans l'atelier de l'écrivain et, en lui proposant des *fictions de langue*, de l'associer à sa propre interrogation sur l'imaginaire des mots, un imaginaire toujours lacunaire ou pléthorique devant la présence obsédante des choses.

Table des matières

Introduction. La langue et ses fictions 7

Chapitre I. Un territoire revendiqué :
Deffence et illustration de la langue françoyse 17

Les commencements. 18

Une polémique 22

Une poétique. 29

Une politique 31

Chapitre II. L'usage de la parole,
de Rabelais à Montaigne 37

Les mises en scène de la parole 43

Le langage comme laboratoire 49

L'art de la conversation 60

« Que le Gascon y arrive... » 63

Chapitre III. La langue classique 69

Réformateurs et théoriciens :
usage commun et bon usage 70

Des salons à l'Académie. 83

Le « bel usage » des classiques 91

Les encyclopédistes et la langue postclassique. 101

L'universalité du français et les parlers régionaux . . 107

De l'origine des langues 109
Néologisme et marivaudage 112

Chapitre IV. La turbulence romantique 119
Hugo théoricien 120
Hugo romancier 125
Sue et le roman-feuilleton 143
Sand et le roman rustique 147
Sorcellerie évocatoire et crise du langage 156

Chapitre V. Les avatars du réalisme 165
Balzac et les mises à distance 173
Flaubert et la parole narrativisée 180
Zola et le langage du peuple 191
Écriture artiste et déformations ubuesques 198

Chapitre VI. La modernité expérimentale 209
La langue « étrangère » de Proust 210
Céline et le « rendu émotif » 218
Les jeux de langage de Queneau 229
Sarraute et les paroles vives 237

Chapitre VII. Les littératures francophones : manifester la différence 255
Étrangeté, irrégularité, variance 260
Négritude et français « nègre » 271
Créolité et créolisation 276
La bi-langue 284
Les voleuses de langue 287
L'autre de la langue 291

Chapitre VIII. Les littératures francophones : du carnavalesque au baroque 295
L'héritage rabelaisien 297
La prise en charge du populaire 303
La place du marché romanesque 308
La fête masquée 313
Un « monde renversé » 316
Le trompe-l'œil 322
Un continuum langagier 326
Passages de langues 331

Conclusion. Tricher/casser la langue 337

Du même auteur

Giraudoux et le thème d'Électre
Minard, 1970 et 1985

Parti pris littéraire
Montréal, Presses de l'université de Montréal, 1975

Lettres d'une autre
Montréal-Paris, L'Hexagone-Le Castor astral, 1984,
et Typo, 1987

Trajectoires
Littérature et institutions au Québec
et en Belgique francophone
(direction, avec Jean-Marie Klinkenberg)
Bruxelles-Montréal, PUM-Labor, 1985

Écrivains contemporains du Québec
(en collaboration avec Gaston Miron)
Seghers, 1989
et nouvelle édition revue et augmentée,
L'Hexagone-Typo, 1998

Fugitives
(Prix des Arcades de Bologne)
Montréal-Bédarieux, Boréal-Cercle noir éditeur, 1991

Écrivain cherche lecteur
L'écrivain francophone et ses publics
(direction, avec Jean-Marie Klinkenberg)
Paris-Montréal, Créaphis-VLB éditeur, 1991

L'Âge de la prose
Romans et récits québécois des années 80
(direction, avec F. Marcato-Falzoni)
Rome-Montréal, Bulzoni-VLB éditeur, 1992

Entretiens avec Fernand Leduc
Montréal, Liber, 1995

L'Écrivain francophone à la croisée des langues
(Prix France-Québec)
Karthala, 1997 et 2006

À une enfant d'un autre siècle
Montréal, Leméac, 1997

Giraudoux et l'écriture palimpseste
(direction)
Montréal, Paragraphes, 1997

Les Langues du roman
Montréal, PUM, 1999

Les Automatistes à Paris
Montréal, Les 400 Coups, 2000

Langagement
L'écrivain et la langue au Québec
Montréal, Boréal, 2000

Chez Riopelle
Visites d'atelier
Montréal, L'Hexagone, 2002

Arrêts sur image
Québec, L'Instant même, 2003

Littératures mineures en langue majeure
Québec/Wallonie-Bruxelles
(direction, avec Jean-Pierre Bertrand)
Bruxelles-Montréal, PIE-Peter Lang-PUM,
« Archives et musée de la littérature », 2003

Nouvelles d'Amérique
(direction, avec Maryse Condé)
Montréal, L'Hexagone, 2005

Un automne à Paris
Montréal, Léméac, 2005

Frontières de la nouvelle langue française
Europe et Amérique du Nord (1945-2005)
(direction, avec Catherine Douzou)
Dijon, Éditions universitaires de Dijon, 2006

Écrire, pour qui ?
L'écrivain francophone et ses publics
Khartala, 2007

Quelques jours cet été-là
Punctum, 2007

Le Semainier
Livre d'artiste
(illustrations de Solen Larnicol)
Éditions Trans Signum, 2009

Les Littératures de langue française
à l'heure de la mondialisation
(direction)
Montréal, Éd. Huturbise, 2010

L'Imaginaires des langues
Entretiens avec Lise Gauvin (1991-2009)
d'Édouard Glissant
Gallimard, 2010

RÉALISATION : CURSIVES, PARIS
IMPRESSION : NORMANDIE ROTO S.A.S. À LONRAI
DÉPÔT LÉGAL : FÉVRIER 2004. N° 38718-2 (110460)
Imprimé en France

Points Essais série Lettres

Le Siècle des moralistes
Bérengère Parmentier

Littérature et Engagement
de Pascal à Sartre
Benoît Denis

Les Romanciers du réel
de Balzac à Simenon
Jacques Dubois

Questions générales de littérature
Emmanuel Fraisse et Bernard Mouralis

Le Théâtre romantique
Histoire, écriture, mise en scène
Florence Naugrette

Poétique de l'ironie
Pierre Schœntjes

Poésie et Renaisssance
François Rigolot

Les Écrivains voyageurs au XXe siècle
Gérard Cogez

Les Poètes de la modernité
De Baudelaire à Apollinaire
Jean-Pierre Bertrand et Pascal Durand